MANIFESTO DO ESTADO CONSTITUCIONAL
Regras Fundamentais sobre os Antecedentes e Justificação da Associação Estatal

Raúl Gustavo Ferreyra

MANIFESTO DO ESTADO CONSTITUCIONAL
Regras Fundamentais sobre os Antecedentes e Justificação da Associação Estatal

Tradução de Ben Hur Rava

MANIFESTO DO ESTADO CONSTITUCIONAL
Regras Fundamentais sobre os Antecedentes
e Justificação da Associação Estatal
© RAÚL GUSTAVO FERREYRA

Direitos reservados desta edição por
MALHEIROS EDITORES LTDA.
Rua Paes de Araújo, 29, conjunto 171
CEP 04531-940 – São Paulo – SP
Tel.: (11) 3078-7205 – Fax: (11) 3168-5495
URL: www.malheiroseditores.com.br
e-mail: malheiroseditores@terra.com.br

Composição: PC Editorial Ltda.
Capa:
Criação: Vânia Amato
Arte: PC Editorial Ltda.

Impresso no Brasil
Printed in Brazil
06.2018

Dados Internacionais de Catalogação na Publicação (CIP)

F387m	Ferreyra, Raúl Gustavo. Manifesto do estado constitucional : regras fundamentais sobre os antecedentes e justificação da associação estatal / Raúl Gustavo Ferreyra ; tradução de Ben Hur Rava. – São Paulo : Malheiros, 2018. 192 p. ; 21 cm. Inclui bibliografia. ISBN 978-85-392-0420-5 1. Direito constitucional. 2. Estado de direito. 3. Direitos fundamentais. I. Rava, Ben Hur. II. Título. CDU 342 CDD 342

Índice para catálogo sistemático:
1. Direito constitucional 342
(Bibliotecária responsável: Sabrina Leal Araujo – CRB 10/1507)

Au lecteur.

C'est ici un livre de bonne foi, lecteur...

Adieu donc, de Montaigne, ce premier de mars mille cinq cent quatre vingts. (Michel de Montaigne: *Ensayos*. Ed. Bilingue, Barcelona, Galaxia Gutenberg-Círculo de Lectores, 2014, p. 42).

Prefácio

1. O *Manifesto do Estado Constitucional*, de Raúl Gustavo Ferreyra, é parte recente da produção jurídica desse constitucionalista que ocupa uma das cátedras mais ilustres no meio acadêmico da Argentina. Aparece a obra em versão portuguesa de Ben Hur Rava.

Não temos dúvida em asseverar que se trata de estudo fadado a ter excelente acolhida nos círculos jurídicos do País, em virtude da qualidade, natureza e pertinência da matéria nele versada e debatida.

Observamos, outrossim, que o Autor não se desviou da trilha que traçara em trabalhos antecedentes, senão que, ao revés, fez, sobremaneira, profusas, largas e doutas reflexões de crítico que não desfalece no labor de buscar solução para questões graves e dificultosas da ciência da Constituição, em época de crise sem paralelo nos anais do Estado Moderno.

Época conflagrada em que o tumulto, o medo, a guerra, o terror, prevalecem sobre a mansidão, a paz e a concórdia; época, enfim, que conduz à imperiosa necessidade de fazer revisão nas bases do contrato social.

2. Antes, porém, de nos ocuparmos de alguns aspectos do *Manifesto do Estado Constitucional* de Raúl Gustavo Ferreyra, faz-se mister tecer considerações a respeito do contratualismo como fundamento legítimo de criação do Estado Nacional da época pós-feudal.

Com efeito, a história política e filosófica desse Estado Moderno regista dois contratos sociais por onde se explica, segundo a doutrina, a origem do poder estatal legítimo: o contrato social da paz, da liberdade, do humanismo, e o contrato social da guerra, do medo, do caos, em que a segurança sacrifica a liberdade para garantir a tranquilidade da convivência humana.

Autor do primeiro contrato é Rousseau; do segundo é Hobbes.

Ambos exercitam poderoso influxo na Teoria do Estado: Rousseau com o Estado Constitucional da democracia; Hobbes com o Estado totalitário do absolutismo e também com o positivismo clássico do Direito, de que foi precursor insigne.

3. A progressão das relações internacionais talvez leve, amanhã, o contrato social, enquanto poder de legitimação da organização política da sociedade, a se trasladar do âmbito menor do Estado Nacional, a que está confinado, para o âmbito maior do Estado Universal, derradeiro passo e degrau no percurso histórico de desenvolvimento das instituições públicas.

Além disso, o terceiro contrato social em gestação emprestará legitimidade e força normativa à futura Carta Magna da Humanidade.

Essa Carta há de se elaborar por obra de um poder constituinte da espécie, a saber, da comunhão geral, sólida e fraterna, de povos e Nações.

Será o poder soberano, legítimo, universal, do Planeta-Nação e da Constituição que ele porventura promulgue.

4. Agora vamos passar direto ao *Manifesto do Estado Constitucional*.

Queremos, em primeiro lugar, exprobrar aos jurisconsultos do positivismo racionalista e lógico a erronia de haverem se apartado de ideias avançadas e assumido atitude de desdém e neutralidade omissiva tocante a aspectos axiológicos e qualitativos dos regimes políticos e da teleologia estatal.

Não tomaram eles na devida consideração, como pressupostos de legitimidade dos ordenamentos legais, a justiça, a ética, os valores morais, as distintas gerações de direitos fundamentais; elementos, estes, inderrogáveis para construir o Estado de Direito; e fora dos quais não há legitimidade nem constitucionalidade no exercício do poder nem no desempenho das atribuições e prerrogativas de governo e autoridade.

Em rigor, Raúl Gustavo Ferreyra se mantém afastado da escola do positivismo formalista e estéril de um Kelsen ou de um Luhmann, os dois pensadores que esvaziaram o Direito e o Estado, despolitizaram a legitimidade e inauguraram na doutrina do Direito Positivo o crepúsculo da era liberal.

5. O constitucionalismo contemporâneo, do ponto de vista material, considera o Estado Constitucional um Estado da legitimidade, onde a prevalência de valores e o império dos princípios definem, por conseguinte, a suma juridicidade da hierarquia normativa do sistema.

Demais disso, apresenta-se penetrado de profundo sentimento republicano e elevado grau de relevância axiológica.

Este nos parece ser também o espírito do Estado Constitucional que assenta raízes no *Manifesto* de Raúl Gustavo Ferreyra.

6. A clássica teoria do poder constituinte, conforme se depreende de sua consagração, continuará sendo, enquanto houver regimes democráticos, o pedestal do constitucionalismo do Estado Moderno.

Nasceu essa teoria irmã gêmea das teorias da soberania nacional e da soberania popular.

Raúl Gustavo Ferreyra insurge-se – a nosso ver, com inteira razão – contra a rigidez abusiva que na ordem constitucional embarga com frequência a evolução lenta e adaptativa das Cartas Constitucionais.

E o faz porque essa rigidez gera, em nome da perfeição racionalizante das leis, o mito da imutabilidade; mito funesto dos codificadores do século XIX e por igual de alguns do século XX, os quais não lograram desatar o nó desatualizador de códigos e Constituições.

Dogma que, ao mesmo passo, freia a evolução e abre porta à revolução.

Aliás, pode haver aparência de paradoxo, mas por um determinado ângulo a evolução é a melhor das revoluções. Não derrama sangue nem desfere golpes de Estado.

Em outros termos, não menos evidentes e não menos verídicos, a evolução nem sempre significa a antítese da revolução.

Por esse prisma, ela é também a revolução caminhando a passo lento, a revolução desarmada, a revolução em marcha vagarosa, escrevendo a História e transformando silenciosa, quase despercebida, mas triunfante, a face da sociedade. E ao mesmo passo contribuindo para a pacificação política e social da Civilização.

7. Urge, em seguida, recordar dois célebres nomes de Mestres que propiciaram a Raúl as preleções do civismo, da educação constitucional, da democracia, do respeito e da veneração à justiça.

O primeiro, Alberdi, missionário do patriotismo, alma repassada da aspiração generosa de reivindicar e estabelecer a unidade republicana do Continente.

O segundo, Bidart Campos, a quem o publicista sucedeu na tribuna docente da Universidade de Buenos Aires/UBA.

Ambos lhe servem de luz, guia e modelo, em razão do rigor, da autoridade, do zelo, da abnegação, com que investigaram e discorreram acerca de matéria jurídica, filosófica e moral.

8. Outro lado de suma importância desponta na obra de Raúl: a diligência que parece tácita em compatibilizar o positivismo com a teoria material da Constituição.

Percebe-se, pois, no *Manifesto* um substrato de conceitos jurídicos, ideias e lucubrações que compõem o legado de Raúl Gustavo Ferreyra ao Direito Constitucional. Esse legado toma dimensão de profundeza surpreendente.

9. Proposições de crítica perscrutadora e de análise científica ao Estado Constitucional, a nosso entender, o põem em harmonia com as premissas do pluralismo, da Constituição aberta, da projeção normativa de valores e princípios.

Copiosos os conceitos de acuidade revisora formulados com propriedade, nitidez, fluência de linguagem e elegância de estilo.

10. A matéria versada nessa dissertação constitucional se apresenta, portanto, rica de reflexões, ostentando ao mesmo tempo aquela densidade de último tão ausente dos expositores das ciências humanas, nomeadamente no campo do Direito.

O *Manifesto* de Raúl Gustavo Ferreyra configura, assim, uma exceção, porque reage e coloca o Direito Constitucional perto da realidade e das situações sociais concretas.

A excelente impressão da leitura desse livro indica que estamos em presença de um Mestre de profunda cultura jurídica, que fez da estabilidade dos ordenamentos constitucionais o ponto convergente e central de sua exposição didática, do seu raciocínio lógico em matéria de Direito, de suas ponderações felizes, de seu estudo adequado e elucidativo acerca de temas de agudo interesse e notória atualidade.

11. Contudo, a estabilidade do sistema constitucional, investigada e exposta no *Manifesto* de Raúl Gustavo Ferreyra, não exclui a mudança, não estanca o progresso, não derroga a evolução, não quebranta nem fere a ordem constitucional estabelecida em bases de normatividade principiológica, não macula a pureza das leis, não afeta a harmonia e o equilíbrio dos Poderes.

As mudanças operam-se, de conseguinte, por distintas vias, sem sobressalto de crise e distúrbio social.

A força e a natureza dos interesses consagrados ou opostos, admitidos ou repulsados, se fazem determinantes cabais e incoercíveis da evolução que move e acompanha as Constituições.

12. Volvendo ao tema da evolução, verificamos que ela ocorre não raro independente da lógica, da razão e da vontade. E nem sempre se faz pela mão do legislador, pelo braço do governante, pela sentença do magistrado.

Lei, decreto, acórdão de tribunal, quando a corrupção governa a República, já não podem coadjuvar a evolução, e esta, retraída e paralisada, cede lugar à decadência, ao retrocesso, à miséria social.

Só a ética restaura a seriedade da Constituição na vida do regime e no exercício do poder quando a República despenha no abismo da corrupção, da podridão política e da falência do sistema de governo.

Só o elemento moral congrega, então, força para regenerar as instituições e salvar a Nação, o Estado de Direito e a democracia, que ora padecem a traição da casta dominante.

13. Daquele positivismo tardio, formalista e frio, que empobrece a teoria da Constituição, Raúl guarda distância, portanto conserva no espírito e na práxis o credo republicano da liberdade, as lições memoráveis de Alberdi, o ardor da fé na justiça, o patriotismo constitucional, o espírito, o sentimento e o coração voltados para a união fraterna dos povos da América do Sul.

Este o constitucionalista que vejo gravado no quadro de pensamento do *Manifesto*, admirável ensaio que não retrograda nem contradiz o culto da supremacia normativa dos princípios constitucionais; supremacia que revolucionou as Cartas Magnas desde a nova hermenêutica.

Podemos, desse modo, dizer e reiterar que o publicista portenho na Ciência do Direito se filia ao mesmo tempo à teoria material da Constituição, de índole neopositivista e normativista.

Sua escola segue o roteiro objetivo do culturalismo democrático e do positivismo pluralista, fazendo da dignidade humana a sede e o domicílio do constitucionalismo axiológico.

14. O *Manifesto do Estado Constitucional* afigura-se-nos, como se vê, documento deveras valioso, edificante, instrutivo.

Editado agora no Brasil, representa a suma de brilhantes reflexões de um constitucionalista de escol.

Com efeito, a obra revela a figura nobre do investigador que mergulha fundo na temática do Estado Constitucional de nosso tempo.

Estado portador, consoante assinalamos, de novas dimensões, por onde se convalidam as aspirações da sociedade e se forma entre os que estudam o Direito a consciência de constitucionalidade, dantes tão débil de força normativa durante o apogeu individualista e jusprivatista do século XIX.

A retrogradação nas leis que regem as relações de trabalho e capital no Brasil pode propagar-se pela América Latina, de tal sorte que livros sobre a natureza jurídica do Estado Constitucional, como este do constitucionalista argentino, são de sumo préstimo para fortalecer a resistência do Estado de justiça social que a reação quer extinguir no Continente.

As digressões constitucionais do *Manifesto* comprovam a energia, o talento, a ação, de um normativista da principiologia em seu elevado empenho de robustecer a causa da democracia e do Estado Constitucional.

Cava Raúl alicerces de sustentação ao edifício onde terá moradia o espírito dos constituintes e a ética dos libertadores.

Congratulações, por conseguinte, ao douto Autor de obra valiosa, instrutiva e opulenta de ensinamentos; mas sobretudo reveladora no campo da consciência constitucional, do alto engenho da inteligência argentina.

O *Manifesto do Estado Constitucional* de Raúl Gustavo Ferreyra é, enfim, o breviário que faltava, em termos estritamente jurídicos, ao neopositivismo deste século.

O catedrático da UBA preencheu, pois, essa lacuna.

PAULO BONAVIDES

Sumário

Prefácio – PAULO BONAVIDES 7

PREÂMBULO

§ *I. Itinerário* 17
§ *II. O Texto*
    II.1 A concepção principal e geradora do "Manifesto" 19
§ *III. Sobre um Constitucionalismo Cidadão* 22
§ *IV. Reconhecimentos e Agradecimentos* 24
§ *V. Dedicatórias* 25
§ *VI. Uma Certeza Final* 26

PRIMEIRA PARTE

§ *I. Abertura*
    I.1 Afirmação capital 27
    I.2 Sistema ou ordem constitucional. Remissão 28
    I.3 A Constituição, quarto elemento do Estado 28
    I.4 Estratégia argumentativa 29
§ *II. Origens da Associação*
    II.1 Uno e o universo 33
§ *III. O Estado*
    III.1 Generalidades 38
    III.2 Natureza do Estado. Definição 40
    III.2.1 Breve interlúdio. O Estado Constitucional na Argentina 43
    III.3 Elementos naturais do Estado 45

III.3.1 A população 45
III.3.2 O território 49
III.4 Elementos não naturais
III.4.1 O poder do Estado 51
III.4.2 O quarto elemento do Estado, a Constituição 57
III.5 Interlúdio. A questão do nome 57
III.5.1 O nome do Estado 57
III.5.2 "Estado-Nação", Estado Federal e Estado Argentino 60
§ IV. Regras Constitucionais Inacabadas ou de Realização Progressiva que Fundamentam o Estado
IV.1 Artifício constitucional 62
IV.2 Antecedente constitucional 63
IV.3 Razão constitucional 64
IV.4 Enumeração das regras 64
§ V. Regra sobre a Subordinação 66
V.1 Regra fundamental 68
V.2 Relação com o Direito Internacional dos Direitos Humanos/ DIDH 71
V.3 Controle de constitucionalidade 79
V.4 A juridicidade, raiz da ordem estatal 87
V.4.1 Mundo com regras jurídicas e sem elas 89
V.4.2 Configuração e gradação normativa 92
V.4.3 Privacidade, fundamento da soberania individual e de uma sociedade livre e aberta 95
V.5 Resumo sobre regra de subordinação 107

SEGUNDA PARTE

§ VI. Regra sobre Variação 109
VI.1 Resumo 114
§ VII. Regra sobre a Distinção de Funções. Dogma ou Teoria sobre Distribuição Horizontal e Vertical do Poder
VII.1 Palavras sobre o Poder Público. Generalidades 114
VII.2 Moldura 120
VII.2.1 Terminológico. Critério sobre "distinção" 120

SUMÁRIO

VII.2.2 Precisão dogmática 122
VII.2.3 Precisão semântica 123
VII.3 Forma do Estado 124
VII.4 Forma política. Democracia. Direção do Estado Argentino
VII.4.1 Advertência. Regresso 124
VII.4.2 Regra de reconhecimento 125
VII.5 A orientação jurídica do Estado. Notícias sobre federalismo
VII.5.1 Um ente federal 129
VII.5.2 Distribuição de competências entre o Estado Federal e as entidades federativas 131
VII.5.3 Supremacia, cooperação e coordenação 132
VII.5.4 Nova descentralização política 133
VII.5.5 Regionalismo 133
VII.5.6 Réquiem sobre a dominação dos recursos naturais 133
VII.6 Forma e sistema constitucional de governo. Limites do tema 135
VII.7 Sobre a República 136
VII.8 Sistema constitucional do governo presidencial 141
VII.9 Resumo 146
§ VIII. Sobre a Ação dos Direitos Fundamentais
VIII.1 Reexame. Natureza processual e substancial dos fundamentos constitucionais 147
VIII.2 Uma certa linha de ação para o exercício da força 149
VIII.3 Uma questão intermediária. A nomenclatura 151
VIII.4 Boa-fé 153
VIII.5 Pro homine 155
VIII.6 Desenvolvimento progressivo 156
VIII.6.1 Medidas imediatas 157
VIII.6.2 Expectativas de não regressão 158
VIII.6.3 Expectativa de desenvolvimento progressivo 158
VIII.6.4 Consciência jurídica 158
VIII.7 Novo interlúdio: a jurisprudência da Corte Interamericana de Direitos Humanos/CIDH de acordo com a Corte Suprema de Justiça da Nação Argentina/CSJN 159

VIII.7.1 A casuística 159
VIII.7.2 Ponto de vista 162
VIII.8 Sobre a objetividade dos direitos fundamentais 163
VIII.9 Resumo 166
§ IX. Observações Finais 166
Bibliografia 175

Preâmbulo

§ I. Itinerário. § II. O Texto. § III. Sobre um Constitucionalismo Cidadão. § IV. Reconhecimentos e Agradecimentos. § V. Dedicatórias. § VI. Uma Certeza Final.

§ I. Itinerário

Em 2017 cumpriram-se 35 anos de minha primeira incursão na arte de escrever no mundo do Direito. Minha comunhão com essa forma de escrita tratou de analisar o "costume jurídico", seu conceito, suas classes e seus alcances. Ainda que gestado de modo genuíno e fértil, todavia, encontra-se reservado como um texto inédito e, possivelmente, nesse estado continuará para sempre. Não obstante, constituiu, talvez, um dos passos finais para obter, em 1983, o título de Advogado na Faculdade de Direito da Universidade de Buenos Aires/UBA. Jamais pensei que brilharia, no futuro, como o texto inaugural. Ademais, aos 22 anos de idade, bem contados, não conhecia nem os graus nem as amplitudes, muito menos as profundidades, da escrita. Mas intuía, com nobreza, que a escrita se desenvolveria; quero dizer: que poderia melhorar com o transcurso do tempo. Recordo com nitidez minhas preocupações em manter a objetividade e as vacilações ao passar das compreensões de outros ao resvaladiço território da dogmática jurídica que cada um, por si mesmo, deve dirigir.

Descobri, também, então – por volta de 1982 –, que a literatura em geral – a literatura jurídica em particular – se compõe de palavras, cujo objeto é a análise sistemática e a estimação valorativa do Direito criado pelo homem. Pensei que a primeira qualidade da literatura sobre o Direito, artefato que é o resultado de uma das mais ortodoxas produções humanas, descansava no rigor do método, a resolução pela compreensão e veracidade nas descrições. Tinha a ilusão, na tenra juventude – bem matizada, hoje, em minha maturidade crescente –, de que a escrita poderia aspirar a um razoável grau de acerto. As incertezas sobre o conceito de verdade sucederiam muitos anos mais tarde. Melhor dito, as sinceras concepções para refutar, veementemente, conceitos de verdade estabelecidos, em formas de conjecturas alheias ou próprias.

Ao mesmo tempo suspeitei que o Direito objetivo produzido pelo legislador, a dogmática jurídica que o descreve ou critica e a realização dos juízes se constroem por marés de palavras. A biografia do Direito muitas vezes ficava obscurecida por signos indecifráveis do servidor público, ao menos para o cidadão, em seu indisputável papel de ator principal e suporte semelhante do Estado.

Durante três décadas e meia realizei e descompus, voltei a compor e volto a descompor, todo tipo de lições, capítulos, planos, protocolos e esquemas. As composições literárias que escrevi, agora, sim, sobre o Direito Constitucional, dentro da espécie "ensaios, artigos e notas", são mais de 75. Referida quantidade de publicações evidencia que o ser humano, para crescer necessita, sem dúvidas, entre outros elementos, da compreensão e da observação do outro. Em algum momento, ademais, por uma razão prática, optei por uma denominação e um critério de ordenação; assim, pois, estas "marés de palavras" que conjugam dentro do gênero "publicações" as espécies "ensaios, artigos e notas" chamam-se *Opus* (para distingui-las dos "livros", os "opúsculos" e os "escritos de opinião", não por acaso, o *Dicionário da Real Academia Espanhola/ DRAE* aceita tal palavra); também, a decisão de apresentá-los de modo cronológico, segundo uma numeração que respeita a ordem de saída das prensas.

As contribuições mencionadas foram publicadas na minha língua nativa – o Espanhol – e também nas línguas italiana, inglesa e portuguesa. Fui muito afortunado pela diversidade, pelo fato de desfrutar do diálogo multicultural.

Concretamente, o *Manifesto sobre o Estado Constitucional – Regras Fundamentais sobre os Antecedentes e Justificação da Associação Estatal* é um de meus textos mais relevantes, se esse parecer individual tivesse algum sentido (a partir de agora: *Manifesto*). Na Argentina o texto que o leitor tem em suas mãos em língua portuguesa foi publicado originariamente como *Opus 68*: "Manifiesto sobre el Estado Constitucional – Reglas fundamentales sobre raigambre y justificación de la comunidad estatal", 1ª Parte, *Revista de Derecho Público* 10/37-124, 2015. E *Opus 69*: "Manifiesto sobre el Estado Constitucional – Reglas fundamentales sobre raigambre y justificación de la comunidad estatal", 2ª Parte, *Revis-*

ta de Derecho Público 11/109-182, Presidencia de la Nación, Ministerio de Justicia y Derechos Humanos, 2015 (ISSN 2250-7566).

A proposição "nada procede de nada nem produz nada",[1] unida a que tudo o que nasce perecerá, são chaves materiais sobre a existência. Naturalmente: podem ser lidas, se se desejar, como a subscrição de um estatuto ontológico. Os textos *Opus 68* e *Opus 69*, respectivamente, têm origem numa pesquisa bem acariciada e realizada na Faculdade de Direito (UBA), 2011-2015. Também nas ideias apresentadas em diferentes instâncias acadêmicas e diversos formatos: (i) lição "Constituição e Direitos Fundamentais na América do Sul", Faculdade de Direito da Universidade Federal do Ceará/UFC, Fortaleza, 23.8.2012; (ii) conferência doutoral "Fundamentos constitucionais", Universidade de Medellín, Faculdade de Direito, 6.6.2014; (iii) conferência "Raízes e razões da associação estatal", no Encontro 25 Anos do Novo Constitucionalismo Latino-Americano. Balanços e Impactos na Sociedade, Corte Constitucional do Equador, 12.7.2014; (iv) lição magistral que leva o mesmo título exposta em 18.9.2014 na Faculdade de Direito, Universidade de Buenos Aires; finalmente, (v) *lectio doctoralis* "Breve manifesto sobre o Estado Constitucional",[2] 21.11.2014, Centro de Ensino Superior de São Gotardo, Minas Gerais/Brasil.

§ II. O TEXTO

II.1 A concepção principal e geradora do "Manifesto":

Todo Direito do Estado deve ser Direito genuinamente autorizado pela Lei Fundamental constitucional posta pelo poder cidadão constituinte. Assim, pois, se trata do Estado ordenado ou organizado com fundamentos numa Constituição e que persegue a convivência pacífica dos cidadãos ou controle responsável da paz.

Referida atenção ao princípio de constitucionalidade nunca é cabal nem totalizadora. Portanto, as regras que fundamentam o mencionado Estado prescrevem a subordinação do Estado ao ordenamento; a autorização detalhada para a reforma da ordem; a distinção das funções controladas de seus poderes governativos e notável literatura sobre a ação dos direitos fundamentais.

1. Mario Bunge, *Diccionario de Filosofía*, México/D.F., Siglo Veintiuno Editores, 2001, p. 149.
2. Texto traduzido ao Português por José Eduardo Schuh, Doutorando da Faculdade de Direito da Universidade de Buenos Aires/UBA.

O modelo da paz por intermédio da Constituição constitui um paradigma da ordenação assumida. Porque a propriedade principal deste modelo para uma sociedade aberta de cidadãos ativos e partícipes constitui o fato intransigente de que a autoridade pública monopoliza a força e desenha processos para decidir e regular tanto a coexistência como a governança e a resolução de conflitos. Coerentemente, neste tipo de Estado, o Direito, o Direito Constitucional, é a razão da força do Estado. Toda a força do Estado se encontra regulada por normas, motivo pelo qual o Direito não determinado por normas jurídicas encontra-se decisivamente proibido. A paz, então, consistirá na "expectativa de ausência de violência desregulada",[3] dado que é necessário precisar que existe um uso da força regrado, determinado constitucionalmente como alternativa à maior violência que se provocaria em sua ausência.

Sem fazer profecias, Norberto Bobbio expressou de modo genial que: a vida política se desenvolve através de conflitos jamais definitivamente resolvidos, cuja resolução se consegue mediante acordos momentâneos, tréguas e esses tratados de paz mais duradouros que são as Constituições.[4]

II.2 No *Manifesto* reúnem-se experiências básicas e conceitos chaves, enriquecidos com modernas apresentações dogmáticas e jurisprudência atualizada. É meu interesse que esta obra desperte um constitucionalismo de cidadãos e cidadãs, plenamente inclusivo, com participação ativa e voz própria. Ainda que tenha escrito na Argentina, sempre procurei manter e desenvolver uma profunda atenção e conhecimento sobre os aspectos relevantes do constitucionalismo na América do Sul. Em suma, considero-a uma obra dirigida à sociedade aberta de aplicadores da Constituição: cidadãos e servidores públicos em pé de igualdade.

II.3 O *Manifesto* é uma obra de pura teoria. Em seu conteúdo apresenta-se a "Constituição" como quarto elemento do Estado. Uma suficiente novidade teórica, que, todavia, não se desprende da observação permanente da realidade constituinte. O texto encerra, cuidadosamente, um programa normativo, cuja escrita foi realizada na Argentina e com vocação para o debate em toda a América do Sul, porque neste último espaço cumpriu uma satisfatória "peregrinação compreensiva" das produções e realizações autóctones de cada um dos Estados sul-americanos.

---

3. Luigi Ferrajoli, ***Principia Iuris***. *Teoría del Derecho y de la Democracia*, t. I ("Teoría del Derecho"), trad. de P. Ibañez *et al.*, Madri, Trotta, 2011, p. 836.

4. Norberto Bobbio, *El Futuro de la Democracia*, Buenos Aires, Planeta-Agostini, 1985, p. 171.

Igualmente, uma obra de pura teoria significa, com originalidade: que não se desconheçam as realidades quotidianas de nossos Países e que suscita a necessidade de incorporar a "Constituição" dentro do âmbito da trilogia clássica de constituintes do Estado: população, território e poder. Provavelmente dentro do cenário multicausal da anomia constitucional se encontre o fato de que a maioria dos estudos se dedica ao "enfoque interno" da própria Lei Fundamental, e descuidando das análises no panorama do Estado. Por isso, para facilitar referido debate teórico, se suscita, deliberadamente, que a "Constituição" não é um ente isolado do mundo do Direito, porque ela desenvolve seu papel na fundamentação do Estado.

II.4 A fundamentação constitucional do Estado cumpre-se ou pode cumprir-se por intermédio de quatro princípios ou regras. Nenhuma destas regras, ou princípios, possui uma aplicação absoluta, por isso são regras "inacabadas", ou regras de aplicação progressiva ou regras de aplicação relativa. Em sua etapa de fundamentação estatal, cada um destes princípios ou regras constitucionais se desenvolve ativamente, seja para configurar uma raiz, seja para justificar uma razão. São "materiais estruturais", "pilares", ou, melhor, "elementos da arquitetura do interior do Estado" alocados positivamente, postos na Constituição.

Cada um dos princípios retores mencionados no parágrafo anterior é analisado e avaliado no *Manifesto*. Porque todos os artifícios criados pelo homem requerem a concepção de processos de controle; o Direito constituinte que emerge das Constituições, sem dúvida, é um instrumento inventado pelo homem para orientar a paz, isto é, estabelecer um controle na ordem social das comunidades. Não há outro modo conhecido para estabelecer a coexistência humana em paz, até agora. Contrariamente, a ordem natural, e não por acaso, não requer processos de controle produzidos pelo homem; a própria natureza os provê por si mesma, mas é uma desgraçada verdade que o homem os destrói ou pulveriza, muitas vezes.

Minha tese final: sem Lei Fundamental não há Estado Constitucional. As quatro regras referidas sustentam o desejo, enfim, a utopia, de que os cidadãos sejam efetivamente iguais em liberdade, socialmente iguais, humanamente diferentes e, por certo, totalmente livres para discernir e decidir. Somente poderá acontecer se, acaso, o poder constituído constitua uma zona de competências limitadas submetidas ao controle racional, e que os cidadãos assim o considerem. Não é um segredo que, ademais dos fundamentos constitucionais do Estado, o consenso dos cidadãos é um fundamento político da maior envergadura.

§ III. Sobre um Constitucionalismo Cidadão

O presente e o futuro estão abertos ao Direito Constitucional; com relação ao passado muito pouco se pode fazer, a não ser tomar exemplos que não deveriam repetir-se. A normatividade da ordem jurídica constitucional, ademais, repousa na determinação de um âmbito não jurídico, uma área na qual o Direito constituinte não deve penetrar. A própria privacidade do homem.

No início do século XXI, pela primeira vez desde os dias da Independência, a ordenação constitucional em cada um dos Países da América do Sul exibe o momento mais rico de todo seu desenvolvimento histórico. Se é certo que as Constituições têm quatro partes – preâmbulo, direitos e deveres fundamentais, organização do poder e seu controle e a própria dimensão de sua reforma jurídica –, as aludidas categorias básicas do Direito Constitucional da América do Sul encontram-se tecidas, escritas – enfim ... expressas juridicamente.

O Direito Constitucional na América do Sul contém, na atualidade, quase todos os conceitos da Teoria Geral do Direito Constitucional. Dito de outro modo: se fossem compiladas todas as Constituições sul-americanas, cujo resultado daria mais de 1.500 páginas, descobrir-se-ia que – com exceção do sistema de governo parlamentar – tudo é conhecido nesta parte do mundo. Não há conceito ou prática conhecidos em outros espaços estatais que aqui não se imponham ou se tenham imposto ou não se lhes pretenda impor.

Por exemplo, o ano de 2013 foi o "ano de celebrações". A Constituição Federal brasileira cumpriu 25 anos de vigência sem interrupções, abraçando todas as cidadãs e os cidadãos brasileiros. A Constituição Federal argentina (texto fundacional de 1853, reformado em 1860, 1866, 1898, 1957 e 1994) cumpriu 30 anos desde que se restaurou a democracia em 10.12.1983, abraçando argentinas e argentinos. Também cumpriu o primeiro lustro a novíssima Constituição equatoriana de 2008, uma riquíssima peça jurídica. O ano de 2016, de sua parte, mostrou os primeiros 25 anos da Constituição colombiana, que contém a vida comunitária de colombianas e colombianos, com semelhante "igualdade na liberdade" que a Lei Fundamental brasileira, a argentina e a equatoriana, respectivamente. Particularmente, a Colômbia, talvez, mostra um constitucionalismo com profunda vocação para alcançar a paz relativa na comunidade.

Em 1988 o Brasil surpreendeu, de modo muito gratificante, com suas novas letras jurídico-constitucionais. Um impacto no saber constitucional; o Direito Constitucional na América do Sul pode dividir-se, terminantemente, antes e depois da Constituição brasileira e seu desenvolvimento dogmático! Sua Constituição é original e inovadora: uma nova arquitetura do poder; uma nova dimensão dos direitos fundamentais; novíssima dimensão dos controles e, fundamentalmente, a ideia de que a Lei Fundamental não seja só para "a convivência", ainda que, todavia, haja muito "por fazer" ... e também por realizar. Primariamente, que a norma constitucional constitua o fundamento da organização social ... é um paradigma.

A América do Sul pode constitucionalmente viver bem. Não necessita importar doutrinas ou dogmas. Tampouco copiar jurisprudência. O magnífico capital jurídico que se conjuga em todas e cada uma das Leis Fundamentais estimula, alenta, propicia, fomenta, hoje, a realizar uma dogmática constitucional sul-americana própria e apropriada. Se a Filosofia na Grécia antiga despertou no mesmíssimo momento que uma pessoa dialogou com outra que havia sentado a seu lado, antes da observação ou contemplação da natureza, então, a alteridade contemporânea obriga-nos e nos coloca, também, a cada um dos sul-americanos, sentados ao lado de outro americano do Sul. A propor nosso próprio, único, exclusivo e excludente pensamento jurídico-constitucional, que, com fortes traços de inclusão cultural, social, econômica e política, signifique o ponto de partida de um constitucionalismo de cidadãos e cidadãs.

Meu propósito: uma cosmologia jurídica para a América do Sul. Fundada num constitucionalismo de cidadãos e cidadãs que merece ser reunido num *Decálogo*:

1. Estimular, facilitar e realizar o conhecimento dos conceitos fundamentais do Direito Constitucional.

2. Chamar a atenção em torno de "poder", "democracia" e "Constituição".

3. Propor a distinção nítida entre os contextos de produção e de aplicação do Direito Constitucional.

4. Analisar as normas constitucionais e as propriedades que a elas se atribuem.

5. Sugerir a posição das garantias constitucionais especialmente a partir da perspectiva do cidadão e o desenvolvimento de sua liberdade num ambiente referenciado e determinado por uma sociedade aberta.

6. Estudar as competências dos Poderes do Estado, seus limites e controle.

7. Integrar os conhecimentos básicos sobre os temas da prática comunitária quotidiana em qualquer se suas manifestações.

8. Reconhecer situações que suscitem as violações à Constituição; analisá-las, determinar suas causas, identificar e aplicar os meios de proteção adequados.

9. Observar o desenvolvimento atual do Direito Constitucional na América do Sul. Compará-lo. Dialogar, dialogar e dialogar...

10. Postular sempre que se reúna ou enfrente com antagonismo a seus próprios pensamentos tratando de superá-los com argumentos, uma e outra vez, nunca por apelação a argumentos de autoridade. Sempre com o debate crítico.

§ IV. Reconhecimentos e Agradecimentos

Uma intuição. Durante a vida de qualquer autor a tradução de suas obras somente se torna possível quando a seu redor se reúne uma maioria poderosa que o apoia e colabora, em todo sentido. E, ainda que ele não saiba jamais, essa maioria mantém uma coincidente unidade de critério.

Desejo agradecer a Carolina Machado Cyrillo da Silva, que incentivou a publicação e, em certo e determinante modo, a tornou realidade.

Igualmente agradeço a Ben-Hur Rava, que, laboriosamente e com rigor, traduziu todo o texto a partir da minha língua nativa – o Espanhol – para o Português. Ben-Hur Rava possui um destacado manejo de ambas as línguas, nas quais mostra distinguidas habilidades na compreensão, alicerçadas por sua erudição e experiência. Seu trabalho é detalhado, esmerado e cuidadoso. Felizmente, a leitura em língua portuguesa, resulta, portanto, dócil, satisfatória e eficaz.

Também agradeço genuinamente a Enrique Javier Morales pela supervisão geral da obra.

Com igual fortaleza e sensibilidade agradeço a José Eduardo Schuh, Adriana do Carmo Figueiredo, Raimundo Eloy Miranda Argôlo e Rodrigo Vissotto Junkes. Sua tarefa de leitura, paginação e revisão final foi magnífica. A circulação quotidiana de nossos diálogos filosóficos, jurídicos e literários permite-me crescer com igual constância no conhecimento da belíssima língua portuguesa.

Conversei com colegas sobre os aspectos de algumas das estruturas que aqui se apresentam. Recordo as conversas com Ricardo Rabinovich-Berkman, Leandro Vergara, Carlos Balbín, Diego Dolabjian, Mary Beloff, Vera Cláudia Lazar Carneiro, Siddharta Legale, Alejandra Perícola, Lucas Bettendorff e Mónica Pinto.

Ao mesmo tempo, tive o privilégio de discutir as proposições com os colegas do Seminário sobre Fundamentos Constitucionais do Estado.

Idêntico reconhecimento a todos os colegas do Círculo Doxa da Cidade de Buenos Aires.

Dialoguei intensamente com Peter Häberle, Julio B. Maier, E. Raúl Zaffaroni, Víctor Bazán, Benito Aláez Corral, Alfonso Celotto e Diego Valadés, cuja influência, em particular, está presente de um modo ou de outro nesta obra.

Outra razão fundamental para ser afortunado na vida: conversei com meus filhos, Leandro Eduardo e Juan Ignacio, sobre algumas das questões aqui tratadas.

Um agradecimento final a Maria Elizabeth Guimarães Teixeira Rocha por seu diálogo, apoio e confiança serena.

Também agradeço ao Editor por toda a tarefa que resultou na composição e cuidado desta obra.

Um reconhecimento especial aos professores que integram minha cátedra de Direito Constitucional na Faculdade de Direito da Universidade de Buenos Aires/UBA.

Idêntico reconhecimento aos aspirantes que acorrem aos cursos intensivos para o Doutorado, que são ministrados na mesma Faculdade de Direito.

Tenho a sorte, ainda, de gozar (desde o século XX) do diálogo, intenso, profundo e iluminador. com o mestre Paulo Bonavides. O guia permanente dos constitucionalistas na América Latina. Ademais, nosso jurista decano. "*Don* Paulo" é o resultado de um ordem criada maravilhosamente pela natureza e os seres humanos. Dotado, igualmente, de um humanismo tolerante, plural, indeclinável e honrado. Serei eternamente agradecido por seu generoso "Prefácio".

Tudo isto demonstra pela enésima vez que a integração sul-americana é, em primeiro lugar: cultural!

Naturalmente, a nenhum dos mencionados se lhes poderá atribuir responsabilidades pelos erros que possa conter a presente obra.

§ *V. Dedicatórias*

Esta obra é dedicada a Martína Sol Ruano e a María Gracia Quiroga. Simplesmente!

§ VI. Uma Certeza Final

O número de enunciados que contêm e organizam fundamentalmente uma Constituição (ou um sistema jurídico semelhante), em suma, o mundo constitucional, é finito; ainda que sua combinação e ulterior aplicação possuam uma desmesura originária. A aplicação, isto é, o desdobramento concreto da norma constitucional, pode ser caracterizada ou representada como uma obra teatral, talvez dramática: o desenvolvimento quotidiano, suficiente e insuficiente, da tensa relação entre os fundamentos elaborados pelo homem e sua própria natureza.

Verão de 2018
Raúl Gustavo Ferreyra
Professor Titular (Catedrático) de Direito Constitucional
da Faculdade de Direito da Universidade de Buenos Aires/UBA
– Doutor em Direito/UBA

PRIMEIRA PARTE[1-2-3]

§ I. Abertura. § II. Origens da Associação. § III. O Estado. § IV. Regras Constitucionais Inacabadas ou de Realização Progressiva que Fundamentam o Estado. § V. Regra sobre a Subordinação.

§ I. ABERTURA

I.1 Afirmação capital – I.2 Sistema ou ordem constitucional. Remissão – I.3 A Constituição, quarto elemento do Estado – I.4 Estratégia argumentativa.

I.1 Afirmação capital

A tese central deste *Manifesto* é a seguinte: chama-se "Estado Constitucional" a todo ente que congrega em sua composição dois elementos constituintes naturais – território e população – e dois elementos constituintes não naturais – poder e Constituição; um destes últimos é o "artifício fundamental", a regra suprema da ordem estatal, cuja estabilidade e durabilidade se pretende estabelecer com hegemonia suficiente. No Estado Constitucional todo Direito do Estado deve ser Direito genuinamente autorizado pela norma positiva fundamental de sua ordem coativa.

1. Dedicado ao professor Dr. PETER HÄBERLE, por sua condução ilustre do Direito Constitucional na Europa, e ao professor Dr. DIEGO VALADÉS, por seu conselho erudito sobre o Direito Constitucional na América Latina.

2. O Autor agradece os comentários de Pablo G. Ali, Mario F. Cámpora, Diego A. Dolabjian, Leandro Eduardo Ferreyra, Fernanda Lage, Carolina Machado Cyrillo da Silva, Enrique J. Morales, M. Alejandra Perícola, Johanna M. Romero, Gustavo Alejandro Szarangowicz, José Eduardo Schuh e Sebastián D. Toledo, assim como também os recebidos de Lucas Bettendorff, Juan Ignacio Ferreyra, M. Fernanda Lombardo, Leandro Martínez e María Rosario Tejada.

3. A contribuição aqui apresentada foi dividida em duas partes: a Primeira Parte compreende os §§ I a V, e a Segunda Parte abarcará os §§ VI a IX.

I.2 Sistema ou ordem constitucional. Remissão

A tese exposta na subsecção anterior é relacionada com o enfoque interno das Constituições, as quais podem ser compreendidas como um "sistema":[4] composição + estrutura + ambiente + mecanismo. Assim, deliberadamente, em sua "composição" observam-se ao menos quatro partes: (a) simples declarações; (b) direitos e deveres fundamentais; (c) o poder, sua organização e controle racional; e (d) reforma. Seu "ambiente" constitui o método deliberado de produção normativa e a regra de reconhecimento assumida. A "estrutura" configura-se com a coleção de seus enunciados normativos e não normativos, que a constituem. Em seu funcionamento, a Constituição do Estado estima ou estimará o que define ou definirá suas garantias: "mecanismo" cabal, isto é, processos previstos pelo próprio sistema para perseguir a instrumentalização de sua autodefesa, a possibilidade concreta de sua aplicação integral.[5]

I.3 A Constituição, quarto elemento do Estado

A Constituição não é um ente mundano isolado. Pode isolar-se para seu estudo dogmático,[6] como referido no parágrafo anterior; ou seja, compreender, desde uma perspectiva interna, sua entidade e descrever suas propriedades. Não obstante, ela desempenha sua tarefa, com maior ou menor eficácia, com maiores ou menores resultados, dentro do ente estatal. Por conseguinte, também existe um enfoque externo: o próprio modo pelo qual a Constituição se dá, se apresenta, se relaciona, enfim, regulamenta e fundamenta o mundo dos elementos do Estado; ou o Estado, tão somente.

Construir constitucionalmente o Estado não é tarefa fácil. Por isso, as orientações conceituais sobre "organizá-lo ou ordená-lo" – sempre com papel fundamental – não são mera questão de fé ou de vocabulário, porque se encontram abertas à delimitação e à discussão crítica.

Os elementos do Estado seguem sendo o território, a população e o poder. Não obstante, tratando-se da arquitetura do poder e da distinção entre autoridade e cidadania, com igual substantividade, a Constituição

---

4. Mario A. Bunge, *Diccionario de Filosofía*, cit., pp. 196-198.
5. Raúl Gustavo Ferreyra, "Sobre la Constitución. Concepto, composición y mecanismos", *Revista de Derecho Político* 86/328, Madri, UNED, janeiro-abril/2013; e "Discurso sobre el Derecho Constitucional. Colores primarios", *Revista de Derecho Público* 4, Buenos Aires, Ministerio de Justicia y Derechos Humanos, Presidencia de la Nación, 2013.
6. Raúl Gustavo Ferreyra, "Sobre la Constitución. Concepto, composición y mecanismos", cit., *Revista de Derecho Político* 86/327-378.

incorpora-se como quarto e novo elemento ao sistema. A concepção da Constituição como quarto elemento significa um programa que se apresenta – na Argentina e, eventualmente, na América do Sul – e se deseja desenvolver passo a passo, porque não pretende privar de "força expressiva" a elementar trilogia de constituintes do Estado.[7] Adverte-se o leitor de que ele se encontra diante de uma obra de pura teoria, adornada de aplicações ou situações jurídicas concretas.

A partir desta concepção ou compreensão externa da Constituição, incumbe facilitar uma nova lista de elementos do Estado: o físico; o humano; o político; e, agora, se inclui o jurídico ou normativo.

I.4 Estratégia argumentativa

O plano de trabalho é o seguinte. No § II levam-se em conta, brevemente, as circunstâncias vinculadas à origem do Estado. No § III descrevem-se os elementos do Estado, com menção do componente constitucional. No § IV se expõem os dois fundamentos do Estado: fundamento-raiz ou fundamento-razão que a Constituição tende a ordenar[8] durante a vida do Estado, motivo pelo qual em seus desdobramentos se pode fixar determinada prevalência processual ou substantiva, segundo o caso. Estes dois fundamentos desdobram-se ou operam por intermédio das quatro regras constitucionais "inacabadas" ou princípios constitucionais de "aplicação progressiva"[9] que fundamentam o Estado: regra

7. V.: Peter Häberle, "La Constitución en el contexto", *Anuario Iberoamericano de Justicia Constitucional/AIJC* 7/225, Madri, Centro de Estudios Políticos y Constitucionales, 2003.

8. No processo "Bressani", julgado em 2.6.1937 perante a Corte Suprema de Justiça da Nação Argentina/CSJN, os Juízes Antonio Sagarna, Luis Linares e Juan B. Terán sustentaram: "(...). O valor maior da Constituição não está nos textos escritos que adotou e que antes dela haviam adotado os ensaios constitucionais que sucederam-se no País durante 40 anos, sem tornar-se realidade, senão na obra prática, realista, que significou encontrar a fórmula que harmonizava interesses, tradições, paixões contraditórias e belicosas. Sua interpretação autêntica não pode esquecer os antecedentes que fizeram dela uma criação viva, impregnada de realidade argentina, a fim de que dentro de sua elasticidade e generalidade que a impede de envelhecer com a mudança de ideias, crescimento ou redistribuição de interesses, siga sendo o instrumento da 'ordenação política' e moral (...)" do Estado (v.: CSJN, *Fallos*: 178:9, *in re* "Bressani, Carlos H., y otros *vs.* Provincia de Mendoza" (1937)). Ainda que a ênfase ("ordem") resulte obra do autor destas letras, dois elementos são indiscutíveis; o primeiro, a pacífica manutenção da formulação discursiva transcrita pela CSJN durante quase 80 anos, sem alterações em sua própria jurisprudência majoritária; e, segundo, a significação da "ordem" que flui das regras constitucionais, neste caso particular, pela autoridade dos magistrados judiciais.

9. V.: E. Raúl Zaffaroni *et al.*, *Derecho Penal*, Buenos Aires, Ediar, 2000, p. 104.

sobre a subordinação, regra sobre a variação, regra sobre a distinção e regra sobre a ação dos direitos fundamentais. Traça-se uma arquitetura de princípios ou regras, em qualquer caso "inacabados", que poderiam dar lugar ao tipo de Estado Constitucional. O "tipo"[10] elabora-se por intermédio da observação dos traços primários proporcionados por sua divisão estrutural, que se consideram destacados no estado de coisas que configura e processa uma Constituição, descartando outros que se observam como secundários e não tão relevantes ou divisíveis. Um tipo, além disso, que goza de suficiente aceitação no mundo estatal e que contribui, significativamente, a fornecer determinada utilidade, confiar bastante certeza e gerar moderado bem-estar da Humanidade que constitui seu território, até novo aviso. Cada um destes princípios ou regras do tipo Estado Constitucional corresponde ou, dito de outra forma, desenvolve um fundamento-raiz ou um fundamento-razão. No § V examina-se a regra de subordinação. Na segunda parte deste texto, nos §§ VI (variação), VII (distinção) e VIII (ação), respectivamente, se examinará em particular cada uma das regras que, junto àquela de subordinação, fundamentam o Estado, desde a pura teoria que as descreve. Por último, no § IX far-se-ão os comentários finais.

A doutrina que se expõe pretende distinguir a normatividade[11] das Constituições e, por conseguinte, virtualmente, se determinada matéria é suficiente para caracterizar determinado "modo de direito". Normatividade gerada ou criada, que não significa – nem muito menos – conciliação com sua própria e total aplicação. Todo o direito constitucional deve reunir e compreender a viabilidade de sua própria aplicação; a idealização que jamais pode concretizar-se na realidade não deveria ser objeto de concreção normativa.

Há uma década nossa dogmática viu-se enriquecida com a contribuição mediante a qual se assinalaram as diferenças entre os âmbitos do "Direito Constitucional Comparado latino-americano" e o do "Direito Constitucional latino-americano". Assim, se afirmou que o primeiro tem por objeto e implica o conhecimento do universo constitucional (Constituições, leis, jurisprudência e costumes constitucionais) dos Estados da região, suas aproximações e suas diferenças. Doutra parte, o segundo

---

10. Compreende-se por "tipo" um modo que permite produzir e incluir em seu âmbito um número indeterminado de objetos que se reconhecem como pertencentes à mesma classe (v.: José Ferrater Mora, *Diccionario de Filosofía*, Barcelona, Ariel, 2009, p. 3.512).

11. Entenda-se por "normatividade" que os princípios e regras constitucionais são ou diretamente aplicáveis, ou aplicáveis, ademais, para construir outras disposições jurídicas a partir de suas prescrições; princípios e regras, pois, preenchem dita função.

compreende as instituições, organismos, órgãos e associações supraestatais que os Países criaram, por intermédio de tratados, convenções e acordos internacionais, e que se obrigam a respeitar. Uma grande porção é o Direito Comunitário com instituições próprias. Neste amplo campo encontram-se esforços de integração econômica e também política; tribunais, cortes e parlamentos supranacionais, bem como mecanismos de consulta nos mais diversos aspectos e questões.[12]

Há quem escreva, em outro texto,[13] que o Direito Constitucional Comparado se propõe a cotejar as disposições das diferentes ordens constitucionais estatais, tratando de colocar em evidência tanto suas simetrias mais características bem como suas assimetrias mais relevantes. Propõe-se a reserva da denominação "Direito Constitucional Comparado" para esta forma de dissertação do pensamento científico.

Esta contribuição concentra seu objeto em um fragmento do "Direito Constitucional Comparado latino-americano": o "Direito Constitucional Comparado na América do Sul", que para alinhar seu caminho inicial, no que se refere a estabelecer regularidades e rupturas, semelhanças e diferenças, adota como ponto de análise e valoração uma ordem constitucional de um Estado determinado. O normal fluir da inteligência, sua própria fisiologia natural, exige a estipulação de um ponto de partida para a investigação e, logo, a dissertação. Não pretendo, tampouco, glorificar o exercício da função narrativa ao eleger a Argentina; meramente procuro excluir, em tudo quanto seja possível, uma anomalia ou imperfeição na própria escrita, cujo propósito de enriquecimento futuro, sem dúvida, conjuga-se no âmbito do "Direito Constitucional na América do Sul", *lato sensu*.

Assim, o âmbito de reflexão e de escrita encontra-se na Argentina e dentro do marco de ordenação prescrito pelo sistema de sua "Constituição Federal" (doravante, CF, indistintamente),[14] mas com vocação para

12. V.: Jorge Carpizo, "Derecho Constitucional latinoamericano y Comparado", *Boletín Mexicano de Derecho Comparado* 114/949-989, *Nueva Serie*, Ano XXXVIII, México, UNAM, setembro-dezembro/2005.

13. V.: Raúl Gustavo Ferreyra, "Discurso sobre el Derecho Constitucional. Colores primarios", cit., *Revista de Derecho Público* 4/105-106.

14. Em outro lugar sugeriu-se um decálogo de propriedades aplicáveis à distinção da Constituição (v.: Raúl Gustavo Ferreyra, "Sobre la Constitución. Concepto, composición y mecanismos", cit., *Revista de Derecho Público* 86/327-378). Agora pode-se acrescentar que a estabilidade e a perdurabilidade – anunciadas no § I.1 – talvez signifiquem o fator que propicia ou possibilita maior ou menor satisfação orgânica ou reunião principal da referida dezena aberta de qualidades. Germán Bidart Campos, nos últimos anos de seu magistério acadêmico, soube empregar, ajustada e reiteradamente, a ideia de uma *Cons-*

desenvolver, genuinamente, inferências que mais cedo ou mais tarde sejam suscetíveis de tipificar aspectos sobre a "identidade" do Direito Constitucional Comparado na América do Sul.

A seu turno, o "Direito Constitucional sul-americano" é produzido no mesmo "Sul", nesta parte do mundo em que, por mais que seu desenvolvimento seja extremamente lento e seus movimentos bastante imperceptíveis, ninguém pode ignorar sua modesta investidura ou entidade corpórea, mesmo que aqui não se lhe dê tratamento específico.

Por último, a concepção da Constituição como quarto elemento do Estado significa um "programa",[15] ainda que a especulação teórica

tituição que Dura. Precisamente, esse foi o título de seu último livro, em 2004, ao longo de mais de 50 anos de produção intelectual.

A CSJN pronunciou sua primeira decisão no mês de outubro/1863. Anos depois, os Juízes F. das Carreras, S. M. do Carril, F. Delgado, J. Barros Pazos e B. Carrasco disseram: "(...) que a 'Constituição Federal' da República foi adotada para seu governo como Nação, não para o governo particular das Províncias, as quais, segundo a declaração do art. 105 da CF, têm direitos a reger-se por suas próprias instituições, e eleger por si mesmas seus governadores, legisladores e demais empregados; isto é: que conservam sua soberania absoluta em tudo que seja relativo aos poderes não delegados à Nação, como o reconhece o art. 104 da CF (...)" (CSJN, *Decisões* 7:373, Considerando 1º), *in re* "Luis Resoagli *vs.* Província de Corrientes", j. 31.7.1869). Quase 144 anos mais tarde, precisamente em 18.6.2013, os Juízes R. Lorenzetti, E. Highton de Nolasco, C. Fayt e J. C. Maqueda voltam a recordar a onipresença do artifício de união e liberdade para prover a ordenação jurídica da Argentina: "(...). Que em primeiro lugar é necessário recordar que de acordo com a atuação dos três Poderes o Estado Nacional encontra como limite o respeito ao projeto de República democrática que estabelece a 'Constituição Federal' (arts. 1º, 31 e 36). Os mandatos de seu texto foram estabelecidos pelo poder constituinte do povo, e por essa razão condicionam a atividade dos Poderes constituídos. A atuação do Estado deve, então, estar dirigida ao mais amplo acatamento dos princípios, declarações, direitos e garantias reconhecidos no pacto fundacional dos argentinos. V. Considerando 6º), *in re* 'Rizzo, Jorge Gabriel, *vs.* Poder Executivo Nacional, Lei 26.855'".

Naturalmente, a ênfase sobre a "Constituição Federal" resulta propriedade incorporada pelo autor destas letras para significar e subsumir a qualidade de "federal" do artifício disposto para a ordenação estatal, a Constituição de 1853, com suas reformas de 1860, 1866, 1898, 1898, 1957 e 1994. Ainda não há eternidade e, por isso, a duração da "Constituição Federal" no tempo não é infinita, e, pese ao fato de que seu termo no espaço tampouco é constante, às referências dogmáticas e jurisprudenciais que estão coligidas nesta nota se constituiriam base suficiente para uma justificação bastante homogênea de que a estabilidade e a perpetuidade, respectivamente, jogam um fator de singular relevância no desenvolvimento de cada uma de 10 "qualidades abertas" da regra superior da ordem estatal.

15. Peter Häberle, em 1982, anunciou sua tese, peça a peça, em *Verfassungslehre als Kulturwissenschaft (A Constituição como Cultura)*. A tese se reitera em "La Constitución en el contexto", cit., *Anuario Iberoamericano de Justicia Constitucional/AIJC* 7/223-225). Adverte-se: neste escrito se resolve pontuar a Constituição como um "quarto elemento"; simplesmente, sem aprofundar na inerente projeção "cultural" da tese do Professor alemão para nosso "contexto" sul-americano.

e sua consequente concreção empírica. Mesmo que neste momento não se oriente, de modo direto, para uma laboriosa edificação de uma "identidade do Direito Constitucional na América do Sul", cujo peso relevante ou critério reitor residisse, eventualmente, no discurso público originado pelo Direito da Constituição.[16] Produzir aqui um comparativo do constitucionalismo sul-americano alargaria, de modo cruel, os fins explicitados ao começo do escrito.

§ *II. Origens da Associação*

II.1 Uno e o universo[17]

O universo, mundo ou cosmos é a reunião de tudo o que existe.

16. Armin von Bogdandy afirma que uma Constituição europeia pode conduzir a uma identidade coletiva e fortalecer os elementos preexistentes do citado conjunto de traços próprios que caracterizam a coletividade frente as demais. Agrega que um texto dotado de validade é só um passo num longo caminho que vai desde o projeto político de formação de uma identidade coletiva até a existência real de uma instituição social que verdadeiramente cunhe essa identidade, um "registro" no dicionário da identidade coletiva. Também diz que permanece, todavia, aberta a questão sobre se o texto fundamental europeu poderá lograr, ou não, esse objetivo (v.: Armin von Bogdandy, "El Derecho Público y la formación del ciudadano: la cuestión de la identidad constitucional", in *Hacia un Nuevo Derecho Público. Estudios de Derecho Público Comparado, Supranacional e Internacional*, trad. de M. Morales-Antoniazzi, México/D.F., UNAM, Instituto de Investigaciones Jurídicas/IIJ, Serie Doctrina Jurídica n. 606, 2011, pp. 309-335. Nós, os sul-americanos, dispomos de provas fidedignas de nossa identidade cultural; não obstante, em matéria de integração comunitária ou busca de uma "identidade coletiva" há razões fundamentais para distinguir as rigorosas e profundas assimetrias formais e substantivas na comparação dos processos de integração europeia e o que incipientemente fertiliza na América do Sul. Sobre esta matéria, com conhecimento e utilidade, graças à claridade literária, consulte-se a tese de doutorado de Deisy Ventura, *Las Asimetrías entre el MERCOSUR y la Unión Europea. Los Desafios de una Asociación Interregional*, Montevidéu, Fundación Konrad Adenauer, 2005.

17. Tomo, por empréstimo, o título do ensaio de Ernesto Sábato publicado em 1945. Esse autor teve oportunidade de sustentar que as reflexões não foram "(...) produto da vaga contemplação do mundo (...)"; também aqui, neste caso limitado, são fruto de "(...) entes que encontrei no caminho (...)". De forma semelhante, "o universo de que se fala neste texto" é "incompleto" e "perfectível", porque a grande regra ordenadora, a Constituição do Estado, carece do dom da completude e da perfeição. Mesmo não compartilhando o enfoque de Sábato ao discorrer que nossa visão do universo exterior é "subjetiva", porque julgo, moderadamente, que o mundo existe objetiva e independentemente de nosso próprio conhecimento e natural existência, admito que a busca do conhecimento por parte do "Uno" não é senão a persecução dos inquietantes estímulos que vivem dentro de si mesmos. Finalmente, todo este texto, igualmente que *Uno e o Universo*, possui como marco de sua significação "o domínio da conjectura", porque somente um grande arquiteto onisciente, onipotente e invariavelmente perfeito – e, portanto, não humano – poderia

Quiçá, algum dia, saberemos se o universo resulta espacialmente finito ou infinito, porque, francamente, é uma evidência que deve ser resolvida pela Física. Também, em algum momento, saberemos se, efetivamente, como orientam determinadas cosmologias do *Big Bang*, sua idade é "inferior a 14 bilhões de anos",[18] ou por acaso seria "eterno",[19] porque nenhuma das leis da "Física inclui uma criação ou data de caducidade". Olhar para o enorme passado, querer imaginar o princípio do cosmos, sempre que não seja eterno, surpreende a emoção, aumenta a razão e agudiza os sentidos.

Tampouco existe indubitável precisão científica em torno do princípio e do desenvolvimento de formas vivas no planeta Terra. Note-se: vários bilhões de anos, desde o início, constituem um calendário cósmico francamente inabarcável para o ser humano.

A obra da natureza, o homem – como algo distinto, qualitativamente, da da história de outros animais –, teria começado há mais de 5 milhões de anos e menos de 10. Porém, as provas inequívocas sobre o *homo sapiens* provêm, simplesmente, desde os achados que evidenciariam "centenas de milhares de anos". A natureza, com a evolução do *homo sapiens*, deu lugar a um ser de baixa estatura, quase indefeso em relação a outros animais, mas concedeu-lhe uma fabulosa aptidão no órgão cerebral – a razão –, que junto a seus dons sensitivos lhe permitira, até agora, subsistir e tentar o domínio de outros seres vivos.

As leis naturais e a natureza, em geral, encontram-se além do controle dos seres humanos. As coisas físicas, desde os átomos até as galáxias, não possuem controles. Todos os artefatos e organismos – e só eles – requerem controles. Os organismos necessitam de controles para manter seu ambiente interior. Logo, os sistemas sociais também precisam de controles para impedir, evitar ou reduzir as questões que se suscitam como natural consequência da restrição dos interesses ou apetites individuais geradas na construção, manutenção ou mudança da comunidade.[20]

---

assegurar que o princípio ordenador da Constituição seja capaz de reger e, portanto, impor-se à indeterminação ou incerteza eterna, que com diversidade variável demonstra que é a língua da vida desde a origem da espécie (Ernesto Sábato, *Uno y el Universo*, Buenos Aires, Seix Barral, 2011).

18. Lawrence Krauss, *Miedo a la Física. Una Guía para Perplejos*, Santiago do Chile, Andrés Bello, 1995, p. 95.

19. Mario A. Bunge, *Diccionario de Filosofía*, cit., pp. 213-214.

20. Mario A. Bunge, *Filosofía Política. Solidaridad, Cooperación y Democracia Integral*, trad. de R. González del Solar, Barcelona, Gedisa, 2009, p. 324.

Conjecturas. Isto, e não outra coisa, constitui os argumentos sobre o passado do homem, assim como também aquelas sobre o passado das formas vivas e o da Terra em si. Diferem em sua força ou debilidade, mas trata-se de conjecturas. Corresponde aqui nos centrarmos no passado do homem e suas diferentes formas de organização ou ordenação comunitária.

Qualquer tentativa de estabelecer, rigorosamente, a diversidade dos modos pelos quais atravessaram as formas de organização ou ordenação das comunidades humanas encontra-se destinada a um persistente pesadelo: sua imperfeição. Ensaio, no mínimo, três razões: a evolução dos seres humanos é heterogênea, motivo pelo qual as etapas de desenvolvimento que se estipulassem seriam variáveis; os limites entre uma etapa e outra são totalmente arbitrários; e, por último, a conjectura principal não foi respondida, isto é, como foi o começo da vida humana? Quando, efetivamente, se produziu a evolução até o *homo sapiens*?

Simplesmente, pois, procuro escrever algumas linhas bastante razoáveis para evitar grandes parágrafos e incoerências. Busco documentar uma dinâmica: a dinâmica da associação dos seres humanos. Em consequência, esta descrição participa da impureza e da contradição, tão própria de qualquer ensaio em movimento.

Por "humanos arcaicos" se descrevem certos números de espécies que não são consideradas anatomicamente humanos modernos. Possuem até 600 mil anos de antiguidade e tinham um tamanho cerebral próximo ao dos humanos modernos.

Denominam-se *homo sapiens* os indivíduos com uma aparência semelhante à dos humanos modernos. Pode dizer-se: pré-modernos, pois neles não se aprecia, ainda, o conjunto de características de um crânio moderno, quase esférico, com o crânio alto e a frente vertical. Sua antiguidade: mais de 250 mil anos. Consideram-se como *homo sapiens sapiens* os que possuem as características principais que definem os humanos modernos: primeiro, a equiparação anatômica com as populações humanas atuais e, logo, o que se define como "comportamento moderno". Os restos mais antigos datam de cerca de mais de 200 mil anos.

Faz alguns anos chegaram a resumir os achados sobre os finais de cada etapa do longo caminho em direção à civilização. A partir de uma perspectiva antropológica, se estabeleceu que as etapas do desenvolvimento político-social encaixavam-se bem nos seguintes modelos: primeiro, "bando" ou "horda"; segundo, "tribo"; terceiro, "sociedades de chefes"; e quarto, "estados primitivos".²¹ Somente pelo interesse pedagógico, aplicável a este texto, insinuam-se algumas propriedades destas formas de associação nas breves linhas a seguir.

Primeiro. As hordas ou bandos foram comunidades pequenas, integradas por caçadores-coletores, ligadas pelo nascimento ou matrimônio. Encontravam-se formadas por não mais de 100 seres humanos. Para seu governo as hordas fundavam suas decisões, quiçá, de forma igualitária. O território era compartilhado por todo o grupo e não dispunha de uma burocracia governativa nem de um monopólio da força e da informação. A resolução de conflitos, se acaso existisse, residia na informalidade. Julgava-se que todos os seres humanos viveram em hordas até, pelo menos, uns 40 mil anos, e a maioria, todavia, o fez até uns 11 mil.²²

Segundo. A etapa seguinte recebe o nome de tribo. Chegou a possuir assentamentos fixos e encontrava-se formada por centenas de seres humanos. As relações: clãs baseados também no parentesco. Quiçá as tribos tenham compartilhado com os bandos um sistema social igualitário, sem linhagens. Careciam de uma burocracia governativa e a resolução dos conflitos tribais talvez tenha sido informal. Do mesmo modo que os bandos, tampouco existiu o monopólio da força, da informação, força policial e tributos. As pesquisas científicas sugerem que as comunidades ou sociedades tribais tenham começado a surgir há aproximadamente 13 mil anos, no Crescente Fértil (Levante Mediterrâneo, Mesopotâmia e Pérsia).²³

Terceiro. As sociedades de chefes constituíram o terceiro modelo de associação; as provas arqueológicas sugerem seu surgimento em torno de 5.500 a.C. no Crescente Fértil e em torno de 1.000 a.C. na "Mesoamérica e nos Andes".²⁴ Dado o tamanho destas sociedades (dezenas de milhares de seres humanos não aparentados pelo sangue ou pelo matrimônio, como ocorria nos bandos e nas tribos), fez com que o ser humano afrontasse, pela primeira vez na História, como tratar o "outro", ou os "outros", que não conhecia, talvez, sem matá-lo ou feri-lo. A tomada de decisões passou a ser centralizada e de natureza hereditária. Assim, nas-

---

21. Elman R. Service, *Los Orígenes del Estado y de la Civilización. El Proceso de la Evolución Cultural*, trad. de M.-Carmen Ruiz de Elvira Hidalgo, Madri, Alianza Editorial, 1984, pp. 326-327.

22. Jared Diamond, *Armas, Gérmenes y Acero. Breve Historia de la Humanidad en los Últimos 13.000 Años*, 7ª ed., trad. de F. Chueca, Barcelona, De Bolsillo, 2011, pp. 307-310.

23. Idem, p. 311.

24. Idem, p. 314.

ceram incipientes formas primitivas de burocracia governativa. A sociedade tornou-se estratificada. A resolução dos conflitos era centralizada e consistiu, parcialmente, em que uma pessoa – o chefe – exercesse o monopólio do direito de usar a força. Deste modo, apareceram os tributos; e a informação, também, ficou centralizada. Por exemplo, acredita-se que até 1492 as sociedades de chefes encontravam-se bem estendidas nas "zonas produtivas da América do Sul".[25]

Quarto. O Estado primitivo constituiria uma das últimas etapas dos modos de comunidade humana. Sabe-se que surgiu por volta de 3.700 a.c. na Mesopotâmia e por volta de 300 a.c. na Mesoamérica; teria surgido, também, há mais de 2.000 anos nos Andes, China e no sudeste da Ásia.[26] Segundo Jared Diamond, esta forma de dominação continha mais de 50 mil seres humanos. Seu território fixou-se em aldeias e cidades. A tomada de decisões era centralizada, contava com burocracia governativa; a resolução de conflitos era centralizada e formal, por intermédio de normas e juízes. Exercia o monopólio da força e da informação. Sua sociedade era estratificada. O controle da terra não se encontrava nas mãos nem do clã nem do chefe, e sim nas mãos de alguns ou vários proprietários de terras. Estabelecia tributos e a economia comunitária – para denominá-la de algum modo – se fundamentava na divisão do trabalho. O controle ou dominação era a peça transcendental deste sistema. Chamarei a esta etapa "forma antiga do Estado".

A última fase conhecida, que denominarei "forma ou modo moderno, ou atual, do Estado", se desenvolve, atualmente, na imensa maioria das comunidades humanas, que se organizam ou ordenam mediante a mais sofisticada forma de associação política, aparato de dominação econômica, centralização do poder e manejo discricionário do ambiente, a educação, a saúde e a cultura: o Estado. Algumas pessoas têm a generosa expectativa de que sua função capital consistiria no "controle responsável da paz", porque se trata do mais numeroso sistema social inventado pelo homem.

Uma forma de ordenação é necessária em todo tipo de convivência social, mas isso não implica, necessariamente, um Estado. Se nossos Estados Constitucionais germinaram no século XIX,[27] observaram um

---

25. Idem, pp. 312-314.
26. Idem, p. 320.
27. Diz Eduardo Galeano: "Os de cima, copiadores dos de fora, desprezam os de baixo e de dentro: o povo é o coro do herói. Os 'ignorantes' não fazem a História: a recebem feita. Pouco ou nenhum espaço ocupam nos textos que ensinam o passado americano, as rebeliões indígenas que foram contínuas desde 1493 e as rebeliões negras,

desenvolvimento no século XX e no atual ingressariam numa fase de certa consolidação, não há que ser douto em Aritmética para discernir que muitíssimo menos de 1% da história do homem foi, e é, no âmbito deste ente, cuja distribuição de riqueza é desigualmente originária, com a consequência de que também se estabelecem, de maneira desigual, em geral, o acesso ao poder, a proteção da saúde e as oportunidades educativas e culturais.

§ III. O ESTADO

III.1 Generalidades – III.2 Natureza do Estado. Definição: III.2.1 Breve interlúdio. O Estado Constitucional na Argentina – III.3 Elementos naturais do Estado: III.3.1 A população – III.3.2 O território – III.4 Elementos não naturais: III.4.1 O poder do Estado – III.4.2 O quarto elemento do Estado, a Constituição – III.5 Interlúdio. A questão do nome: III.5.1 O nome do Estado – III.5.2 "Estado-Nação", Estado Federal e Estado Argentino.

III.1 Generalidades

Pouco direi de singular ao afirmar que os direitos de liberdade são um bem precioso ou mais importante logo após o direito à vida, que a tudo fundamenta.[28] O conteúdo da liberdade, em regra, nunca deveria ser

também contínuas desde que a Europa realizou a façanha de estabelecer a escravidão hereditária na América. Para os usurpadores da memória, para os ladrões da palavra, esta larga história da dignidade não é mais que uma sucessão de atos de má conduta. A luta pela liberdade começou no dia que os próceres da Independência levantaram sua espada; e essa luta concluiu quando os doutores redigiram, em cada País recém-nascido, uma bela Constituição que negava todos os direitos ao povo que havia posto os mortos no campo de batalha" ("El coro", in *Ser como Ellos y Otros Artículos*, Buenos Aires, Siglo Veintiuno, 2010, p. 16).

28. A vida, numa concepção organicista ou biossistêmica (v.: Mario A. Bunge, *Diccionario de Filosofia*, cit., p. 218), é uma propriedade emergente de alguns sistemas extremamente complexos, que têm suas raízes no nível químico. No campo do Direito seu papel é fundamental: existe o Direito porque ele resulta um produto do desenvolvimento da vida humana. O homem resulta o único virtuoso criador ou magnífico depredador dessa coisa chamada "Direito"; em sentido objetivo: combinação de regras que ordenam ou determinam, coativamente, a conduta humana. Somente o Direito pode ser concebido como instrumento para a determinação da conduta humana. O direito à vida faz com que todos os direitos devam sua existência à vida. Ramón Ferreira, um dos primeiros dogmáticos do Direito na Argentina, defendeu que o direito à vida consiste no direito à defesa e à conservação que tem o homem para resistir, por todos os meios legais, ao ataque de outro, até o extremo de tirar-lhe a vida se preciso for, sob as restrições lícitas, que podem ser as gerais: primeiro, que não haja outro meio de rechaçar o agressor; segundo, que o ataque seja direto contra a pessoa; e terceiro, que não se possa recorrer à autoridade (Ra-

objeto de depreciações de seu núcleo essencial. Tampouco serei original ao afirmar que os direitos de liberdade, por si mesmos, ainda que possam predizer que sejamos bastante ou inteiramente livres, não asseguram que, pelo mesmíssimo fato de sua conjugação aberta, se cumpra – de forma direta e proporcional – a maioria de nossos naturais planos de realização individual ou comunitária. Ainda que, certamente, a liberdade seja indispensável – ingrediente principal da vida humana –, ela não basta para que o indivíduo ou a comunidade, respectivamente, andem bem. Compartilho, em geral, a tese de que: "(...). Como ocorre com qualquer um na vida (e agrego a comunidade), é fundamentalmente objeto de sorte ou de graça, e, numa pequena parte proporcional, quiçá também coisa da habilidade, da aplicação e de outras virtudes".[29] O homem, desde o nascimento até a morte, ocupa lugares ou espaços distintos em tempos distintos. Sua vida livre não resulta concebível sem tempo nem espaço no qual se desenvolve. Por isso, resulta quase absolutamente improvável que a vida do homem, na atualidade, pudesse ser dissociada do "Estado": modo de contenção, agregação e associação humana por excelência.

Desenvolver a tese sobre a natureza fundamental do Direito Constitucional em relação com o Estado significa admitir que não deveria existir mais ente estatal que o autorizado, apropriada e limitadamente, pela Constituição. Neste sentido, pois, se a Constituição é o fundamento

món Ferreira, *Manual de Derecho Natural (Escrito en 1852 para el Colegio de Tacna en el Perú)*, Paraná, 1861, p. 21).

A CF contém prudente e livre normatividade sobre a vida, desde 1853, por exemplo, no seu art. 29: "O Congresso não pode conceder ao Executivo Nacional, nem às Legislaturas provinciais ou aos governadores de Província, faculdades extraordinárias, nem a soma do poder público, nem outorgar-lhes submissões ou supremacias pelas quais a *vida*, a honra ou as fortunas dos argentinos fiquem à mercê dos governos ou de qualquer pessoa. Atos desta natureza trazem consigo uma nulidade insanável, e sujeitarão os que as formulem, consintam ou assinem a responsabilidade e pena de infames traidores da Pátria" (grifo do autor).

Alguns autores inclinaram-se por situá-lo dentro dos direitos não enumerados, com base no art. 33 da CF.

A CF reformada em 1994 incorporou normas expressas, que gozam de hierarquia constitucional. V.,, por exemplo:

(i) Declaração Americana dos Direitos e Deveres do Homem: "Art. 1º. Todo ser humano tem direito à vida, à liberdade e à integridade de sua pessoa".

(ii) Declaração Universal dos Direitos Humanos: "Art. 3º. Todo indivíduo tem direito à vida, à liberdade e à segurança pessoal".

(iii) Convenção Americana sobre Direitos Humanos: "Art. 4º. **Direito à Vida**. 1. Toda pessoa tem direito a que se respeite sua vida".

29. Karl R. Popper, "A propósito del tema de la libertad", in *La Responsabilidad de vivir. Escritos sobre Política, historia y Conocimiento*, Barcelona, Paidós, 1995, p. 146.

do Estado, haverá Constituição se, acaso, o ser humano, como cidadão, tiver a mais ampla possibilidade de titularizar e exercer as liberdades políticas. O poder do Estado nasce e se sustenta no poder individualizado de cada um dos cidadãos que integram seu povo. A liberdade é o fundamento da cidadania, porque sem ela resulta inimaginável e irrepresentável o desenvolvimento dos diferentes círculos que contém a vida comunitária.

A configuração do Estado Constitucional fica a cargo do Direito da Constituição. Sua existência jurídica deriva da Constituição; de forma semelhante, o Direito Constitucional é um produto jurídico estatal da mais alta estirpe. Pareceria, portanto, que Estado e Direito Constitucional se encontram unidos indissoluvelmente; talvez de forma semelhante a um ser vivo e sua própria ordenação e correspondente organização. Se esta afirmação fosse plausível pedagogicamente, melhor, todavia, ao constituir ao Estado, a Constituição reserva para si mesma a exclusividade e a primazia no sistema de fontes. A Constituição, no Estado Constitucional, é a fonte do Direito por antonomásia; seja por ocupar a primazia na ordem jurídica, seja porque o imperativo dessa primazia autoriza, por exemplo, com nível equivalente ou prevalente, o Direito Internacional dos Direitos Humanos (doravante, DIDH).

III.2 Natureza do Estado. Definição

Atualmente, a existência da ordenação comunitária, seu existir concreto, assume a forma institucional de "Estado". Todavia, o Estado não é uma instituição de Direito Natural, porque tão pronto a natureza política do homem invente outro ente, quiçá no futuro e em liberdade... Assim será, sem dúvida. Testemunhar que o Estado sempre existirá possui a mesma dificuldade que testemunhar que alguma vez deixará de existir.

Provavelmente a noção de Estado Moderno, visto como núcleo de força de mando ou puro poder de dominação, tenha sido redigida por Nicolau Maquiavel, no ano de 1513, precisamente, no pórtico de *O Príncipe* (publicado quase 20 anos mais tarde): "Todos os Estados, todos os domínios, que tiveram ou têm soberania sobre os homens foram ou são Repúblicas ou Principados".[30]

Como conceito alcançado pelo Direito, a definição de Georg Jellinek, em 1900 – reiterada em 1905, por ocasião do "Prólogo" da 2ª

---

30. Nicolás Maquiavelo, *El Príncipe*, trad. de A. Hermosa Andújar, Madri, Gredos, 2010, p. 5.

edição de sua *Teoria Geral do Estado* –, possivelmente constitua uma das mais difundidas na literatura jurídica. Sustentou, então, a partir do entendimento exposto antes, que o Estado é "a corporação formada por um povo, dotada de um poder de mando originário e assentada num determinado território".³¹ Ainda que não tenha sido o fim ou objetivo perseguido, a doutrina do Professor da Universidade de Heidelberg poderia ser denominada "Teoria Tradicional"; segundo ela, o Estado se compõe de três elementos: população, território e poder.

O Estado é um sujeito de direito. Um novo ente de direito integrado por cidadãos e cidadãs.³² Um ente distinto, a máxima instância conhecida para realizar a organização política da comunidade, até novo aviso. Porém, não é qualquer associação ou organização política formada por homens e mulheres, assentada num território, que é um Estado. Para chegar a ser um Estado deve possuir uma ordem jurídica organizada em sentido estrito, que mostre determinado grau de centralização e monopólio; significa dizer: uma determinada "divisão do trabalho",³³ com órgãos constituídos e instaurados, respectivamente, para a criação e aplicação do Direito.³⁴ A existência ou a inexistência de um Estado estão determinadas pelo monopólio sobre a produção e aplicação jurídica e o alto grau de centralização sobre a criação. Porque a única ordem normativa suscetível de se constituir em Estado ou dar lugar à sua configuração ou composição "(...) só pode ser a ordem coativa relativamente centralizada

---

31. Georg Jellinek, *Teoría General del Estado*, trad. F. de los Ríos, Buenos Aires, Albatros, 1954, p. 135.

32. Horacio Rosatti define o Estado como "a estrutura organizativo-burocrática caracterizada por vincular institucionalmente a um território com uma população que – mais além de disputas setoriais – se considera contida por uma ordem jurídica relativamente hermética expressada por intermédio de símbolos apropriados, gozando tais características (pertinência territorial, identidade nacional, juridicidade própria, capacidade organizativa) do reconhecimento internacional" (Horacio D. Rosatti, *Tratado de Derecho Constitucional*, t. II, Buenos Aires, Rubinzal Culzoni, 2011, p. 11).

33. V.: Hans Kelsen, *Teoría Pura del Derecho*, 2ª ed., trad. de R. Vernengo, México/D.F., Porrúa, 1998, p. 291.

34. Em outro lugar se descreveu que duas são as funções eminentes de um ordenamento jurídico em um Estado: (1) a criação de normas âmbito em que se inclui, desde logo, a reforma das existentes; e (2) a aplicação das normas existentes, seja pela via ordinária e natural do acatamento espontâneo ou acatamento obrigatório, seja pela via – não menos obrigatória – caracterizada na apropriada adjudicação executada pela interpretação em sede do Poder Judiciário (v.: Raúl Gustavo Ferreyra, "Enfoque sobre el mundo del Derecho. Constitución y derechos fundamentales", in *Academia. Revista sobre Enseñanza del Derecho* 21/264-269, Ano 11, Buenos Aires, Universidad de Buenos Aires/Facultad de Derecho/Departamento de Publicaciones, 2013).

(...)",[35] que se reconhece como a própria ordem jurídica da comunidade ou o próprio ordenamento jurídico estatal.

A comunidade social que se denomina "Estado" só pode se dar por efetivamente constituída por intermédio de um sistema ou ordem normativa. O Direito – entendido como sistema – é uma grande combinação de regras sobre a ordenação e a aplicação da força do Estado, cuja representação ou expressão se concretiza por intermédio do discurso gerado pelos Poderes estatais. Estas regras pretendem levar a cabo a regulação específica e determinada da força estatal.

Por conseguinte, Estado é uma comunidade de indivíduos que compartilham certa vocação de unidade social num determinado espaço territorial, cuja integração comunitária observa um importante grau de organização política e suas possibilidades de governo, por regra, podem alcançar-se por intermédio de uma ordem jurídica. O conteúdo fundamental da ordem jurídica expressa-se na Constituição do Estado. A posição-chave para distinguir um Estado Constitucional de um Estado não Constitucional consistirá, pois, na evolução crítica do conteúdo do ordenamento jurídico do Estado, em especial da ordem fundamental detalhada na Lei Fundamental.

Segundo a teoria tradicional, o Estado se compõe de três elementos: a população, o território e o poder. Germán J. Bidart Campos considerou que o "governo" do Estado comportava o quarto elemento.[36] Sem me afastar destas repetidas afirmações, busco cumprir com o programa determinado no § I; consequentemente, a tarefa, agora, consiste em mencionar as propriedades de três destes elementos. Logo, no § IV concentrarei a atenção na fundamentação do Estado, tese que se promove mais que nenhuma outra nestas letras e destila seu universo ideal ou a idealização de seus dotes teóricos. A originalidade, se cabível tal expressão – como se introduz no § I –, consiste em teorizar sobre a Constituição, uma verdadeira "máquina do tempo" sobre o direito político comunitário, e uma insubstituível máquina normativa da comunidade, cuja aplicação, sempre com traços inacabados, dá lugar a este novo Estado, chamado de Constitucional.

Dado que o Estado Constitucional sempre aspira a consolidar sua hegemonia, a Constituição se converte em seu fundamento jurídico: os Poderes do Estado, tanto constituintes como constituídos, tal como se

---

35. V.: Hans Kelsen, *Teoría Pura del Derecho*, cit., 2ª ed., p. 292.
36. Germán J. Bidart Campos, *Manual de la Constitución Reformada*, Buenos Aires, Ediar, 1996, p. 406.

observa mais adiante, só encontram sua razão existencial na letra da Constituição. A entidade que não goze da aludida propriedade hegemônica dificilmente pode constituir uma pessoa coletiva que associe aos indivíduos. Ademais, neste tipo de Estado se pretende articular a estabilidade e a conservação do poder público e seu controle com a segurança e igualdade dos direitos, que contam com os direitos de liberdade em sua primeira linha. Este tipo estatal resultaria numa ferramenta da razão. Com efeito, no Estado Constitucional, sua força inerente – graças à ordenação determinada por procedimentos e conteúdos específicos que resulta da participação de indivíduos igualmente livres ou liberdade por igual para as pessoas – fica, a princípio, regulada e controlada. Ainda que o monopólio da força repouse no Estado – e, também, a centralização jurídica –, busca-se racionalmente que as relações entre as pessoas e destas com o Estado se desenvolvam dentro de uma ordem de convivência pacífica.

III.2.1 Breve interlúdio.
 O Estado Constitucional na Argentina[37]

A Argentina, em sentido amplo e muito generoso, é um Estado Constitucional desde 1853: nasceu de certo marco consensual entre alguns de seus integrantes – não todos os integrantes – de uma comunidade, em princípio bastante livres, que acordaram expressar os vínculos estritamente necessários e mínimos para o desenvolvimento da coexistência pacífica e perdurável. Entretanto, desde aquele momento até 1916 – triunfo eleitoral de Hipólito Yrigoyen à Presidência da República, graças ao apoio dos cidadãos do sexo masculino que puderam expressar-se por meio da Lei 8.871[38] –, se constituiu como um Estado

---

37. Sobre o desenvolvimento do constitucionalismo na Argentina, em particular no período 1983-2008, remete-se a Raúl Gustavo Ferreyra, "Derecho Constitucional del ciudadano y Derecho Constitucional del poder del Estado", in *Academia. Revista sobre Enseñanza del Derecho* 15/83-122, Ano 8, Buenos Aires, Universidad de Buenos Aires/Facultad de Derecho/Departamento de Publicaciones, 2010. Também a periodização escrita sobre protoconstitucionalismo, constitucionalismo oligárquico e constitucionalismo populista e democracia delegativa na Argentina, formulada por Raúl Gustavo Ferreyra, "1852. Orígenes. Sobre las bases de Juan Bautista Alberdi y la Constitución Federal en el tiempo", in *Academia. Revista sobre Enseñanza del Derecho* 19, Ano 10, Buenos Aires, Universidad de Buenos Aires/Facultad de Derecho/Departamento de Publicaciones, 2012. Naturalmente, em ambos os casos, com a consistência das fontes bibliográficas indicadas e citadas em cada uma das peças.

38. Publicada no *Boletín Oficial de la República Argentina* de 26.3.1912. Dispôs vigorosamente em seu art. 1º: "São eleitores nacionais os cidadãos natos e os naturali-

quase sem povo, pura oligarquia conservadora que pretendia assumir um discurso liberal para encobrir sua verdadeira filiação ideológica: conservar e usar um direito de propriedade predisposto com injustiça social, com exclusão da maioria dos habitantes, desconhecedores de seus direitos políticos. Yrigoyen foi reeleito em 1928, com o apoio de mais de 61% dos cidadãos do sexo masculino. O primeiro golpe cívico militar do século XX destruiu o Estado Constitucional, a partir do mês de setembro/1930. Iniciou-se, assim, a década infame: pela exclusão política, social e econômica. Rigorosamente, desenhar com suficiente plenitude o Estado Constitucional levaria mais de 10 anos.

Os pleitos livres voltariam em 1946, quando os cidadãos do sexo masculino, por maioria, elegeram Juan Domingo Perón como Presidente da República para encabeçar a liderança política e jurídica do Estado Constitucional. Em 1951, pela primeira vez na história argentina – e para cobrir o período 1952-1958 –, homens e mulheres, com uma participação próxima a 90% dos eleitores habilitados, por esmagadora maioria, na casa dos 64% dos votos, reelegeram Perón como Presidente, no marco da CF reformada em 1949. Poucos anos depois, fatalmente, o inferno: um novo golpe militar, integrado por civis e militares, fraturou o Estado em 1955 e derrubou o Presidente constitucionalmente eleito após pleitos autênticos e transparentes da maioria de cidadãos e cidadãs. Entre 1955-1973, segundo os casos, governaram ditaduras militares ou governos eleitos, mas sempre com a proscrição política do Partido Justicialista.

As primeiras eleições livres, desde 1951, ocorreram somente em março/1973: triunfou a Frente Justicialista de Libertação, com mais de 49% dos votos. Alentado por este fato, finalmente, Perón regressou ao País. O Presidente eleito, que havia assumido em 25.5.1973, renunciou 49 dias depois. Novos pleitos e um novo triunfo de Perón; participando quase 85% do eleitorado e com 62% dos votos foi eleito Presidente pela terceira vez. Perón não conseguiu cumprir sequer o primeiro dos seis anos do mandato, porque faleceu poucos meses após a posse. O processo constitucional foi liderado por sua mulher, na ocasião, Vice-Presidenta da República, que carece de legitimidade para qualquer magistratura no Poder Público.

zados a partir dos 18 (dezoito) anos de idade completos, sempre que estejam inscritos uns e outros de acordo com o alistamento e as normas eleitorais". E no art. 5º: "O sufrágio é individual, e nenhuma autoridade, nem pessoa, nem corporação, nem partido ou agrupamento político pode obrigar o eleitor a votar em grupos, de qualquer natureza ou denominação que seja". Regiamente, também prescreveu a natureza secreta do sufrágio.

O Estado Constitucional foi destruído pelos indivíduos que integraram a ditadura militar apoiada fortemente por civis, que instaurou o terrorismo de Estado, endividou fraudulentamente o Estado e cometeu todo tipo de delitos de lesa-Humanidade a partir de 24.3.1976.

A partir da restauração operada desde 10.12.1983, com a assunção de Raúl Ricardo Alfonsín no cargo de Presidente da República (apoiado por mais de 51% dos votantes, no marco de um ato eleitoral em que participaram mais de 85% dos eleitores habilitados), sem equívocos nem retrocessos, a Argentina iniciou um processo que se desenvolve com plenitude dentro das amplas possibilidades de significação alentadas pelo Estado Constitucional. As eleições presidenciais se realizaram com regularidade jurídica: em 1989 foi eleito Presidente Carlos Menem e reeleito em 1994; em 1999 resultou eleito Fernando de la Rúa, e em 2003 Néstor Carlos Kirchner.

Em 2007, pela primeira vez, foi eleita uma mulher para o cargo de Presidente da República, Cristina Fernández de Kirchner, com o apoio de mais de 45% dos eleitores de quase 77% do eleitorado que participou; em 2011, ao ser reeleita, se converteu, também pela primeira vez, na primeira mulher reeleita para a liderança do Estado Constitucional, neste caso com um apoio superior a 54% dos votantes, num ato eleitoral em que sufragaram cerca de 80% dos habilitados a comparecerem às urnas.

Em síntese, desde 1983 a Argentina ficou indissoluvelmente unida ao próprio processo do tipo Estado Constitucional na América do Sul, e também a seus sucessos.

III.3 Elementos naturais do Estado

III.3.1 A população

Os seres humanos formam parte do mundo natural. A comunidade estatal os associa. A população (o povo) constitui o elemento humano do Estado. A população é um dos elementos naturais do Estado. A população do Estado é integrada pelos homens. A fundamentação do ente estatal para a associação política comunitária pode ser a coroação de uma ordem que "permita e facilite a convivência humana pacífica (ou o mais pacífica possível)";[39] ou, noutra acepção: o Estado Constitucional, produto da liberdade dos indivíduos e a seu serviço, constitui o único

---

39. V. o voto do Juiz E. Raúl Zaffaroni (CSJN, 29.10.2013, processo "Grupo Clarín y otros *vs*. Poder Ejecutivo Nacional y otro s/ acción meramente declarativa".

instrumento de "pacificação realmente factível".[40] Ademais, "povo", na linguagem das fontes, deveria reservar-se para determinar a população com direitos políticos, inclusive, excepcionalmente, estrangeiros;[41] ainda que na linguagem dos argentinos, em geral, resulte um sinônimo de população.

A imputação jurídica a um sujeito ou indivíduo resulta elementar para estruturar a noção de Estado, desde que constitui situação inexplicável a existência de uma ordem jurídico-constitucional sem sujeitos ou indivíduos a quem se dirijam suas normas e que no correspondente âmbito de aplicação decidam seu fiel cumprimento ou interpretação. Cada indivíduo, cada pessoa, é titular de um poder soberano, cuja estruturação paradigmática dá lugar a um ente coletivo, uma comunidade, um novo sujeito: o Estado. A associação gradual, por centenas, milhares ou milhões dessa apropriada soberania individual, gera, indubitavelmente, a soberania do povo. A soberania do povo requer uma construção de sujeitos "iguais em liberdade" e oferece como resultado de sua arquitetura o Estado Constitucional. O art. 33 da CF,[42] desde 1860, instala decidida e decisivamente o "princípio da soberania do povo" (note-se, ademais, que desde 1853 "povo" se encontra na primeira prescrição constitucional, ou "Preâmbulo": "Nós, os representantes do povo ...").

População, pois, como se relata, corresponderia ser contemplada ou definida como um conjunto de pessoas que integram a sociedade num momento determinado. No caso da Argentina, corresponde distinguir entre aqueles que "convivem" em seu território: "nacionais" e "estrangeiros". Ou, dito de outro modo: a população do Estado se distingue entre "argentinos" e "estrangeiros". Podem possuir ou não residência habitual e permanente, porque inclusive àqueles em trânsito, enquanto se achem em território argentino, se lhes aplica a CF, ao se encontrarem na esfera apropriada para sua determinada e específica aplicação normativa.

40. V.: José Luis Requejo Pagés, "El triunfo del constitucionalismo y la crisis de la normatividad", *Fundamentos. Cuadernos Monográficos de Teoría del Estado, Derecho Público e Historia Constitucional* 6/181 (dedicado a "Conceptos de Constitución en la Historia"), Oviedo, Área de Derecho Constitucional de la Universidad de Oviedo, 2010.

41. V.,, por exemplo, o art. 62 da Constituição da cidade de Buenos Aires, que assim dispõe: "(...). O sufrágio é livre, igual, secreto, universal, obrigatório e não cumulativo. Os estrangeiros residentes gozam deste direito, com as obrigações correlatas, em igualdade de condições aos cidadãos argentinos alistados naquele neste Distrito, nos termos que estabelece a lei".

42. "Art. 33. As declarações, direitos e garantias que enumera a Constituição não serão entendidos como negação de outros direitos e garantias não enumerados; mas que nascem do princípio da soberania do povo e da forma republicana de governo".

Segundo Bidart Campos, "para os argentinos" o texto da CF identifica "nacionalidade política" – a que o homem tem conforme o Direito Positivo que se lhe adjudica e que, por exemplo, pode ser *ius soli, ius sanguinis* ou *ius domicilii* – com a cidadania: qualidade jurídica do homem que consiste num *status* derivado também do direito político, cujo conteúdo está determinado pelo exercício de direitos políticos[43] (cf. arg. arts. 20[44] e 75, inciso 12,[45] da CF). Parece evidente que a nacionalidade faz referência ao vínculo "jurídico de pertinência"[46] das pessoas a uma "concreta coletividade humana".

Cidadania, por sua parte, faz referência ao concreto "conteúdo jurídico participativo que se une à pertinência"[47] da pessoa ou indivíduo à coletividade humana ou comunidade. A CF da Argentina, por exemplo, no âmbito de sua ordenação, contempla que seus "cidadãos e cidadãs" participem, ativa e obrigatoriamente, nos atos eleitorais por intermédio do sufrágio[48] para eleger as autoridades estatais que exercerão o poder público: em franca medida, pois, o cidadão individual constrói e mantém o Estado.

43. Germán J. Bidart Campos, *Manual de la Constitución Reformada*, cit., pp. 412-413.

44. "Art. 20. Os estrangeiros gozam no território da Nação de todos os direitos civis do cidadão; podem exercer sua indústria, comércio e profissão; possuir bens de raiz, comprá-los e aliená-los; navegar os rios e costas; exercer livremente seu culto; testar e casar-se conforme as leis. Não estão obrigados a adquirir a cidadania, nem a pagar contribuições impositivas extraordinárias. Obtêm nacionalidade residindo 2 (dois) anos contínuos na Nação; mas a autoridade pode encurtar este prazo a favor daquele que o solicite, alegando e provando serviços à República".

45. Art. 75, inciso 12: "Compete ao Congresso (...) promulgar os Códigos Civil, Comercial, Penal, de Mineração e do Trabalho e Seguridade Social, em textos unificados ou separados, sem que tais Códigos alterem as jurisdições locais, correspondendo sua aplicação aos tribunais federais ou provinciais, segundo as coisas ou as pessoas estejam sob suas jurisdições; e especialmente leis gerais para toda a Nação sobre naturalização e nacionalidade, com sujeição ao princípio da nacionalidade natural e por opção em benefício da Argentina; assim como sobre falências, sobre falsificação de moeda corrente e documentos públicos do Estado, e as que requeiram o estabelecimento do juízo pelos jurados".

46. V.: Benito Aláez Corral, "Nacionalidad y ciudadanía ante las exigencias del Estado Constitucional", *Revista de Estudios Políticos* 127/139, *Nueva época*, Madri, janeiro-março/2005.

47. Idem, ibidem.

48. "Art. 37. Esta Constituição garante o pleno exercício dos direitos políticos, conforme o princípio da soberania popular e das leis que se ditem em consequência disso. O sufrágio é universal, igual, secreto e obrigatório. A igualdade real de oportunidades entre homens e mulheres para o acesso a cargos eletivos e partidários se garantirá por ações positivas na regulação dos partidos políticos no regime eleitoral".

Interessa, particularmente, deter-me na noção de cidadania. Em sentido estrito, formalmente, tal como referido no parágrafo anterior, cidadão é toda pessoa que se encontra submetida a uma ordem jurídica e participa de seu desenvolvimento ou formação, sempre que aceite seu leal acatamento e se encontre disposto ao seu cumprimento. Trata-se, desde logo, da cidadania formal, porque quem goza de dita cidadania mas não goza de outros direitos fundamentais (*v.g.*, educação, saúde, trabalho) que lhe permitam dispor de um amplo cenário comunitário pareceria, a rigor, muito mais um "cidadão" formal sem "cidadania" real.[49] Por isso, propício alentar, fomentar e estimular com medidas solventes e equitativas uma cidadania real. Paralelamente, é preciso insistir no fato de que a cidadania não só comporta direitos como também obrigações: respeitar a cidadania do outro.

Uma cidadania real, mais generosa que a mera cidadania formal, teria que tornar patente, também, a "condição de estrangeiro". Sem preciosismo dogmático: como a Constituição consiste numa obra dirigida à sociedade aberta de realizadores – integrada por cidadãos e servidores públicos, em pé de igualdade –, a condição de estrangeiro encontra-se contemplada na noção ampla de cidadania, ainda que careça de direitos políticos.

Os "estrangeiros" encontram-se iluminados constitucionalmente desde 1853; pela hospitalidade consagrada no "Preâmbulo" ("... e para todos os homens do mundo que queiram habitar no solo argentino ...") e pela magnífica determinação, entre outras, contida no art. 20 ("os estrangeiros gozam no território ... [*do Estado*] de todos os direitos civis do cidadão ..."). A regra citada foi inspirada pelo arquiteto maior da constitucionalidade da Argentina, Juan Bautista Alberdi. Não é simples no Direito Constitucional Comparado comprovar a existência de uma regra semelhante, que autorizou, ademais, a sustentar que "como princípio" a expulsão de estrangeiros deve ser considerada inconstitucional.[50] Compartilho esta tese, porque, se o nacional não pode ser objeto de expulsão do Estado, só numa adjudicação equivocada podia sê-lo o estrangeiro, já que se encontra equiparado em seus direitos ao "cidadão". O argumento se fortalece na medida em que se verifica que em determinadas regras do DIDH, com hierarquia constitucional, entre as discriminações proibidas por arbitrariedade constam as que se fundam na origem étnica, racial ou

---

49. V.: E. Raúl Zaffaroni, "Ciudadanía y jurisdicción en América Latina", in *Contextos* 4/20, Seminario de Derecho Público de la Defensoría del Pueblo de la Ciudad de Buenos Aires, 2012.

50. Germán J. Bidart Campos, *Manual de la Constitución Reformada*, cit., p. 422.

nacional. Onde o Direito não distingue, não deve fazê-lo o aplicador, seja legislador, juiz ou funcionário do Poder Executivo.

Ademais, recentemente Raúl Zaffaroni distinguiu os traços básicos das origens do povo da Argentina:

> Nossa cultura é essencialmente plural, pois somos um povo multiétnico; nossa Constituição não assegurou os benefícios da liberdade só para nós, senão também para todos os homens do mundo que queiram habitar no solo argentino. E por certo que foram muitos os que quiseram habitá-lo: homens e mulheres, certamente. Os sobreviventes dos massacrados povos originários, gaúchos mestiços, oligarquias com aspirações aristocráticas, classes médias em luta por ascender, classe trabalhadora concentrando-se industrialmente em migração interna, população europeia transportada massivamente, imigrantes de Países-irmãos, coletividades dos mais distantes Países do planeta, refugiados de todas as perseguições, *Weltanschauungen* [*cosmovisões*] diferentes por inteiro, tudo convive em nosso povo, interage quotidianamente, dinamiza nossa sociedade, e essa convivência se converte em coexistência e vai configurando nossa cultura, talvez incluído como ensaio ou antecipação de uma forma de coexistência planetária, menos problemática e violenta que a atual.[51]

Se a tese principal consiste, como exposto aqui, em construir uma sociedade aberta endereçada à conservação e ao progresso da pessoa humana, a cidadania, naturalmente, deve ter a mesma propriedade: "aberta". A abertura proposta observa as migrações que se produzem em todo o mundo. Por tudo isso, julgo que, paralelamente, se devem contemplar as formas de vida e os conteúdos valorativos consagrados normativamente pelos naturais do Estado que recebem o estrangeiro imigrante ou emigrado.

III.3.2 O território

O Poder Público, objeto de regramento constitucional, deve desenvolver-se num ambiente específico e determinado. Os cidadãos e as cidadãs residem, em geral, em um ambiente preciso. Na atualidade, a natureza sedentária assumida pelos seres humanos, em geral, salienta uma qualidade relevante, isto é, em sua inteligência simples: viver continuamente dentro de um determinado espaço físico.

---

51. V. o voto do Juiz E. Raúl Zaffaroni, CSJN, 29.10.2013, processo "Grupo Clarín y otros *vs.* Poder Ejecutivo Nacional y otro s/ acción meramente declarativa".

Toda obra de teatro requer um "cenário" para sua realização ativa por atores, cenógrafos e diretores. Na dogmática sobre o Estado Constitucional, a Terra constitui o "cenário" no qual se desdobram ou são suscetíveis de desdobramento, como critério geral e rigoroso, os poderes das autoridades que ordenam a vida da comunidade de cidadãos que ali se assenta. Constitucionalmente, pois, "território" compreende a terra ou espaço em que se edifica a comunidade estatal. Dito de outra maneira: o território constitui o espaço físico no qual se assenta a população ou povo.[52]

O território é o segundo elemento natural do Estado, porque a associação de cidadãos e cidadãs requer espaço físico, um local apropriado e determinado para edificar a comunidade estatal. Em consequência, converte-se em elemento crucial, dado que é uma parte, um pressuposto importante para o desenvolvimento dos poderes do Estado sobre os cidadãos que convivem dentro do âmbito de seu império ou dominação. O monopólio da força, a centralização da produção jurídica, exige um cenário territorial para desenvolver sua apropriada aplicação. Trata-se, rigorosamente, de uma natural exigência para a comunidade política de cidadãos governada por uma ordem jurídica, cujo fundamento seja nutrido por uma Constituição.

O território do Estado determina o âmbito em que se deve desenvolver o poder de suas autoridades, seja as que integram seu poder constituinte, seja aquelas que integram seus poderes constituídos. Observam-se, sobre o particular, duas áreas bem delineadas. A primeira descrita como "negativa", porque nela se determina a proibição para que qualquer outro poder possa ser exercido no território; significa dizer que não se pode exercer outro poder que não seja o próprio submetido ou autorizado – por autorreferência específica – pelo próprio poder estatal para exercer funções de autoridade no local determinado. A segunda descrita como "positiva", porque os indivíduos que se encontram dentro do território estatal acham-se submetidos ao poder estatal que exercem suas autoridades governativas.[53]

A Constituição da Argentina, no art. 75, inciso 15, determina que compete ao Congresso Federal:

> (...). Organizar definitivamente os limites do território da Nação, [*Estado*] fixar os das Províncias, criar outras novas, e determinar por

---

52. Rafael Bielsa assinalou que, sendo o poder de todo Estado limitado no espaço, infere-se que esta limitação é a determinada pelo território submetido a seu império ou soberania (v.: Rafael Bielsa, *Derecho Constitucional*, Buenos Aires, Depalma, 1959, p. 149).
53. Georg Jellinek, *Teoría General del Estado*, cit., p. 295.

uma legislação especial a organização, administração e governo que devem ter os territórios nacionais, que ficam fora dos limites atribuídos às Províncias.

Finalmente, o território, enquanto elemento natural do Estado, compreende o solo, o subsolo, o espaço aéreo e um "espaço no mar" a partir do litoral marítimo.[54]

Apesar de a Corte Suprema de Justiça da Nação Argentina, (doravante CSJN) ter assentado a jurisprudência de que a CF quis fazer um só País para um só povo, não haveria Estado se cada Província se conduzisse economicamente como potência independente, porque a Lei Fundamental fundou uma união indestrutível, mas de Estados indestrutíveis. Pois bem, em 1994 o poder constituinte reformador, em claro desapego à solidariedade, ao desfrute ou gozo territorial, determinou que as Províncias tivessem o domínio originário dos recursos naturais existentes em seu território (art. 124 da CF).[55] Assim, em franca deterioração da fraternidade, das realidades e dos sonhos, aparecem no imaginário constitucional entidades federadas com territórios ricos em recursos naturais e entidades federadas com territórios não tão ricos em recursos naturais.

III.4 Elementos não naturais

III.4.1 O poder do Estado

O poder do qual aqui se fala é um poder sobre os indivíduos, o poder manifesto na cena política configurada pela Constituição. O homem tem muitos desejos ou "incentivos fundamentais"[56] que governam ou regem com vigor a totalidade de suas relações. Talvez os mais sobressalentes, numa ordenação que não significa preferência alguma por quaisquer

---

54. Bidart Campos assinalou que: "É frequente que hoje se faça uma divisão do espaço marítimo que tem efeitos importantes. Às duas partes desse espaço se lhes chama 'mar territorial' e 'mar adjacente'. No primeiro, imediatamente em continuação do litoral marítimo, se reconhece o domínio e a *jurisdição* do Estado costeiro; no segundo, que está localizado entre o mar territorial e o mar livre, só se reconhece *jurisdição parcial* (e não domínio). O direito do mar utiliza, também, atualmente o conceito de 'zona econômica exclusiva' a favor dos Estados costeiros, a fim de outorgar-lhes 'direito' sobre os recursos naturais que nela se encontrem, sejam vivos ou não vivos" (v.: Germán J. Bidart Campos, *Manual de la Constitución Reformada*, cit., p. 410).

55. CSJN, *Fallos*: 178:9, *in re* "Bressani, Carlos H., y otros *vs.* Provincia de Mendoza" (1937).

56. Karl Loewenstein, *Teoría de la Constitución*, Trad. de A. Gallego Anabitarte, Barcelona, Ariel, 1979, p. 23.

dos rótulos, sejam o próprio poder (político), a glória, a riqueza e o amor. Obviamente, aqui não se dirá nada sobre os três últimos.

Para construir um edifício é necessário que um arquiteto desenhe as plantas para que os trabalhadores e os técnicos se ocupem materialmente da edificação. Para escrever uma novela ou um mero relato resulta imprescindível conhecer a Gramática ou ter presente que talvez aqueles que leiam o texto compartilhem o código escrito pelo autor. Para construir e manter juridicamente essa pessoalidade coletiva que se denomina "Estado", inevitavelmente, alguns homens terão que dar ordens, encontrar-se facultados a mandar com atribuições suficientes, e outros deverão obedecê-las, seja por leal convicção ou por outro motivo que influa e determine o estado de dominação.

O poder é o primeiro elemento não natural do Estado. Poder entendido como competência atribuída a órgãos do Estado nos quais resida a capacidade para mandar ou a faculdade para dar ordens, gerar permissões ou instalar proibições. O poder é uma questão fundamental no Direito da Constituição que ordena o Estado, com outra orientação, desde logo, mas com igual importância que a liberdade, que é a outra questão ou matéria fundamental.

"Não natural" significa, basicamente, que o poder não encontra fundamento suficiente no mundo da natureza, porque é uma influência encaixada ou canalizada numa forma paradigmática – o Estado ou comunidade semelhante –, inventada pelo homem para determinar a vida associada dos homens. No subtítulo deste escrito sobressai a ideia de associação; na ação consistente na "união de pessoas para um fim" quiçá repouse um dos modos mais emblemáticos para a significação do Estado.

Assim como a energia é a chave elementar para compreender o mundo natural, o poder é a chave elementar para compreender o mundo comunitário estatal. Em uma descrição simples, cabe entrever o poder como energia para a "produção de efeitos desejados"[57] na comunidade, na coletividade humana associada em forma de Estado. A postulação sobre produzir efeitos desejados sobre uma realidade parece altamente significativa, embora corresponda distinguir um lado positivo, isto é, a efetiva produção por via de ação, e um lado negativo, ou seja, a omissão do poder quando existe um dever ou obrigação para desenvolver o mando ou exercitar a energia.

57. V.: Bertrand Russell, *El Poder en los Hombres y en los Pueblos*, trad. de L. Echávarri, Buenos Aires, Losada, 1960, pp. 10 e 27.

Pois bem, o poder configura ou encerra, ou, dito de outro modo, é uma pura criação humana. O homem integra a natureza porque é produto ou resultado seu ou de sua evolução. Mas a natureza não sustenta suficientemente, nem dispõe de nenhum estado de coisas para que, ferreamente, nasça ou pereça um poder estatal. A natureza não dispõe, entre suas uniformidades e regularidades, de nenhum modo produtor de "poder" para que um ente estatal, uma sociedade comunitária de indivíduos igualmente livres, por exemplo, possa realizar ou não realizar seus fins. O poder como o Direito e o Estado são eminentes criações da razão humana e às vezes, também, da experiência do homem.

Pode ser entendido como "aptidão", "competência", "capacidade", "domínio", "mando" ou "potência" que o Estado tem para cumprir suas finalidades ou objetivos, que podem ser benignos, malignos ou, mesmo, neutros. Note-se, todavia, que o fator determinante, a questão decisiva, ao se falar de "poder", de modo significativo, está na "energia" para concretizar fins estatais.

O estudo da Constituição é o estudo da forma pela qual o poder do Estado deve ficar submetido ao Direito. Recordemos com Bobbio: poder e Direito (Constitucional) são faces da mesma moeda, mas só o poder do Estado cria Direito (Direito Constitucional), e só o Direito (Constitucional) pode limitar (e controlar) o poder (do Estado).[58] O poder desnudo, arbitrário, por ser ilimitado e por carecer de controles racionais, não deveria constituir, jamais, o Estado Constitucional. Portanto, teorizar sobre um poder limitado, em princípio a serviço da liberdade do indivíduo, cidadão do Estado, significa convidar a pensar num poder de regramento racional por intermédio da Constituição do Estado que se pode chamar, em tais condições, "Estado Constitucional". Neste tipo de Estado o poder concretiza a dominação, como se disse acima: uns mandam e outros obedecem, ainda que se possa sugerir tratar-se de uma dominação "a partir dos cidadãos",[59] em geral, com a feliz e estimulante ideia de concretizar ou estimular o bem-estar geral da comunidade.

No Estado Constitucional o poder dos órgãos assume duas formas: "poder constituinte" e "poderes constituídos". Não há mais poderes que os indicados. O princípio de razão ou explicação suficiente do poder descansa ou, melhor dito, resulta gerado pela união livre de cada uma das soberanias individuais e individuadas em cada um dos indivíduos

---

58. Norberto Bobbio, *El Futuro de la Democracia*, Buenos Aires, Planeta-Agostini, 1994, p. 14.
59. Peter Häberle, *El Estado Constitucional*, trad. de H. Fix-Fierro ("Estudio Introductorio" de Diego Valadés), México/D.F., IIJ, 2003, p. 198.

do povo, cuja agregação e própria elevação à enésima potência produzem a magia do poder soberano do Estado. Há outra explicação para a soberania que não inclua seu nascimento em atribuições do ser humano e apropriadamente atribuídas a ele, com corte exclusivo?

Ademais, reconhecer a soberania do Estado significa descobrir que dito ente não obedece, nem pode e nem deve obedecer, em princípio, a nenhum outro ente semelhante; o poder, objeto de constitucionalização pela regra fundamental, adquire também qualidade soberana, isto é: a ordenação política que realiza (o poder) não tem, nem reconhece, nem tolera outro; refiro-me a outra ordem superior, maior, suprema ou fundamental da qual derive sua própria normatividade positiva. O âmbito de determinação das situações e relações que esse poder constitucional regula, o espaço no qual rege o tempo em que se realiza, não derivam logicamente de outro lugar que não seja sua "própria validade normativa".[60] O fato concreto e específico de que esse poder regulado careça de uma relação de subordinação ou vínculo de dependência transmite-se ao Estado. Por isso, o Estado é soberano, desde que os indivíduos – com fundamento em sua própria, inerente, inconfundível e intransigente individualidade soberana – pactuaram a construção da lei suprema e criaram o poder comunitário regrado.

Com relação à Constituição do Estado Constitucional observaram-se, com inteligência e agudeza, um septeto de propriedades da entidade ou órgão "poder" constitucional; assim, se diz que deve estar distribuído, regulado e limitado; paralelamente, deve ser acessível, previsível, eficaz e estar sob controle.[61] O comentário sobre as qualidades apontadas dá lugar a um estudo próprio do direito constitucional do poder, cuja extensão ultrapassaria os objetivos assinalados no § I. Bastará, portanto, limitar, agora, o campo de análise ao poder constituinte e ao poder constituído.

A distinção entre poder constituinte e poderes constituídos é um capítulo fundamental de todo regramento sobre o Estado Constitucional. Sem ela tudo se desvanece, porque a lei ordinária, a lei cotidiana, seria suscetível de mudar a Lei Suprema, cujos conteúdos específicos e seus procedimentos sujeitam e sustentam a possibilidade de uma convivência pacífica e, portanto, perdurável e estável das pessoas no Estado.

Assim, em princípio, pareceria que "poder constituinte" pode ser definido por diferenciação a "poder constituído", ao denominar "constituído" a todo poder conferido e regulamentado por disposições jurídicas

---

60. Germán J. Bidart Campos, *Manual de la Constitución Reformada*, cit., p. 427.
61. Diego Valadés, *El Control del Poder*, México/D.F., Porrúa, 2000, p. 9.

vigentes.⁶² Por diferenciação, chama-se "poder constituinte" ao poder de instauração da primeira Constituição ou ao que a reforma. Mais concretamente: a função própria do poder constituinte é de configurar e instaurar o Direito Constitucional; enquanto a função própria do poder constituído é governar de acordo com as regras da Constituição, não gerá-las. Muitas vezes, de modo opressivo, os servidores públicos não entendem ou fragilizam esta capital distinção e pretendem "constituir" quando, a rigor, só se encontram autorizados a "governar" de acordo com regras já constituídas.

O poder constituinte, ou seja, o poder que estritamente permite a configuração constitucional, pode ser originário ou derivado.⁶³ "Poder constituinte originário" pode ser explicado dizendo que se trata daquela força capaz ou energia suficiente para estabelecer as bases da estrutura política e jurídica de uma comunidade estatal. A partir de tal ótica, o poder constituinte é originário quando exercido na etapa da fundação ou de organização primigênia do Estado por intermédio da Constituição. Ao contrário, quando exercido para a reforma da regra jurídica básica do Estado se está na presença do poder constituinte derivado (sobre a reforma no Estado Constitucional remete-se o leitor mais adiante, ao § VI "Regra sobre Variação".

A natureza do poder constituinte, originário ou derivado, é essencialmente política, isto é, fazer do Direito da Constituição a regra suprema. O poder constituinte desenvolve-se, primeiro, na esfera da política; uma vez exercido, é captado pelo Direito; e a partir daí, em uma operação de ida e volta.

O pórtico da CF da Argentina – "Nós, os representantes do povo da Nação Argentina, reunidos no Congresso Geral Constituinte por vontade e eleição das Províncias que a compõem (...)" – é uma simplificada mas virtuosa maneira para redigir a abertura do texto. O "Preâmbulo" constitucional cumpre um papel relevante para estabelecer uma correta interpretação do nexo entre poder do Estado e sistema constitucional. A dimensão normativa do "Preâmbulo" é indiscutível, desde que está inserido pelo próprio poder constituinte originário como introdução ao plano constitucional.⁶⁴ Ali estão expressas as metas da Constituição.

62. Riccardo Guastini, *Estudios de Teoría Constitucional*, México/D.F., Fontamara, 2001, p. 40.
63. Germán J. Bidart Campos, *Tratado Elemental de Derecho Constitucional Argentino*, t. I, Buenos Aires, Ediar, 1995, p. 188.
64. Néstor Sagüés, *Elementos de Derecho Constitucional*, 3ª ed., t. I, Buenos Aires, Astrea, 2002, p. 252.

Sobre a oração que se ostenta no pórtico da Constituição podem construir-se diferentes proposições. Uma das quais, talvez a mais singular, é a que se refere à titularidade do poder constituinte, do poder de instauração normativa constitucional. Sem que o afirme de forma solene – como o fazem outros textos constitucionais[65] –, reside ali a ideia simples e direta de que todo o poder emana do povo. Também, desde logo, pela própria ordenação do art. 33 da CF.

Tratando de compreender o significado de dita disposição constitucional, minha interpretação é que "Nós, os representantes (...)" individualiza uma decisão fundamental do povo argentino. Uma decisão predeterminada pela razão, isto é, o magnífico esforço por autogovernar-se. Resulta característico do "momento constituinte", o próprio momento da criação do sistema constitucional da Argentina, da instância do parto da Constituição originária, o predomínio da concepção racional normativa de Constituição; porque somente o Direito escrito oferece garantias de racionalidade.[66] A Constituição, como emanação da razão, é a ferramenta decisiva para influir sobre a realidade. Sem dúvidas, o povo da "Nação" inserto no texto do "Preâmbulo" deve ser lido e interpretado como o povo do Estado, e afastar a possibilidade de interpretar "povo" como sinônimo de Nação. O significado de Nação, pois, deve ser identificado com Estado, visto como organização jurídica da comunidade.[67] O Estado Argentino nasce em 1853 e é organizado pela Constituição desse mesmo ano, embora o processo do poder constituinte que dá nascimento ao Estado tenha se mantido aberto até 1860, momento constituinte no qual a indócil Província de Buenos Aires ingressa finalmente na Federação.

65. Assim, por exemplo: o art. 1º da Constituição do Equador de 2008: "O Equador é um Estado Constitucional de direitos e justiça, social, democrático, soberano, independente, unitário, intercultural, plurinacional e laico. Organiza-se em forma de República e se governa de maneira descentralizada. A soberania radica no povo, cuja vontade é o fundamento da autoridade, e se exerce através dos órgãos do Poder Público e das formas de participação direta previstas na Constituição". Também no art. 3º da Constituição da Colômbia de 1991: "A soberania reside exclusivamente no povo, do qual emana o poder público. O povo a exerce de forma direta ou por meio de seus representantes, nos termos que a Constituição estabelece".

De forma semelhante no art. 2º da Constituição do Paraguai de 1992: "Na República do Paraguai a soberania reside no povo, que a exerce, conforme com o disposto nesta Constituição".

66. Manuel García Pelayo, *Derecho Constitucional Comparado*, Madri, Alianza, 1987, pp. 33 e ss.

67. María A. Gelli, *Constitución de la Nación Argentina, Comentada y Concordada*, 2ª ed., Buenos Aires, La Ley, 2003.

Mais adiante apresento uma detalhada referência normativa sobre os poderes constituídos na CF da Argentina, no "§ VII. Regra sobre a Distinção de Funções". Embora se remeta para lá, em homenagem à concisão e à brevidade, basta, por agora, pontuar que na ordem federal, depois da reforma constitucional de 1994, tais poderes continuam sendo o Legislativo, o Executivo e o Judiciário. A novidade constitui a instalação do Ministério Público, na nomenclatura do poder, um verdadeiro órgão extrapoder.

III.4.2 O quarto elemento do Estado, a Constituição

Dado que seu tratamento se observa no § IV, remeto o leitor para lá. Aqui só adianto umas letras sobre o "nome do Estado" e a questão referente à distinção jurídica entre Nação e Estado.

III.5 Interlúdio. A questão do nome

Neste parágrafo dou tratamento a duas questões. A primeira relaciona-se ao "nome" do Estado. A segunda, a "Nação" e "Estado", respectivamente.

III.5.1 O nome do Estado

Todas as coisas que se encontram no mundo recebem um nome. À medida que o ser humano as descobre ou as inventa, convencionalmente, postula determinada nominação. A única condição que possui o emprego de um nome reside, precisamente, em que os destinatários possam compartilhar a designação empregada, caso contrário esse nome cai, por sua própria inutilidade.

Os nomes são "etiquetas linguísticas convencionais"[68] que se dão a um objeto e que servem para identificá-lo. O nome não determina a natureza da coisa. Assim como se estuda no próximo parágrafo a natureza artificial da Constituição, de forma semelhante, corresponde predicar em torno do Estado que recebe sua ordenação, graças àquela. Exemplo: todos entendemos, em geral, um significado de "natureza"; porém, trata--se de um entendimento contemporâneo, porque não foi suficientemente esclarecido nem comprovado que a inteligência tenha sido exatamente a mesma que hoje se emprega quando ao tempo de Tales de Mileto o

68. Mario A. Bunge, *Diccionario de Filosofía*, cit., p. 151.

homem começou, talvez, a aventura da "discussão crítica",[69] entre os séculos VI e VII a.C.

Uma prolixa discussão de todos os nomes de todos os Estados Constitucionais existentes não é possível aqui, porque supera as fronteiras do objeto do trabalho. Tampouco pode analisar-se a nomenclatura que vincule, por exemplo, algum dos elementos naturais (terra, ar, fogo, água) com o nome da entidade estatal. Portanto, trato de comentar sobre o sistema da CF da Argentina, com a inquietude e a esperança de que a partir de dita inferência se possam reputar resultados semelhantes na descrição de outros ordenamentos constitucionais que fundamentam outros tantos Estados, em particular sul-americanos.

O Estado Constitucional Argentino nasceu, com suma precariedade,[70] para eleger os governantes e excluir os despossuídos do direito de propriedade, em 25.5.1853, quando o Diretor Provisório da Confederação Argentina, Justo José de Urquiza, decretou:

> Art. 1º. Tenha-se por Lei Fundamental, em todo o território da Confederação Argentina, a Constituição Federal sancionada pelo Congresso Constituinte no dia 1º de maio desse ano na Cidade de Santa Fé.
>
> Art. 2º. Imprima-se e circule-se aos governos provinciais, para que seja promulgada e jurada autenticamente em pleitos públicos.

Junto com o decreto mencionado, os governadores das 13 Províncias receberam uma nota, também a com assinatura do Diretor Provisório da Confederação Argentina: "(...). A Constituição Política foi sancionada (...)". O art. 12 do Acordo de San Nicolás de los Arroyos impunha ao Diretor Provisório da Confederação Argentina o dever de promulgar e fazer observar a Constituição logo que fosse sancionada.

> Para que esta disposição se leve a efeito, disporá V. Exa. que se distribuam exemplares impressos para os povos e territórios dessa Província, e que no mesmo dia se faça, em todas as Circunscrições, uma leitura pública da Constituição, na presença das autoridades territoriais (...). Concluída a leitura começará o ato de juramento (...) encabeçado pela seguinte fórmula: "Nós, cidadãos argentinos que formamos o povo da Província de (...), juramos (...) respeitar, obedecer e defender a Constituição Política da Confederação Argen-

---

69. Karl R. Popper, *Escritos Selectos*, trad. de S. Madero Báez, México/D.F., Fondo de Cultura Económica, 1995, pp. 26-29.

70. Como exposto *supra* (III.2.1).

tina, sancionada pelo Congresso geral constituinte em 1º de maio de 1853".[71]

A CF foi jurada em 9.7.1853 em toda a Confederação, exceto pelo povo da Província de Buenos Aires, que subscreveu o pacto constitucional somente em 1860. Entretanto, como se disse, "povo" significa parte da população com "direitos políticos". Assim, a participação do povo, ainda que profundamente escassa e limitada pelas características próprias dos procedimentos utilizados em 1853, foi, sem dúvida, inquestionável para compreender os precários mecanismos que encerrava dita Constituição. A Lei Fundamental foi reformada em 1860, 1866, 1898, 1949,[72] 1957 e 1994; esta última Emenda foi a que, com maior profundidade e amplitude, produziu a mudança das regras de jogo originárias.

O art. 35 da CF foi sancionado em 1.10.1860 pela Convenção Constituinte, que, com a incorporação da Província de Buenos Aires e suas propostas, encerrou o ciclo do poder constituinte aberto em 1853. Em referido texto se ordena o seguinte:

> Art. 35. As denominações adotadas sucessivamente desde 1810 até o presente, a saber: Províncias Unidas do Rio da Prata, República Argentina, Confederação Argentina, serão em diante nomes oficiais indistintamente para a designação do Governo e território das Províncias, empregando-se "Nação Argentina" na formação e sanção das leis.

Note-se que, quanto à nomenclatura empregada pelo poder constituinte, no art. 35 criado em 1860 não se encontra o termo "povo". Este descuido do constituinte serve para confirmar que a regra constitucional consistiu em criar e ordenar um Estado oligárquico, sem povo.

---

71. Emilio Ravignani, *Asambleas Constituyentes Argentinas*, t. sexto, 2ª parte, Buenos Aires, Peuser, 1939, pp. 837-838.

72. Em 1955 foi derrubado o Presidente constitucionalmente eleito para o período 1952-1958, Juan Domingo Perón, por um golpe militar apoiado por civis. Em 27.4.1956 o Governo Provisório "da Nação Argentina, no exercício de seus poderes revolucionários", por intermédio de uma proclamação com força obrigatória, declarou vigente a CF sancionada em 1853, com as reformas de 1860, 1866 e 1898, e à exclusão da de 1949, sem prejuízo de outros atos e procedimentos que tivessem sido definitivamente concluídos antes de 16.9.1955 (art. 1º). Em 23.9.1957, sem dizer-se uma palavra a respeito da "Proclamação de 1956", uma nova Convenção Constituinte, que deliberou pela proscrição política do Partido Justicialista, resolveu: "(...). 2º) Declarar que a Constituição Nacional que rege é a de 1853, com as reformas de 1860, 1866, 1898 e exclusão das de 1949, sem prejuízo dos atos que tivessem sido definitivamente concluídos durante a vigência desta última".

Segundo Germán J. Bidart Campos, o nome mais "sugestivo", a seu juízo, era "Províncias Unidas do Rio da Prata", porque era o que melhor se adequava à "realidade federativa de nosso Estado", dado que todo o espaço geográfico é provincial e a cidade de Buenos Aires, que é sede da Capital Federal, tem um regime de governo autônomo a partir da reforma de 1994.[73] Para além do profundo significado histórico, atualmente dito nome não se utiliza.

Pelas razões expostas na próximo parágrafo, não resulta adequada a designação "Nação Argentina". Paralelamente, "República Argentina", tal como se analisa no § VII, tampouco possuiria idoneidade suficiente, dado que a "República" é uma forma de governo contida na CF.

"A Argentina" ou o "Estado Argentino" são os nomes ou apelativos que com maior frequência recebe "nosso Estado" fora dos limites territoriais nos quais exerce sua soberania.

III.5.2 "Estado-Nação", Estado Federal e Estado Argentino

A leitura metódica das regras da Constituição da Argentina desperta diferentes resultados. Ainda que seus comandos sejam compreensíveis, dentro dos quatro cantos de seu texto o poder constituinte deixou testemunhos, tanto no século XIX como no XX. Na linguagem constitucional, o vocabulário empregado para referir-se ao "Estado", em geral, não é o mais correto e resulta conceitualmente errado, motivo pelo qual merece ser objeto de advertência.

O "Estado", na trama constitucional, tem a possibilidade de ser observado por duas dimensões ou perspectivas: como ente jurídico, aglutinador da união política de cidadãos livres, ou como sujeito da relação federal, na inteligência de que a Argentina, ao se orientar sob dita forma, é o resultado da unidade integral composta pelos entes da Federação.

Muito cedo, Bidart Campos advertiu sobre esta deficiência e a manteve em toda sua obra: "(...). O Direito Constitucional, não só argentino com também o [*Direito Constitucional*] Comparado, segue manejando o conceito equivocado de Nação politizada ou transformada em Estado. Nossa Constituição incorre nesse erro em sua ordem normativa formal (...)".[74]

A CF emprega em quase 100 oportunidades a palavra "Nação". Ao contrário, a notícia sobre o emprego da palavra "Estado", medida por medida, não alcança cobrir 10 ocasiões de uso.

---

73. Germán J. Bidart Campos, *Manual de la Constitución Reformada*, cit., p. 406.
74. Idem, pp. 408-409.

"Nação" se utiliza, pelo menos, em duas orientações ou comandos linguísticos. A primeira para referir-se ao sujeito "Estado Argentino"; neste caso, a Constituição opta, por exemplo, pela seguinte formulação, contida no art. 1º: "A Nação Argentina adota para seu governo a forma representativa republicana federal (...)". Torna-se evidente que o sentido perseguido é a "união política" que desenvolve seu poder, organizado constitucionalmente, em determinado território; não obstante se chame "Nação". A segunda orientação refere-se ao "Estado Federal"; neste caso, a Constituição opta, por exemplo, pela seguinte formulação normativa, contida no art. 13: "Poderão admitir-se novas Províncias na Nação (...)". Resulta evidente que o sentido perseguido é "Estado Federal", isto é, unidade integral dos entes da Federação; não obstante se chame a "Nação".

"Nação" tem carta de cidadania no discurso político institucionalizado em documentos jurídicos a partir da Revolução Francesa de 1789. Dali em diante impregnou o discurso das fontes dogmáticas e, logo, das normativas.

"Nação" corresponderia a ser entendida, por exemplo, como um grupo ou associação de homens unidos por um laço natural, consequentemente eterno. Essa comunidade de homens, e pela justificação desse vínculo ou liame, constituiria o fundamento indispensável para a ordenação do poder político, sob a forma de Estado. Bidart Campos assinalou, com acerto, que a CF recolheu, desgraçadamente, a definição francesa, "(...) tão combatida por nós, de que o Estado é a Nação política e juridicamente organizada".[75]

A "Nação", captada como grupo, associação ou comunidade – típica forma de sociabilidade natural ou espontânea –, não é pessoa jurídica nem sujeito de direitos; *ergo*, não pode converter-se ou ordenar-se como Estado.

Em resumo, "Nação" observa no léxico constitucional dois significados: (a) "Nação" como sinônimo de Estado; (b) "Nação" como sinônimo de unidade política que congrega os entes.

Diante deste cenário, já acima se insinua uma solução.

(a) No lugar de "Nação Argentina", deve-se ler e adotar "Estado Argentino".

(b) No lugar de "Nação", como unidade integral composta pelos entes da Federação mas distinta deles, deve-se ler e adotar "Estado Federal".

---

75. Idem, ibidem.

§ IV. REGRAS CONSTITUCIONAIS INACABADAS OU DE REALIZAÇÃO PROGRESSIVA QUE FUNDAMENTAM O ESTADO

IV.1 Artifício constitucional – IV.2 Antecedente constitucional – IV.3 Razão constitucional – IV.4 Enumeração das regras.

IV.1 Artifício constitucional

"Artifício" (do Latim *artificĭum*) possui quatro acepções no *Dicionário da Real Academia Espanhola/DRAE*: "(1) Arte, primor, engenho ou habilidade com que é feito algo; (2) Predomínio da elaboração artística sobre a naturalidade; (3) Artefato (máquina, aparato); e (4) Dissimulação, cautela, astúcia". Assim, a Constituição, instrumento fundamental para a ordenação da comunidade estatal, é um significativo "artifício", desde que tudo o que há ou pode existir nela corresponde ou resulta suscetível de relacionar ou implicar com alguma das definições hauridas no *DRAE*. Justamente, os argumentos contidos neste § IV não diferem daqueles construídos em outras passagens. Agrega-se, agora, sem gradualismo nem vacilação, uma espécie de denominador comum com aspiração de língua uniforme.

Primeiro. Sem negar o que foi dito, em outra passagem se afirmou que "(...) o homem introduz o Direito no mundo natural, não o contrário".[76] Nesta ocasião se apela a "artifício" nos sentidos orientados por "engenho" ou "habilidade", segundo o caso. As Constituições não são produzidas pelo mundo natural ou pela natureza, são uma obra exclusivamente humana. A fortaleza ou a debilidade das Constituições dependem, em boa medida, da "habilidade" que seus redatores que a criam, produzem ou geram possuam para ordenar as relações individuais na comunidade e as desta, na individualidade, e, então, a gênese: por todos seus realizadores. Por sua parte, o engenho como faculdade criadora distingue também a peculiar natureza artificial da Constituição.

Segundo. Em outro texto – que agora forma parte deste – se observa: "A Constituição como norma encontra-se inserida, sempre, num contexto de 'cultura'. 'Cultura' significa o criado pelo homem, em diferenciação da natureza".[77] A artificialidade da Constituição fica exposta

---

76. V.: Raúl Gustavo Ferreyra, "Enfoque sobre el mundo del Derecho. Constitución y derechos fundamentales", cit., *Academia. Revista sobre Enseñanza del Derecho* 21/245.

77. Raúl Gustavo Ferreyra, "Concepto y cualidad de la Constitución Federal. Su rol procesal", *Revista de Derecho Público* 6/57, Buenos Aires, Ministerio de Justicia y Derechos Humanos, Presidencia de la Nación, 2013.

com sua aplicação ou "feitura"; concretamente: o dado indisputável de sua "elaboração humana" sem desprenderem-se seus criadores de sua filiação ao mundo natural, mas sem a intervenção direta deste na criação normativa.

Terceiro. Porque procuro que as lembranças possuam uma ordem e ajudem harmoniosamente a pensar, transcrevo aqui algo que também já se encontra escrito: "As Constituições podem ser entendidas, metaforicamente, como máquinas simples, porque são capazes de definir e organizar uma força ou energia cidadã, com racionalidade e direção".[78] A orientação da Constituição como artifício – significado substantivo, como "máquina" na qual se realiza a sua inferência, como artifício – pode conviver na captação que se ensaia.

Quarto. Finalmente, a "cautela", a quarta orientação escolhida de "artifício" constitucional. Sobre o Direito Constitucional se expressa, em outro texto, que "(...) seu principal dever é colocar ordem fundamental na coexistência humana, regrar a força estatal e impor que o Estado não cause 'dano' às pessoas ou que elas o causem entre si (...)".[79] Caso fosse certo que se trata da primeira lição da constitucionalidade, sua possibilidade de concreção enlaça, direta, proporcional e necessariamente, com a "cautela" (precaução) que se tenha de observar tanto na instância de produção como na sua aplicação. Consequentemente, a artificialidade da Constituição, de forma semelhante às anteriores, também fica demonstrada.

IV.2 Antecedente constitucional

Arrolar a Constituição como um artifício corre o risco de parecer uma descrição insidiosa, porque limita seu campo semântico. Porém, dita significação possui uma combinação precisa que influi largamente, porque se pode conjecturar que não existiu Constituição desde tempo imemorial e sempre são vinculantes em determinado espaço.

Este artefato constitucional pode ser abordado, definido, melhor dito, compreendido como a raiz de um sistema jurídico, porque toda a construção jurídica de uma comunidade estatal, em determinado tempo e espaço, está ou deve estar sustentada, suportada, enfim, "fundamentada", pelo próprio Direito que emana da Constituição, ou cuja validação

---

78. Raúl Gustavo Ferreyra, "1852. Orígenes. Sobre las bases de Juan Bautista Alberdi y la Constitución Federal en el tiempo", cit., *Academia. Revista sobre Enseñanza del Derecho* 19/221.

79. Raúl Gustavo Ferreyra, "Discurso sobre el Derecho Constitucional. Colores primarios", cit., *Revista de Derecho Público* 4/107-108.

esta autoriza; em outras palavras, a Constituição dá lugar à ordenação do sistema jurídico. Eleita e posta a Constituição no mundo, ela é o primeiro nível, a base, que serve como fundamento sobre o qual todos os objetos jurídicos dos níveis seguintes inferiores se ordenaram ou se constituíram; isto é, é o fundamento sobre o qual se basearão todos os níveis. A ela se elege, no momento da configuração originária, como a base, ou ponto de partida, que autorizará a construção dos demais objetos jurídicos.[80]

IV.3 Razão constitucional

Note-se, ademais, a atividade secundária que desenvolve o artifício constitucional na fundamentação do Estado. Diz-se "secundária" porque a tarefa tem dita significação no tempo; não é secundária nem na função, nem na hierarquia.[81] Após a fundação ou instauração constitucional, cumprido o momento constituinte originário, seu sistema normativo será o próprio fundamento para validar todo o desenvolvimento da vida na comunidade estatal. Por isto, pois, "fundamentos constitucionais", em referência à sua razão, porque a validade jurídica de todo o Direito de uma comunidade, em determinado tempo e espaço, fica ou deve ficar explicada, justificada, enfim, "fundamentada" pelo próprio Direito que emana da Constituição, ou cuja validação esta autoriza. O artifício constitucional, por intermédio da normatividade própria e inerente de cada uma de suas determinações processuais e de conteúdo, fundamenta o passo de um nível jurídico superior a outro inferior, em forma sucessiva, isto é, como podem ser constituídos os diversos objetos de cada um dos níveis da ordem jurídica.

Em resumo, a arquitetura do interior do Estado, a razão para sua existência – dado que sua própria normatividade contém a descrição dos processos e os limites e vínculos para validar toda a produção jurídica inferior –, encontra fundamento na Constituição, primoroso artifício desenhado pelo homem.

IV.4 Enumeração das regras

Eleger o artifício constitucional para fundamentar o Estado constituiu sua determinação política. Adota-se com antecedência à arquitetura

---

80. V.: Rudolf Carnap, *La Construcción Lógica del Mundo*, Trad. de L. Mues de Schrenk, México/D.F., UNAM, 1998, pp. 47, 48 e 75.
81. Norberto Bobbio, "Normas primarias y normas secundarias", in *Contribución a la Teoría del Derecho*, trad. de A. Ruiz Miguel, Madri, Debate, 1990, pp. 307-308.

estatal e se funde com seus fins. Por dita razão, ao se desenvolver a eleição assinalada se "opera" entre a decisão política e a própria arquitetura do sistema "uma relação circular" que rege "toda a construção" futura.[82]

A fundamentação constitucional do Estado cumpre-se ou se pode cumprir por intermédio de quatro princípios ou regras. Nenhuma destas regras ou nenhum destes princípios possui aplicação absoluta, por isso são regras "inacabadas", ou regras de aplicação progressiva ou regras de aplicação relativa. Ademais, se assume neste texto que não existem diferenças ontológicas ou estruturais entre os princípios e as regras que emanam das normas constitucionais; as diferenças entre umas e outros são mais de estilo, em que pese a que desde o ponto de vista da literatura jurídica, em geral, se prefere "regra". Bem entendido: que em toda obra literária são essenciais o estilo e as ideias.[83]

Então, estes quatro princípios ou regras que emanam da Constituição podem ser descritos como de terminação inacabada, porque por seu intermédio se pretende fundamentar a regulação do Estado ou a limitação de seu inerente poder.

Ao mero efeito de sua exposição e aplicação pedagógica, resulta possível agrupar estes princípios ou regras que surgem constitucionalmente do seguinte modo: (i) Regra sobre a Subordinação; (ii) Regra sobre a Variação. Mudança Formalizada. Reforma e Emenda; (iii) Regra sobre a Distinção de Funções. Distribuição Horizontal e Vertical do Poder; (iv) Regra sobre a Ação. Direitos e Deveres Fundamentais.

Em sua etapa de fundamentação estatal, cada um destes princípios ou regras constitucionais se desenvolve ativamente, seja para configurar uma raiz, seja para justificar uma razão. São "materiais estruturais", "pilares", ou, melhor, "elementos da arquitetura do interior do Estado" alocados positivamente, postos na Constituição. Porém, para manter incólume o rigor analítico se prefere agrupá-los em duas ordens, exatamente semelhantes aos "fundamentos constitucionais". Mais especificamente, pois, a regra sobre a variação ou mudança e a regra sobre a subordinação caem dentro do marco dos fundamentos constitucionais, observados

---

82. V.: E. Raúl Zaffaroni *et al.*, *Derecho Penal*, cit., pp. 104-105.
83. Não assumo a distinção forte e débil, respectivamente, entre princípios e regras. Note-se: não significa que a distinção não possua inteiro fundamento; simplesmente, é preciso assinalar que tem alcance e conteúdo explicativos bastante mais reduzidos do que comumente se lhe associa, dado que a maior parte dos princípios, tendencialmente, se comporta como as regras, porque também são "Direito sobre Direito", portadores de sadia normatividade. Segue-se, em geral, a consistente tese de Luigi Ferrajoli exposta em "Constitucionalismo garantista y constitucionalismo principialista", in *Un debate sobre el Constitucionalismo*, trad. de N. Guzmán Madrid, Marcial Pons, 2012, pp. 11-50.

como raiz. Ao contrário, a regra sobre a distinção e a regra sobre a ação se correspondem, ou, melhor, são a manifestação dos fundamentos constitucionais, apreciados, neste caso, como razão ou justificação para o exercício da força estatal. Cada regra emanada constitucionalmente obtém seu próprio desdobramento. Assim, nos próximos parágrafos se dá tratamento a dita questão.

§ *V. REGRA SOBRE A SUBORDINAÇÃO*

V.1 Regra fundamental – V.2 Relação com o Direito Internacional dos Direitos Humanos/DIDH – V.3 Controle de constitucionalidade – V.4 A juridicidade, raiz da ordem estatal: V.4.1 Mundo com regras jurídicas e sem elas – V.4.2 Configuração e gradação normativa – V.4.3 Privacidade, fundamento da soberania individual e de uma sociedade livre e aberta – V.5 Resumo sobre regra de subordinação.

Direito Constitucional e Estado não são entidades equivalentes, mas, sim, inextricavelmente, vinculadas; o primeiro introduz uma especial combinação de regras; enquanto o segundo constitui uma entidade de dominação e associação de homens assentados num território determinado, com vocação de permanência, cujo frontispício da ordenação jurídica se encontra ocupado, em geral, pelo Direito emanado da Constituição. A relação necessária que existe entre estes dois instrumentos ou entidades deveria ser, pois, que o conceito de Constituição determina-se, subordina-se à noção de Estado.

Na sequência analisarei os processos por meio dos quais a Constituição ordena o Estado. Mesmo que não haja imagens preparatórias, estabelecer as bases do Estado não coincide nem condiz com uma submissão total, como se o pusesse de joelhos. A autêntica subordinação do Estado ao Direito Constitucional significa estabelecer uma relação de dependência entre os dois entes. Subordinar, pois, nesta consideração jurídica, significa precisar argumentos que tornem factível que o Estado fique sob a sujeição, a ordem, mando ou domínio do Direito que emana do sistema constitucional.

Uma das ideias iniciais desde os fins do século XVIII e começos do século XIX foi a que postula a subordinação dos cidadãos e servidores públicos a uma importante regra: a Constituição.[84] Porém, não há relação

---

84. Observa Luigi Ferrajoli que existem diversas concepções de Constituição e de constitucionalismo jurídico. Um traço comum a todas elas pode encontrar-se na ideia de subordinação dos Poderes Públicos – incluído o Legislativo – a uma série de normas supe-

entre a facilidade que existe para discorrer sobre as vantagens de dita matéria e a constante dificuldade exposta em sua desvantajosa aplicação concreta em cada comunidade estatal. Muitas vezes a própria ordem constitucional pareceria em gradual desintegração ou descomposição, excluída ou descompensada pela energia repelente que emerge da desordem imposta em determinadas comunidades estatais.

Seja como for, a Constituição é o único "artifício fundamental"[85] inventado, até o momento, para lograr certa regulação, determinada limitação e específicos controles do poder do Estado. A determinação de regras, fundantes e fixas, reguladoras do processo político constitui um acordo substantivo para fundar a comunidade estatal e enraizar as convicções dos cidadãos e cidadãs que integram seu povo.

Atrevo-me a justificar a proposição discutida sobre a subordinação jurídica do Estado, com marcado ceticismo. Apoiado em raciocínios anteriores e sem títulos excessivos, pode-se afirmar que, posta a combinação das regras constitucionais no mundo por órgão habilitado para produzi-las ou criadas pelo órgão instituído para produzi-las – sempre em representação da cidadania –, seus "conteúdos e procedimentos essenciais"[86] permitem reconhecer um modo de Estado fundado em sua correta subordinação lógica ao Direito, até certo ponto. Neste contexto, repito: todo Estado se encontra constituído pela Constituição e todo Direito do Estado deve ser Direito autorizado pela Constituição. Existe uma notável exceção, muitas vezes gigantesca e não menos patética nem evidente: certos aspectos da emergência política, econômica, social e financeira tendem a não caber na Constituição. Em ditas oportunidades se ergue um Direito estatal fora da Constituição, mas não há espaço aqui para seu detalhado tratamento.[87] Eliminar ou reduzir ao Estado Policial – o tipo oposto por antonomásia ao Estado Constitucional – não tem que

---

riores, que são as que nas atuais Constituições estabelecem direitos fundamentais (Luigi Ferrajoli, "Constitucionalismo garantista y constitucionalismo principialista", cit., in *Un Debate sobre el Constitucionalismo*, pp. 11-13). A afirmação resulta verdadeira mas parcial, porque não basta alcançar o discurso dos Poderes Públicos. Tem que conter também o inescapável dever dos cidadãos de cumprir ou acatar a Constituição, cujas estipulações normativas são o esquema que abarca e contém as condutas alcançadas pelo Direito.

85. Karl Loewenstein (*Teoría de la Constitución*, cit., pp. 149-151) chama de Constituição o "dispositivo fundamental" para o controle do processo do poder.

86. V.: Peter Häberle, *El Estado Constitucional*, cit., p. 1.

87. Para a avaliação desta questão remete-se a Raúl Gustavo Ferreyra, *La Constitución Vulnerable. Crisis Argentina y Tensión Interpretativa*, Buenos Aires, Hammurabi, 2003, e também o ensaio "¿Tiempo constitucional? La Constitución vulnerable", www.infojus.gov.ar, 29.4.2014, Id Infojus: DACF140220.

preocupar na utilização de meios para lográ-lo, porque a composição deste último destrói ou deprecia a regra sobre a subordinação.

Nos próximos parágrafos descrevo as linhas observadas no desenvolvimento próprio da regra sobre a subordinação, isto é, o modo e o alcance concreto de desdobramento da regra de subordinação: (a) a supremacia normativa da Constituição (Subseção V.2); (b) o controle de constitucionalidade (Subseção V.3); e (c) o princípio de juridicidade (Subseção V.4).

V.1 Regra fundamental

Os homens têm dedicado e destinado longos anos a aprender e desfrutar as vantagens que pode proporcionar, em geral, uma ordenação jurídica determinada; qualificada pela primazia de uma norma que se erige como superior, com hierarquia intransigente, indubitável e indisputável por cima do resto das normas que integram o sistema jurídico estatal e se qualificam como inferiores. A configuração de regras sobre Direito Constitucional contém em sua escritura – quase sempre – uma regra suprema, isto é, a Constituição, como norma que fundamenta a totalidade da ordem jurídica, "(...) tanto por sua forma de criação quanto por seu conteúdo".[88]

Ao se idealizar a primazia constitucional[89] e sua consequente distinção hierárquica dentro do sistema, seguramente se inferiu que com a formulação de umas poucas palavras se criava uma regra fundamental, qualidade que merece ser compreendida em seus justos alcances: "suprema, altíssima e que não tem superior".[90]

---

88. V.: Germán J. Bidart Campos, *El Derecho de la Constitución y su Fuerza Normativa*, Buenos Aires, Ediar, 1995, p. 92.

89. Sobre a supremacia normativa da Constituição, o texto jurídico com maior antiguidade e ainda em vigor reside na determinação estabelecida no art. VI, Seção 2, da Constituição dos Estados Unidos da América, de 1787: "(...). Esta Constituição e as leis complementares e todos os tratados já celebrados ou por celebrar sob a autoridade dos Estados Unidos constituirão a lei suprema do País; os juízes de todos os Estados serão sujeitos a ela, ficando sem efeito qualquer disposição em contrário na Constituição ou nas leis de qualquer dos Estados (...)". Basta pronunciar a fórmula normativa citada em voz alta para crer na natureza todo poderosa da regra fundamental, máxime ao estimular-se sua judicialidade no art. III, Seção 1: "O Poder Judiciário dos Estados Unidos será investido em uma Suprema Corte e nos tribunais inferiores que forem oportunamente estabelecidos por determinações do Congresso (...)". Seção 2: "A competência do Poder Judiciário se estenderá a todos os casos de aplicação da lei e da equidade ocorridos sob a presente Constituição (...)".

90. Segundo o *DRAE*, do Latim *summus*.

Estabelece-se uma norma – a constitucional – no sistema jurídico e se a posiciona como superior, porque nenhuma será mais alta que ela. Poder-se-ia discutir sobre o dom ou graça especial da ubiquidade, isto é, se tal introdução e ulterior posicionamento não constituem, a rigor, uma atuação autorreferencial da própria norma constitucional que se autodetermina a si mesma. Note-se que a posição da regra constitucional no sistema e inclusive seu estabelecimento como suprema, ainda que com fundamento nela mesma, não implicam contradição lógica, porque manejar com cuidado os enunciados de natureza autorreferencial é algo bem distinto de predicar que todo enunciado desse tipo ou natureza careça de significado.[91] Não há mistério: para fundamentar a primazia da regra constitucional, sua cotização normativa descansa em seu próprio texto, e não é preciso acudir a uma norma superior à Constituição mesma para resolver a questão. A supremacia compreende-se em normas postas na própria escritura da Constituição; não há nenhum suposto, porque se trata de Direito constituinte posto pelo próprio criador da norma.

Significativamente, uma Constituição será o conjunto indeterminado de todas as circunstâncias que integrem sua aplicação, em que pese que, por definição, constitua a regra fundamental sobre a pretendida ordenação previsível da vida cidadã inserida na comunidade estatal. Então, defini-la como "regra fundamental" significa indicar sua inerente "supremacia normativa"[92] ou fazer referência à sua significação mais harmoniosa como "teorema da supremacia".[93] "Supremacia" tem significado semelhante ao de "fundamental": que não tem superior em sua linha, porque nada existe acima da regra fundamental do Estado.

91. O delicado problema teórico sobre a autorreferência no Direito Constitucional foi estudado e exposto em Raúl Gustavo Ferreyra, *Reforma Constitucional y Control de Constitucionalidad. Límites a la Judiciabilidad de la Enmienda*, Buenos Aires, Ediar, 2007, pp. 437-450. Remete-se, em homenagem à brevidade. Aqui só se sugere a bibliografia básica sobre a questão: Alf Ross, (i) *Sobre el Derecho y la Justicia*, Buenos Aires, Eudeba, 1994, pp. 80/82; (ii) "On self reference and puzzle in Constitutional Law", in *Mind* 78/1-24, Issue 309, Oxford University Press, janeiro/1969; H. L. A. Hart, "Self-referring laws", in *Essays in Jurisprudence and Philosophy*, Oxford, Clarendon Press, 1985 (reimpr. da 1ª ed. de 1983), pp. 170-178, publicado originalmente na obra em homenagem a Karl Olivecrona, 1964; e Ricardo Guibourg, "La autorreferencia normativa y la continuidad constitucional", in AA.VV, *El Lenguaje del Derecho. Homenaje a Genaro R. Carrió*, Buenos Aires, Abeledo-Perrot, 1983, pp. 182/195 – entre outros.

92. V.: Néstor P. Sagüés, *Teoría de la Constitución*, Buenos Aires, Astrea, 2004, pp. 98-99.

93. V.: Miguel Á. Ekmekdjian, *Tratado de Derecho Constitucional*, t. I, Buenos Aires, Depalma, 1993, p. 31.

O poder constituinte, integrado pelos representantes dos cidadãos que formam o povo do Estado, elabora e estabelece a norma constitucional, cujo passo final, em ocasiões, também se remete à aprovação do corpo eleitoral. No momento constituinte da criação jurídica originária ou no momento constituinte de sua variação também se estabelecem as atribuições para gerar normas de nível inferior à Constituição. Naturalmente, pois, existirão no ordenamento normas de diverso nível, e o único modo conhecido para manter a unidade do citado ordenamento exigirá que todas as normas que o compõe se reduzam à "unidade" de critério prescrita pela Constituição. Esta redução à unidade será inteira e coerentemente possível se, e somente se, existe uma norma da qual derivem em sua normatividade, de modo direto ou indireto, todas as outras demais normas.[94]

A unidade do sistema jurídico estatal é uma tarefa fundamental que cumpre à Constituição, ao subordinar a produção e a aplicação jurídica a uma determinada graduação de hierarquias, processos e conteúdos, até certo ponto. A Constituição, ao configurar o parâmetro de validação formal e material, determina o conjunto das regras inferiores de toda ordem estatal.

O acordo básico da cidadania significa, sem pompas, que no escalonamento hierárquico das normas jurídicas, em princípio, nada existe sobre a regra superior constitucional. Todo ato ou norma produzido ou gerado fora do procedimento ou conteúdos estipulados pela regra fundamental constitucional implica uma "variação" não autorizada ou mudança proibida pelo próprio sistema; a transgressão cria uma situação de desconformidade, um vício ou defeito: a inconstitucionalidade. A citada gradação jurídica situa todas as regras em níveis diferentes; as maiores subordinam as inferiores, e a Constituição – a regra fundamental – subordina toda a ordem jurídica do Estado. Assim pode postular-se a unidade do ordenamento jurídico do Estado. Sem fazer profecias, um historiador das Constituições narraria, no futuro século XXII, que a "supremacia normativa", objetivada na regra fundamental constitucional – inventada no século XVIII –, fundamentou a unidade dos ordenamentos jurídicos estatais durante o século XIX, mecanismo que se consolidou durante o século XX e em princípios do XXI constituía um solvente paradigma.

Finalmente, pode-se dizer com propriedade que a CF da Argentina, desde 1853-1860, consagra a supremacia normativa da regra fundamen-

---

94. V.: Norberto Bobbio, *Teoría General del Derecho*, Bogotá, Temis, 1998, pp. 168-173.

tal e o correspondente escalonamento hierárquico das normas inferiores a ela.[95] A CF reformada, a partir de 1994, dispõe a complementariedade constitucional do DIDH nas condições estabelecidas no art. 75, inciso 22, para conjugar o reto entendimento da primazia.[96]

V.2 Relação com o Direito Internacional dos Direitos Humanos/ DIDH

Em nossos Estados da América do Sul a redação da Constituição deixou de ser uma ficção ou um estado de entes imaginários a partir da independência da sujeição colonial. Resulta imensa a lista dos modos normativos projetados na América do Sul desde o século XIX.[97] Centenas de escritos que tiveram diferentes caminhos. Obras imperfeitas, quiçá tautológicas, porque o único modelo jurídico escrito então existente era a Constituição dos Estados Unidos, sancionada na Filadélfia em 1787. Aqui não farei resumo nem comentário destes textos. Constam em documentos reais, ainda que muitos deles não tenham passado de mero programa ou tiveram uma vigência muito breve. Porém, em sua linguagem e nas derivações apropriadas de sua linguagem constitucional originária, precoce e parcamente, estipulavam a relação entre o "Direito estatal" e o "Direito Internacional".

Nestes parágrafos algumas palavras sobre uma parte do Direito Internacional, o Direito Internacional dos Direitos Humanos/DIDH. Particularmente, não se predica sobre o modo em que ingressa ou egressa da ordem jurídica estatal, isto é, sobre "o método de inserção". A respeito, podem propor-se as discussões entre monistas e dualistas: enquanto os primeiros propõem a via da "estatização" (vinculada a um processo e conteúdos determinados pela Constituição, e que ela canaliza e combina; doutrina a que se adere para dogmatizar sobre o sistema da Argentina),

---

95. "Art. 31. Esta Constituição, as leis da Nação que em consequência se promulguem pelo Congresso e os tratados com as potências estrangeira são a Lei Suprema da Nação; e as autoridades de cada Província estão obrigadas a conformar-se a ela, não obstante qualquer disposição em contrário que contenham as leis ou Constituições provinciais, salvo, para a Província de Buenos Aires, os tratados ratificados depois do Pacto de 11 de novembro de 1859".

96. Para uma ampliação sobre a estrutura básica do Direito Constitucional da Argentina remete-se a Raúl Gustavo Ferreyra, "Discurso sobre el Derecho Constitucional. Colores primarios", cit., *Revista de Derecho Público* 4/112-134.

97. V.: Roberto Gargarella, *200 Años de Constitucionalismo en América Latina 1810-2010* (cópia do manuscrito original gentilmente cedido por seu autor e existente em meu arquivo pessoal), Buenos Aires, 2012.

os segundos se inclinam pela "referência" ao DIDH[98] tal como se apresenta no Direito Internacional. Desde logo se deixa claro sobre sua posição ou lugar que ocupa no espaço jurídico estatal, toda vez que admitido. Naturalmente: não se encontram ausentes opiniões contrárias à admissão do DIDH dentro do sistema de fontes, porque tais inserções são "problemáticas", ao não animar o desenvolvimento e o fortalecimento de uma cultura constitucional propriamente da comunidade estatal.[99]

98. O problema vinculado às relações recíprocas entre o Direito Constitucional e o Direito Internacional Público foi objeto de frondosos estudos. Uma profunda, vasta e simples descrição foi apresentada por Boris Mirkine-Guetzévitch no ano de 1933. Assim, assinalou a existência de três teorias que se excluem umas das outras: o paralelismo, o internacionalismo e o nacionalismo constitucional. O paralelismo ou reconhecimento da existência simultânea de duas ordens jurídicas independentes – internacional e interna (também denominado "dualismo") – habilita uma influência recíproca e de penetração entre ambos os modos. De sua parte, o internacionalismo ou reconhecimento da primazia do Direito Internacional (denominado também "monismo") consagra a subordinação do Direito Constitucional ao modelo engenhoso da ordem jurídica internacional. Por último, o nacionalismo constitucional ou reconhecimento da primazia do Direito interno consiste num sistema em razão do qual a mesma obrigatoriedade das normas do Direito Internacional encontra-se determinada pelo Direito Constitucional: o Estado não admite o Direito Internacional senão quando a regra da qual se trate esteja em conformidade com o Direito Público interno (v.: Boris Mirkine-Guetzévitch, *Modernas Tendencias del Derecho Constitucional*, trad. de S. Álvarez-Gendin, Madri, Reus, 2011, pp. 87-90). Recentemente, no particular, Horacio Daniel Rosatti descreve as duas fórmulas de inserção do DIDH na ordem jurídica interna de um Estado oferecidas, parcialmente, a seu turno, por Antonio Boggiano em seu voto no processo "Arancibia Clavel" (v. Considerandos 8º e 9º; CSJN, *Fallos* 327:331, "Enrique Lautaro Arancibia Clavel", 24.8.2004), com relação aos direitos humanos e imprescritibilidade dos crimes de lesa-Humanidade: a "nacionalização" e a "referência". Segundo Rosatti, a nacionalização reconheceria três variantes: a incorporação conforme o procedimento nos limites estabelecidos pela Constituição (*v.g.*: ratificação pelo Poder Executivo e aprovação pelo Congresso); a "recepção" por parte do Poder Judiciário "apesar de não estarem aprovados legislativamente e ratificados pelo Presidente da Nação, como foi prática na Holanda", e a "adaptação" pela "via de uma redação similar aos tratados sem segui-la tal qual regem internacionalmente". A "referência" implica que o tratado se aplica tal como rege no Direito Internacional e não porque se tenha incorporado ao Direito interno. Boggiano julga que o poder constituinte reformador em 1994 adotou o método da referência ao DIDH; Rosatti, ao contrário, sustenta que o método foi a "nacionalização por incorporação formal, segundo o procedimento previsto no art. 75, inciso 22, da CF (v.: Horacio Daniel Rosatti *et al.*, *Derechos Humanos en la Jurisprudencia de la Corte Suprema de Justicia de la Nación (2003-2013)*, Buenos Aires, Rubinzal-Culzoni, 2013, pp. 55-67). No caso argentino se compartilha a tese de Rosatti, ainda se prefere mudar "nacionalização" por "estatização", pelas razões distintas no § III.5.2 deste texto, respectivamente, com relação à diferenciação entre "Estado" e "Nação". Ademais, no caso argentino a "estatização do DIDH" não gera, especificamente, uma pura incorporação; o processo e os limites são conferidos pela CF, em cujo caso a "complementariedade" resulta o termo criador e instaurador do sistema da Constituição Federal da República Argentina.

99. V.: Carlos Rosenkrantz, "En contra de los 'préstamos' y de otros usos 'no autoritativos' del Derecho extranjero", *Revista Jurídica de la Universidad de Palermo* 1, Ano 6, 2005.

Concretamente, aqui se trata da localização jurídica do DIDH na ordem jurídica do Estado Constitucional e em determinado tempo,[100] não suas modalidades de ingresso, progresso e saída do sistema estatal.

No parágrafo anterior deu-se conta da primazia, revelada no âmbito de subordinação do Estado ao Direito, ao ficar ligada a validade de sua ordem jurídica ao marco de referência, formal e substancial, tipificado e sustentado na regra fundamental constitucional. A opção por uma Constituição escrita, cuja variação ou mudança só deve formalizar-se por processos distintos da produção da lei ordinária, estabelece um paradigma no sistema de fontes da ordem jurídica. Entre os corolários de dita doutrina, há um de relevante importância teórica: por intermédio da primazia constitucional os Estados intentaram desenhar, desenvolver e completar o monopólio da força, concretizado na regulação da autoridade e na centralização terminante dos âmbitos vinculados com a produção e aplicação do Direito, respectivamente.

Acabamos de completar os 70 anos da criação da Organização das Nações Unidas/ONU – que, em rigor, como se observou,[101] por sua natural competência para a ordenação interestatal, deveria chamar-se "[*Organização* dos] Estados Unidos". Um dos dados mais significativos da ONU se objetiva na normatividade produzida na escala global, com profundos traços de Direito constituinte da mais alta estirpe sobre direitos humanos. Ao se ler com seriedade, o art. 1º da Declaração Universal dos Direitos Humanos – aprovada pela Assembleia-Geral de 10.12.1948 –, enquanto proclama que "todos os seres humanos nascem livres e iguais em dignidade e direitos e, dotados como estão de razão e consciência, devem comportar-se fraternalmente uns com os outros", chama a atenção que os homens são uma espécie extremamente original. Demoraram milhares de anos para escrever, com vislumbres globais e determinada normatividade jurídica, que honrar a vida e "ajudar a viver"[102] com determinado regime de bem-estar,[103] não causar

---

100. Germán J. Bidart Campos, *Manual de la Constitución Reformada*, cit., p. 371.

101. V.: Mario Bunge, *Filosofía Política. Solidaridad, Cooperación y Democracia Integral*, cit., p. 331. Neste texto se anota que os Estados Unidos da América deveriam chamar-se "Províncias Unidas".

102. Idem, p. 193.

103. Ramón Ferreira escreveu em 1852 que o Estado tem como fundamento proporcionar aos homens meios de conservação e procurar que sejam mais felizes: "Os objetos gerais de um bom governo são a riqueza, a ilustração, a segurança dos cidadãos e a moral pública" (v.: Ramón Ferreira, *Manual de Derecho Natural (Escrito en 1852 para el Colegio de Tacna en el Perú)*, cit., pp. 32 e 35). Anos antes, Thomas Jefferson havia escrito também sobre o mesmo assunto: "The care of human life and happiness, and not their

dano[104] ao outro, "guiar-se pelo conhecimento"[105] e ser solidário sempre que se possa, num marco de profundo e imarcescível respeito ao outro, constitui o repertório fundamental para as bases mínimas do desenvolvimento da vida de nossa espécie.

Desejo exaltar três cenas, porque compendiam, com boas razões, aspectos relevantes da relação do DIDH com o Direito estatal.

Cena 1. O DIDH é produzido no âmbito de encontros, debates, eventos, conclaves ou assembleias, sempre em sede internacional, não estatal. Muda, radicalmente, o paradigma do monopólio estatal na criação do Direito, ainda que não cesse nem deprecie a primazia constitucional. Uma das principais objeções dialógicas apresentadas reside no fato indiscutível de que as pessoas que produzem o DIDH, em assombrosa e categórica maioria dos casos, não são servidores públicos eleitos diretamente pelo corpo eleitoral do Estado, em cujo território e próprio tempo terá pretensões de vigência o "Direito" criado no âmbito interestatal, trate-se da ONU, da OEA ou da OIT, por exemplo. Ademais, dado que essas pessoas não são eleitas em pleitos populares autênticos, sua conduta não pode ser objeto de ulterior juízo de responsabilidade nas urnas.

Tal circunstância não comprometa a até agora única fonte de primazia – a Constituição –, e sim propõe um novo matiz. Aberta a "porta" pelo Direito estatal – pela via constitucional – para o ingresso do DIDH, este terá validade nas condições que sempre se estabeleçam.[106]

---

destruction, is the first and only legitimate object of good government" (v.: *The Writings of Thomas Jefferson*, Maryland, "To The Republican Citizens of Washington County, Assembled at Hagerstown on the 6th Instant" [Monticello, March 31, 1809], vol. VIII, Taylor y Maury, Washington D.C. 1854, p. 165). Bastaria pensar no Estado e atribuir um apropriado mundo feliz entre suas finalidades capitais. Não obstante, confio ao leitor a fé e o mérito da afirmação de Jefferson.

104. Karl R. Popper, *La Sociedad Abierta y sus En*emigos, Buenos Aires, Paidós, 1992, p. 479.

105. Bertand Russell, "Lo que creo", in *Por qué No Soy Cristiano*, Barcelona, Edhasa, 2004, p. 86.

106. Raúl Zaffaroni desenvolveu tese original para A Argentina. Assim, afirma que o texto vigente da CF estabelece um plexo de direitos incorporados ao Direito interno em função de: (a) textos constitucionais consagradores; (b) tratados que têm hierarquia constitucional; e (c) tratados que têm hierarquia superior às leis. As fontes "(b)" e "(c)" relacionam-se conforme as regras do DIDH, que estão submetidas ao princípio de união ou interpretação conjunta, traduzida na proibição de interpretar um tratado de direitos humanos como limitativo do disposto em outro. Daí que nenhum deles pode interpretar-se sem ter em conta os outros. Porém, entre as fontes "(a)" e "(b)" também se estabelecem relações de união: a CF (a) estabelece que as disposições de tratados com hierarquia constitucional (b) devem entender-se complementares dos direitos e garantias nela reconhecidos; e os tratados internacionais (b) estabelecem que não podem entender-se como limi-

Cena 2. Particularmente, pois, corresponderá atualizar e ampliar o conteúdo do Direito Constitucional. Sua vinculação com o DIDH resulta inevitável e impostergável. Porém, neste âmbito desempenha um papel-chave o método de inserção e ulterior posição do DIDH no sistema estatal. Não produzirá os mesmos efeitos o mecanismo da "estatização" – nas condições descritas acima – que via o método sobre a "referência"; no caso argentino, por exemplo, dogmatizar sobre o mecanismo da "estatização"[107] do DIDH – inserido no art. 75, inciso 22, da CF – permite, ademais, subsumir o assunto num contexto de razoável margem de apreciação estatal, isto é, determinar se existe ou não existe um "núcleo essencial" de Direito Constitucional de intransigente maleabilidade e irredutível transformação.

Na Argentina tal margem de apreciação estatal emanada da normatividade suprema existe e se encontra a cargo das "autoridades criadas"[108] em sua CF, porque seu texto determina:

– Primeiro, os seis princípios regulativos em seu "Preâmbulo";

– Segundo, os direitos e deveres fundamentais;

– Terceiro, a distribuição vertical e horizontal do poder e seu controle.

Por tudo isso, resulta de impossível representação que um problema deva esgotar-se, sempre e globalmente, dirigindo a compreensão à fonte forânea, sem examinar sua natural e persistente complementariedade

tativos de direitos consagrados na Constituição (a) (art. 29 da Convenção Americana de Direitos Humanos/CADH; art. 23 da Convenção contra a Discriminação da Mulher; art. 41 da Convenção sobre Direitos da Criança). A globalização entre "(b)" e "(c)" (imposta pelo DIDH) e entre "(a)" e "(b)" (imposta pelo Direito Constitucional e o Internacional) impõe a análise conjunta do plexo emergente das três fontes, numa interpretação que não admite contradições. Para suprimir as contradições, o intérprete não pode valer-se da pura hierarquia de fontes ("(a)" sobre "(b)" e "(c)", "(b)" sobre "(c)"), porque a mesma CF ("(a)") impõe a globalização com "(b)" e vice-versa, e porque "(b)" impõe a globalização com "(c)" e vice-versa. A apelação à pura hierarquização de fontes seria contraditória com o que dispõem as próprias fontes: a CF estabelece a complementariedade, significa dizer, a união (v.: E. Raúl Zaffaroni *et al*, *Derecho Penal*, cit., pp. 134-135).

107. A partir do enfoque da teoria constitucional, aceita-se que "estatizar" o Direito Internacional não comporta a formulação mais precisa. Porém, na falta de uma melhor, deve-se apelar a esta, principalmente, pela claridade e, sobretudo, pela solvência do campo semântico que procura abarcar no itinerário de sua compreensão.

108. A concepção sobre a autoridade, a cargo do Poder Público, foi concretizada pelo poder constituinte originário, com eloquência, no art. 22 da CF: "O povo não delibera nem governa, senão por meio de seus representantes e autoridades criadas por esta Constituição". Recorde-se, também, que a ideia sobre a autoridade encontra-se no art. 31. Todavia, a segunda parte da CF se denomina: "Autoridades da Nação *[Estado]*".

com a fonte estatal e num caracterizado desdizer de sua própria voz, língua e cultura constitucional.

Aceita-se, então, que a racional união entre o Direito (estatal) Constitucional e o DIDH (Internacional) com hierarquia constitucional, tipificado na Argentina nos termos de equivalência das fontes (CF e DIDH, segundo regulação contida no art. 75, inciso 22), abre um espaço interessante e de provada riqueza semântica para a "complementariedade", cujo único requisito reside na própria margem de reserva estatal propriamente estipulada pela CF. Leia-se, por exemplo, a enumeração de sete argumentos: (1) pela racionalidade disposta para todos os atos dos departamentos que exercem o poder republicano, segundo define o art. 28 e distribui a todo o texto constitucional; integra o princípio de juridicidade tal como se expõe no § V.3; (2) pelo fato indiscutível de que: "O Governo Federal está obrigado a afiançar suas relações de paz e comércio com as potências estrangeiras por meio de tratados que estejam em conformidade com os princípios de Direito Público estabelecidos na Constituição", segundo dispõe o art. 27; (3) pela própria relatividade dos direitos constitucionais, todos suscetíveis de regulação pelo legislador, sempre que não se altere seu núcleo; (4) pela proibição de concessão de faculdades extraordinárias em favor do Poder Público, submissões ou supremacias, veiculada no art. 29 da CF; (5) pelo princípio de estrita e máxima juridicidade, disciplinado no art. 19, que estabelece as competências delimitadas do Poder Público; (6) pela distinção horizontal do poder e a fixação de zonas de reserva aos Poderes constituídos, segundo exigem os arts. 1º, 44, 87, 108 e coincidentes; (7) pelo próprio peso do art. 75, inciso 22, ao detalhar que o DIDH hierarquizado constitucionalmente, nas "condições de sua vigência (...)", não derroga "(...) artigo algum da primeira parte desta Constituição e devem entender-se como complementares dos direitos e garantias por ela reconhecidos" (cumpre destacar que os artigos aludidos pela própria CF na "primeira parte" abrigam, minimamente, os conteúdos entre os arts. 1 a 33 do texto).

Cena 3. O DIDH gera duas questões em relação à primazia da Constituição estatal. A primeira delas, para facilitar a compreensão, se denominará "consagração textual". Limitada a observação à América do Sul, seus textos constitucionais se distinguem em dois grupos: aqueles nos quais existe uma concreta e específica "formulação normativa" sobre a vinculação hierárquica entre o DIDH e o Direito da Constituição e aqueles textos constitucionais que carecem de enunciados que propiciem, expressamente, a aludida referência. Toda harmonia muitas vezes resulta perigosa. Num cuidadoso relato deve escrever-se: quase todos os textos constitucionais possuem formulações, exceto o uruguaio, no qual se encontra "ausência de referência expressa à interação entre o DIDH e o Direito Constitucional".[109]

Uma segunda distinção também é luminosa. Agora, especificamente, existem quatro ordens de escalonamento hierárquico. Em primeiro lugar, os textos que prescrevem a "primazia ou prevalência"[110] do DIDH sobre o Direito interno de fonte estatal; em segundo lugar, os textos que determinam a "equivalência"[111] das ordenações normativas, tanto a fonte externa como a estatal; em terceiro lugar, as Constituições que determinam que o DIDH se "posicionaria sob a própria normatividade constitucional";[112] e, por último, o caso do Uruguai, que, ante a falta de

---

109. V.: Carolina Machado Cyrillo da Silva, "La posición jerárquica del Derecho Internacional de los Derechos Humanos en la Constituciones sudamericanas", in *Contextos* 5/124-135, Buenos Aires, publicação do Seminario sobre Derecho Público de la Defensoría del Pueblo de la Ciudad de Buenos Aires, 2013.

110. Sobre o particular, dispõe a Constituição Política da Colômbia de 1991: "Art. 4º. A Constituição é norma de normas. Em todo caso de incompatibilidade entre a Constituição e a lei ou outra norma jurídica, se aplicarão as disposições constitucionais".

"Art. 93. Os tratados e convenções internacionais ratificados pelo Congresso, que reconhecem os direitos humanos e que proíbem sua limitação nos estados de exceção, prevalecem na ordem interna."

111. A Constituição da Venezuela de 1999 parece inclinar-se pela prevalência do DIDH sobre o Direito Constitucional. Porém, ao empregar a expressão "hierarquia constitucional", prefere-se situá-la neste grupo. Leia-se, pois, tal como aparece no art. 23, o seguinte princípio: "Os tratados, pactos e convenções relativos a direitos humanos, subscritos e ratificados pela Venezuela, têm hierarquia constitucional e prevalecem na ordem interna, na medida em que contenham normas sobre seu gozo e exercício mais favoráveis às estabelecidas por esta Constituição e nas leis da República, e são de aplicação imediata e direta pelos tribunais e demais órgãos do Poder Público". Na Constituição do Equador de 2008 se ordena, por exemplo, no art. 424: "A Constituição é a norma suprema e prevalece sobre qualquer outra do ordenamento jurídico. As normas e os atos do Poder Público deverão manter conformidade com as disposições constitucionais; em caso contrário carecerão de eficácia jurídica. A Constituição e os tratados internacionais de direitos humanos ratificados pelo Estado que reconheçam direitos mais favoráveis que os contidos na Constituição prevalecerão sobre qualquer outra norma jurídica ou ato do Poder Público". Não obstante, a prescrição contida no art. 425 não colabora, precisamente, na tarefa de determinar a "equivalência das fontes", porque ali se lê: "A ordem hierárquica de aplicação das normas será a seguinte: a Constituição; os tratados e convenções internacionais (...)"; significativamente, o "ponto e vírgula" depois de "Constituição" terá que ser harmonizado com a inteligência também feliz prevista no art. 424 também da Constituição.

112. Na Constituição da República Federativa do Brasil de 1988 se dispôs, originariamente, no art. 5º, § 2º: "Os direitos e garantias expressos nesta Constituição não excluem outros decorrentes do regime e dos princípios por ela adotados, ou dos tratados internacionais em que a República Federativa do Brasil seja parte". Posteriormente, em 2004, por intermédio da Emenda Constitucional 45/2004, se introduziu o seguinte texto como art. 5º, § 3º: "Os tratados e convenções internacionais sobre direitos humanos que

menção detalhada, convida o especialista ou o cidadão a uma "viagem" bastante ilegível e dominada, quiçá, pela discricionariedade na aplicação do Direito.[113]

Vislumbra-se notório esforço dos Poderes constituintes nos Estados sul-americanos. Tolerado ou recomendado, o avanço progressivo e substantivo do DIDH configura uma nova ordenação do sistema de fontes. Certamente, cada sistema constitucional possui "determinados traços próprios de identidade",[114] ainda que muitas vezes a prosa desenvolvida em nível textual não alcance aplicação coerente. Os graus na ordem jurídica são diferentes; não é indiferente a concretização de um duplo sistema de fontes: a própria do Direito interno do Estado e a internacional. Inclusive, chegou-se a advertir que, se a Constituição declinasse seu nível superior, isto é, sua específica primazia, a favor do DIDH, ele não eliminaria sua força normativa.[115] O DNA do Direito Internacional transmite-se, sem solução de continuidade, ao próprio corpo do DIDH. Assim, fica manifesta a aspiração de prevalência sobre o Direito interno, incluindo o Constitucional.

Porém, se tivéssemos a possibilidade de escolha, seria preferível adotar o mecanismo da absorção, com uma relevante e indisponível margem de apreciação estatal, com nível equivalente e possibilidade de denunciar a saída do sistema internacional. Em que pese a que a tese não pareça exagerada ou ortodoxamente internacionalista, por ora se prefere observar a casa comum, a República, sem pausas e com firmeza, para para localizá-la, num futuro próximo a um Direito dos Direitos Humanos para todos os sul-americanos. Note-se, porém, que se trata de perspectiva baseada "na insuperável dificuldade, hoje existente, de fundar a unidade do ordenamento na supremacia do Direito Internacional";[116] que cessaria, total ou parcialmente, talvez, no dia em que se possa afirmar a existência da completa globalização ou mundialização uniforme

---

forem aprovados, em cada Casa do Congresso Nacional, em 2 (dois) turnos, por três quintos dos votos dos respectivos membros, serão equivalentes às emendas constitucionais".

113. O art. 6º de seu texto constitucional, cuja última reforma data de 2004, não encoraja a equivalência ou superioridade do DIDH: "Nos tratados internacionais que celebre a República proporá a cláusula de que todas as diferenças que surjam entre as partes contratantes serão decididas por arbitragem ou outros meios pacíficos".

114. V.: Diego A. Dolabjian, "Constitución y derechos humanos. 75.22. Modelo para armar", in *Contextos* 5/89-123, Buenos Aires, publicação do Seminario sobre Derecho Público de la Defensoría del Pueblo de la Ciudad de Buenos Aires, 2013.

115. V.: Germán J. Bidart Campos, *El Derecho de la Constitución y su Fuerza Normativa*, cit., p. 456.

116. V.: Benito Aláez Corral, "Nacionalidad y ciudadanía ante las exigencias del Estado Constitucional", cit., *Revista de Estudios Políticos* 127/130.

do Direito, a existência de um só Estado-ordem jurídica, e prescindir ou desvalorizar o conceito de Estado que atualmente se maneja. O comentário não deixa de ser otimista, porque relega a supremacia total do Direito Internacional à sua entronização no cume da ordem jurídica, que então disporia das instituições necessárias para criar e aplicar uma ordem jurídica global no mundo inteiro. Enquanto isso, os cidadãos de cada uma das comunidades devem dispor do mais certo e adequado âmbito de liberdade para discernir, se acaso, no futuro, toda a aldeia sul-americana[117] se achasse unida pela primazia fundacional de determinadas peças do DIDH, em plano, grau ou nível distinguidamente superior sobre todo o Direito, inclusive, com propriedade, o próprio Constitucional de fonte interna.

V.3 Controle de constitucionalidade

A leitura interna da Constituição comprova que sua própria existência como ente supremo da ordem jurídica fica condicionada à eficácia de suas próprias garantias. A ideia de uma Constituição duradoura está intimamente associada às suas garantias; em especial: à interpretação

---

117. Em 22.6.1856, Francisco Bilbao propôs a formação de um Congresso da América do Sul, ao qual cada República enviaria igual número de representantes. O Congresso, símbolo da união e da iniciação, se ocuparia, especialmente, em converter em leis particulares de cada Estado várias iniciativas, entre as quais se destacaram: "(...) (1º) a cidadania universal. Todo republicano pode ser considerado como cidadão em qualquer República que habite; (2º) apresentar um projeto de código internacional; (3º) um pacto de aliança federal e comercial; (...); (12º) apresentar o plano político das reformas, no qual se compreenderão o sistema de contribuições, a descentralização e as reformas da liberdade que restituam a universalidade dos cidadãos, as funções que usurpam ou usurparam as Constituições oligárquicas da América do Sul; (...); (14º) o Congresso fixará o lugar de sua reunião e o tempo, organizará seu orçamento, criará um diário americano. É assim como cremos que de iniciador converta-se, um dia, em verdadeiro legislador da América do Sul; (15º) uma vez fixadas as atribuições unificadoras do Congresso Americano e ratificadas pela unanimidade das Repúblicas, o Congresso poderá dispor das forças dos Estados Unidos do Sul, seja para a guerra, seja para as grandes empresas que exige o porvir da América; (16º) os gastos que exija a Confederação serão determinados pelo Congresso e repartidos nas Repúblicas *pro rata* de seus orçamentos; (17º) além das eleições federais para representantes do Congresso, pode haver eleições unitárias de todas as Repúblicas, seja para nomear um representante da América, um comandante de suas forças, ou, bem como, para votar as proposições universais do Congresso; (18º) em toda votação geral sobre assuntos da Confederação a maioria será a soma dos votos individuais, e não a soma dos votos nacionais. Esta medida unirá mais os espíritos" (v.: Francisco Bilbao, "Iniciativa de la América. Idea de un Congreso Federal de las Repúblicas. *Post-dictum*", in *Cuadernos de Cultura Latinoamericana* 3, México/D.F., Facultad de Filosofía y Letras, Unión de Universidades de América Latina, UNAM, 1978.

pela via do controle e a reforma constitucional[118] (v. Subseção I.2). No § I.3 se propõe outro enfoque: uma relação da Constituição com o Estado, que se cumpre no § IV e, agora, também, aqui. Propugna-se outra compreensão que priorize as tarefas específicas que se esperaria que a Constituição cumprisse no rol do Estado.

As regras constitucionais não são tão específicas nem tão sintéticas como o resto das disposições do sistema jurídico. Por conseguinte, sua correta aplicação requer interpretações, modulações cuja magnitude é indubitável, em razão das significativas especificações que exige a disposição jurídica constitucional.

Aplicar o sistema constitucional pela via da interpretação escorreita e franca é, em primeiro lugar, ler seu texto atribuindo sentidos às disposições que o integram. Porém, um texto constitucional pode ser entendido não somente porque se conhece seu vocabulário, senão, e sobretudo, porque se domina a gramática da linguagem constitucional empregada; basicamente, o que confere reconhecimento aos direitos e garantias e programa a distribuição, atribuições de poderes e correlativos controles das funções estatais.

Costuma-se afirmar que o controle de constitucionalidade é o fragmento mais importante da interpretação, na inteligência de que dito controle é uma delegação predisposta pelo povo no pacto original. O Direito é uma criação política, e a Constituição sua máxima expressão. Seu principal objetivo é a ordenação da vida comunitária. Uma vez produzido, trata-se, precisamente, de sua manutenção e seu desenvolvimento. Juízes, legisladores, presidentes, enfim, todos os servidores públicos, realizam atos políticos; desde logo: em diferentes órbitas e com definidas e ajustadas competências. Controlar a constitucionalidade traduz-se numa tarefa cogente a todos os servidores públicos; embora, em geral, se reserva à jurisdição.

A relação, pois, entre a interpretação e o controle[119] é muito forte: sempre que se leve adiante o *teste* de constitucionalidade de um ato ou

118. V.: Raúl Gustavo Ferreyra, *Reforma Constitucional y Control de Constitucionalidad. Límites a la Judiciabilidad de la Enmienda*, cit.
119. Diego Valadés assinala, com rigor, que controlar o poder é uma necessidade para a subsistência da liberdade e supõe dois níveis distintos de ação: por um lado, os que o poder se autoaplica e, por outro, os que resultam da atividade cidadã. Os controles autoaplicados são por própria e madura definição: internos; revestem duas naturezas: política ou jurídica. (v.: Diego Valadés, *El Control del Poder*, cit., pp. 2-3). Seguindo a tese do jurista mexicano, o controle judicial de constitucionalidade, com anatomia jurídica, ao não aplicar uma norma de alcance geral ou, todavia, provocar sua expulsão do sistema, consiste, precisamente, num controle interno e autoaplicado.

norma infraconstitucional do qual resulte a desqualificação ou incompatibilidade do objeto examinado, necessariamente se há que interpretar decidindo se tal conflito existe ou não.

Uma das peculiaridades da interpretação constitucional, cujas notas logicamente se transferem ao controle judicial da constitucionalidade, consiste em que, nela, notadamente se destaca seu carácter indeterminado, mas determinável. Esta genuína indeterminação – que evidencia o verdadeiramente complexo que é a tarefa de interpretar o sistema constitucional – não significa uma ausência de restrições, nem que toda interpretação fique, em principio, habilitada.

O Direito Constitucional – do mesmo modo que seu gênero próximo: todo o Direito – não é um instrumento de precisão matemática, senão que com acerto apresenta o que se denominou "textura aberta". Porém, ainda que a linguagem constitucional não tenha incorporado um significado unívoco, ele não é obstáculo nem sério nem suficiente para predicar que em determinadas hipóteses o significado das disposições constitucionais não venha propriamente determinado pelo contexto onde é ou será realizada,[120] isto é, pela possibilidade certa de demostrar que determinadas consequências – porque determinados fatos caem facilmente sob seu campo de aplicação – se obtêm claramente da reta aplicação da regra constitucional pertinente. O significado das palavras que integram o vocabulário constitucional depende, em boa medida, do uso atribuído; por isso, considero que é bastante evidente que o significado das regras constitucionais está associado à nossa forma de vida democrática; em tal acordo reside o ponto de conexão necessário para o jogo da linguagem constitucional. Neste contexto, a Constituição, como Direito supremo, tem significados claramente determinados, predispostos e totalmente compreensíveis; outros são determináveis, importando às vezes o sacrifício de um valor reputado como fundamento da própria ordem.

A "garantia da constitucionalidade" é o "mecanismo" do sistema constitucional, cujo adequado funcionamento proporciona a possibilidade de que ela se mantenha como fundamento supremo da ordem estatal, ao respaldar a estrutura hierárquica desta e consagrar a subordinação do Estado ao Direito da Constituição.[121] Não obstante, não se pode perder

---

120. Conforme José J. Moreso, *La Indeterminación del Derecho y la Interpretación de la Constitución*, Madri, Centro de Estudios Políticos y Constitucionales, 1998, pp. 184, 231 e 232.

121. Sobre o controle de constitucionalidade, em 18.6.2013, os Juízes R. Lorenzetti, E. Highton de Nolasco, C. Fayt e J. C. Maqueda, no processo "Rizzo", por maioria, expressaram: "(...). 7º) Que assim mesmo cabe assinalar que é princípio de nosso ordena-

de vista nesta necessária e indiscutida distinção: uma tarefa é determinar o significado de uma regra constitucional, ao eliminar ou deixar de aplicar – conforme o caso – a regra inferior em conflito com ela, e outra é criar a regra constitucional em si mesma, isto é, produzi-la.[122] Tal afirmento constitucional que nenhum Poder pode arrogar-se maiores faculdades que as que lhe tenham sido conferidas expressamente (*Fallos*: 137:47, entre outros) (...). 8º) Que sobre essas bases, e com apoio nas previsões constitucionais que estabelecem a supremacia da Constituição Nacional e a função que corresponde aos juízes (arts. 31, 116 e 117), desde 1888 até a atualidade se sustentou '(...) que é elementar em nossa organização constitucional a atribuição que têm e o dever em que se acham os Tribunais de Justiça de examinar as leis nos casos concretos que se tragam para sua decisão, comparando-as com o texto da Constituição para averiguar se guardam ou não conformidade com esta, e abster-se de aplicá-las se as encontram em oposição com ela, constituindo esta atribuição moderadora um dos fins supremos e fundamentais do Poder Judiciário nacional e uma das maiores garantias com que se entendeu assegurar os direitos consignados na Constituição contra os abusos possíveis e involuntários dos Poderes Públicos' (*Fallos*: 33:162). 9º) Que para defender esta supremacia o Tribunal declarou ao longo de sua história – e mais além dos votos individuais de seus membros – a inconstitucionalidade de normas que, mesmo quando provinham do órgão legislativo que representa a vontade popular, resultavam contrárias à Constituição Nacional ou tratados internacionais e afetavam direitos das pessoas. Só a título de exemplo, pode mencionar-se que a Corte Suprema estabeleceu a inconstitucionalidade das Leis de Obediência Devida e de Ponto Final, que impediam julgar as graves violações aos direitos humanos cometidas durante a última ditadura militar ('Simón', *Fallos*: 328:2056); a Lei de Matrimônio Civil, que, ao impedir as pessoas divorciadas de voltar a se casar, limitava a autonomia individual ('Sejean', *Fallos*: 308:2268); as normas do Código Processual Penal da Nação, enquanto desconheciam as faculdades acusatórias e a autonomia funcional do Ministério Público Fiscal ('Quiroga', *Fallos*: 327:5863); a Lei Penal, que, ao castigar a posse de entorpecentes para consumo pessoal, não respeitava a autonomia pessoal ('Bazterrica' e 'Arriola', *Fallos*: 308:1392 e 332:1963); a lei que, ao permitir sem fundamento suficiente a interceptação de comunicações pessoais e a acumulação de dados pessoais, sujeitava o direito à intimidade ('Halabi', *Fallos*: 332:111); a Lei de Contrato de Trabalho, que desconhecia o direito do trabalhador à proteção integral na medida em que fixava um limite à indenização por despedida ('Vizzoti', *Fallos*: 327:3677) e negava natureza salarial aos vales-alimentação ('Pérez', *Fallos*: 332:2043); a Lei de Acidentes do Trabalho, que impedia o trabalhador que havia sofrido um acidente laboral de obter plena reparação ('Aquino', *Fallos*: 327:3753) de modo imediato e não sujeita a um sistema de renda periódica ('Milone', *Fallos*: 327:4607); a Lei de Associações Sindicais, na medida em que conferia tutela associativa só aos representantes ou autoridades de sindicatos que contassem com personalidade sindical ('Rossi', *Fallos*: 332:2715) e dispensava privilégios a certos sindicatos em detrimento dos simplesmente inscritos ('Asociación de Trabajadores del Estado', *Fallos*: 331:2499). Também invalidou a Lei Previsional, que frustrava o acesso à Justiça dos aposentados ao prolongar desnecessariamente o reconhecimento judicial de seus direitos de natureza alimentar ('Itzcovich', *Fallos*: 328:566) e desvirtuava o mandato de mobilidade para aposentadoria do art. 14-bis da Constituição Nacional ('Badaro', *Fallos*: 330:4866) (...)".

122. Vários juízes da CSJN, no processo "Thomas", por maioria, disseram: "(...). 4º) (...) o que constitui um pressuposto necessário que exista um caso ou controvérsia que deva ser decidido pelo Tribunal (*Fallos*: 323:4098), pois a Justiça Nacional não procede de ofício e só exerce jurisdição nos casos contenciosos nos quais é requerida a provocação

mação significa que, por um lado, há órgãos de criação e, por outro, há órgãos de aplicação. Por isso, ainda que a manutenção das regras de jogo do sistema constitucional seja uma função de capital importância para sua perduração, pela via da interpretação, ela não conduz à ideia de eternidade. E, a bem da verdade, quando se deixa de atribuir significados, as possibilidades que restam não são muitas, especialmente quando se considera que "criar" Direito faz parte da competência judicial. Melhor, são muito poucas, porque o juiz anula ou desvaloriza sua função e, em descrédito da divisão de Poderes, vulnera dita regra, porque, finalmente, tenta ou pretende legislar. Ressalva-se, desde logo, por suposição, o controle concentrado de constitucionalidade, em cujo marco o juiz, por autorização constitucional, exerce, em circunstâncias de exceção, uma legislação negativa, ao fazer cair a norma viciada. Mas não é este o tipo de ordenação que faz a CF da Argentina, porque adota o modo difuso ou desconcentrado.

Pensar na inconstitucionalidade como conflito normativo implica, como pressuposto indispensável, a concepção da Constituição como um sistema jurídico institucionalizado[123] que disciplina a planificação e o exercício da força estatal. Exerce regradamente seu fundamento. Se não se compreendesse ou não se aceitasse a ideia de unidade do sistema jurídico, não teria sentido especular sobre a existência de conflitos normativos cujo paradigma é a inconstitucionalidade. Por outra parte, a ausência de unidade de um sistema jurídico prejudica sua identidade, ao impedir manter a estabilidade das expectativas dos cidadãos.

O significado da inconstitucionalidade inclui, na análise, a ideia de desconformidade. A inconstitucionalidade consolida um vício ou defeito

da parte (art. 2º da Lei 27). No tradicional precedente de *Fallos*: 156:318, esta Corte definiu esses processos como os assuntos em que se pretende de modo efetivo a determinação do Direito debatido entre partes adversas (Considerando 5º), que deve estar fundado em um interesse específico, concreto e atribuível em forma determinada ao litigante (*Fallos*: 326:3007)". Mais adiante, também disseram: "7º) Que (...) não é válida a possibilidade de suspender ou inclusive derrogar uma norma legal com efeitos *erga omnes*, o que, sem dúvida, não se ajusta ao art. 116 da Constituição Federal". Tudo isso porque o modo argentino é claramente o difuso ou norte-americano em forma pura: na República Argentina nenhum juiz tem o poder de fazer cair a vigência de uma norma *erga omnes*, nem nunca a teve desde a sanção da Constituição de 1853/1860. Se não o tem na sentença que decide o fundo da questão, *a fortiori* menos ainda pode exercê-la cautelarmente. A decisão foi subscrita por R. Lorenzetti, Elena I. Highton de Nolasco, Carlos S. Fayt, Juan Carlos Maqueda e E. Raúl Zaffaroni (v.: CSJN, *Fallos*: 333:1023 *in re* "Thomas, Enrique *vs.* Estado Federal", 2010).

123. Carlos Nino, *Introducción al Análisis del Derecho*, 2ª ed., ampliada e revisada, 4ª reimpr., Buenos Aires, Astrea, 1988, pp. 105-198.

que se circunscreve, em geral, ao enfrentamento entre disposições de nível inferior com a regra fundamental constitucional. A conformidade com a Constituição, em sentido estrito, é obtida quando se respeitam a forma e os conteúdos autorizados pela própria regra fundamental. Conformidade, pois, não é outra coisa que correspondência: que se satisfaçam as condições de uma relação.

A validade da produção jurídica de nível inferior à Constituição é a relação de conformidade entre as disposições criadas e as disposições que regulam sua produção e conteúdo, até certo ponto. Portanto, a validade de uma regra inferior à constitucional é um conceito relacional que designa, fundamentalmente, a relação de pertinência de uma nova disposição com a Constituição, sempre que se tenham observado todas as etapas que regulam e disciplinam sua criação normativa. A inconstitucionalidade consistirá, pois, na não conformidade da disposição criada com a Constituição. Uma regra inconstitucional é uma modificação viciada (chama-se deste modo a toda disposição constitucional que não tenha sido produzida em estrita conformidade com todas as normas que regulam sua criação). O vício é o efeito da violação ou infração de uma norma sobre a produção jurídica: os limites fixados na regra fundamental constitucional.

A inconstitucionalidade é uma das expressões mas graves da produção jurídica no Estado Constitucional. Chegado a este ponto, não causará surpresa dizer que determinado processo de criação jurídica é válido se satisfez todos os requisitos fixados em cada uma das etapas previstas para sua formalização e seu conteúdo.

Os fundamentos constitucionais são Direito político puro, isto é, pura política conduzida pelo Direito da Constituição. Direito da ordenação, desenvolvimento e manutenção da ordem jurídica do Estado. Não há mais Estado que o organizado constitucionalmente. Não há mais funções que as delimitadas na Constituição. Os servidores públicos têm por função desenvolver e sustentar seu sistema normativo. Mesmo que a Constituição mantenha um âmbito insuspeito de certa indeterminação normativa, esta circunstância não anima "nenhum poder criativo dos juízes",[124] nem que sua tarefa não possa ser exposta a um robusto controle

---

124. Julio Maier ensina: "Um dos principais erros da teoria jurídica foi o de predicar que a sentença judicial cria obrigações, quando as reconhece numa demanda, isto é, a de confundir a sentença judicial com uma norma, chamada neste caso individual em contraposição às normas gerais, a lei" (Julio Maier, "¿Será justicia?", in *Página* 12, 3.10.2014). Desde a tentadora perspectiva de que "(...) sólo es útil lo que pode servirnos en un momento dado" (J. W. Goethe, *Fausto, Primera Parte, Acto Único*, Barcelona, Iberia, 1976,

cidadão, tão sólido como específico, nos casos em que se comprove a inconstitucionalidade ou outro tipo de diálogo "viciado" com os Poderes constituídos.

A discricionariedade aberta na aplicação do Direito, em sede judicial, favorece a deslegitimação da atividade da judicatura; ao mesmo tempo, a mais vigorosa rota da legitimação judicial consiste, precisamente, na aplicação concreta e específica do Direito político que emana da Constituição. Por acaso existe outra fonte de legitimação que não constitua o poder do cidadão sem a gênese do Estado e concretizado na ordenação constitucional?[125]

Então, a "inconstitucionalidade", a negação ou não aplicação da lei, em geral, se produz, se elabora, na solidão de um despacho judicial. Aqui, a cidadania será, com sorte, espectadora da decisão tomada, mas não partícipe da decisão que se tomará. Se a criação do Direito é um ato político, também o é sua negação: a inaplicabilidade a um caso concreto por inconstitucionalidade ou sua eliminação da ordem jurídica.

Os servidores públicos que decretam a "inconstitucionalidade" – em geral, os juízes – não foram eleitos diretamente pela cidadania. Tampouco o desenvolvimento de suas atividades está aberto ao olhar da cidadania. Os "cidadãos e cidadãs" frequentemente conhecem a "inconstitucionalidade" apenas com a própria sentença que a determina. As Cortes resolvem as questões de inconstitucionalidade apelando ao mesmo método que utilizam os Congressos ou Assembleias para produzir o

p. 23), vale recordar as palavras de Segundo V. Linares Quintana, expressadas há mais de meio século, segundo as quais o juiz não cria normas jurídicas. A produção normativa dos juízes, se sucedesse, "(...) resultaria inaceitável dentro do esquema do Estado Constitucional no qual nos colocamos e que se funda, como sabemos, na divisão e no controle recíproco dos Poderes, assim como no princípio de legalidade, ambos como meios encaminhados a assegurar a liberdade e a dignidade humanas" (v.: *La Constitución Interpretada. Texto Completo y Anotado de las Sentencias Fundamentales Pronunciadas por la Corte Suprema desde su Creación hasta la Fecha*, Buenos Aires, Depalma, 1960, p. 10).

125. A respeito, Julio Maier sustenta que "(...) essa independência, *[judicial]* no mundo atual, não pode querer dizer, como sustenta alguma teoria jurídica, que cada juiz, dos milhares que existem na República, tem o poder de – isto é, a competência para – não aplicar uma lei do Congresso – do Poder Legislativo – sob o fundamento de sua 'inconstitucionalidade' – contraria uma regra da Constituição –, pois isso, ao menos no mundo moderno, significa incapacidade organizativa, para não dizer vulgarmente 'desrespeito'. Isso deveria fazer pensar na competência judiciária, sobretudo na competência da Corte Suprema da Nação, com o objetivo de derrogar seu estatuto originário – Lei 48, dos albores de nossa organização nacional e suas reformas parciais – e as consequências de sua interpretação, para substituí-lo por outro que nos conceda segurança e firmeza sobre o papel real que essa Corte e seus juízes deveriam desempenhar no nosso Estado Nacional" (Julio Maier, "La independencia judicial", *Página 12*, 18.2.2015, Buenos Aires, 2015).

Direito: a maioria de seus membros. Equivale dizer: não se apreciam diferenças substantivas na "agregação de preferências" que empregam os legisladores e as que empregam os juízes.[126]

Não existe argumento suficiente que sustente que o controle de constitucionalidade fique exclusivamente a cargo da jurisdição. Não é racional que o processo de construção política, em concreto seu fechamento, fique a cargo da autoridade judicial, que não é eleita em pleitos autênticos, diretos e populares. Com este mecanismo (controle judicial), as cidadãs e os cidadãos são meros espectadores. A construção de um constitucionalismo cidadão importa e se baseia na responsabilidade, tolerância e compromisso no marco de uma sociedade aberta. Esta abertura, precisamente, é o melhor indicador de que a aplicação do Direito Constitucional não "deve" nem "pode" ficar só a cargo dos juízes. De minha parte, proponho mais diálogo institucional cidadão e menos monólogo do Poder judicial.[127]

---

126. Todos os servidores públicos têm a seu encargo o controle de constitucionalidade. O Presidente da República, antes de aprovar e publicar uma lei, deve realizar um controle de dita natureza. Assim, por exemplo, Bidart Campos assinalou que o Presidente, ao examinar o "projeto de lei" na própria fase de eficácia antes de promulgá-lo (expressa ou tacitamente) ou vetá-lo, entre outros extremos, deve decidir "se o considera constitucional ou não" (v.: Germán J. Bidart Campos, *Manual de la Constitución Reformada*, t. III, Buenos Aires, Ediar, 1997, p. 258). No mesmo sentido, Néstor Sagüés afirma que o veto importa o desacordo do Poder Executivo com um projeto de lei, entre cujas razões – que podem ser várias – uma delas, a critério do Presidente, é a constitucionalidade (denomina-a "controle preventivo de constitucionalidade") (v.: Néstor P. Sagüés, *Manual de Derecho Constitucional*, Buenos Aires, Astrea, 2012, p. 286). De forma semelhante, o Congresso, ao avaliar todo projeto de lei, seja nos seus fundamentos ou no debate parlamentar, deve gerar sempre o marco de referência ou âmbito da adequação constitucional da iniciativa. Porém, na linguagem do Direito Constitucional, ou, melhor dito, na língua do constitucionalismo, difundiu-se com natureza francamente hegemônica e lapidar que "controle de constitucionalidade" significaria "controle judicial de constitucionalidade". Não corresponde dizer aqui, por resultar evidente, que a constitucionalidade, numa sociedade aberta, a desenvolvem desde seus respectivos âmbitos "cidadãos e servidores públicos", porque a Norma Suprema encontra-se dirigida a todos, não somente aos juízes, que são uma espécie do gênero "servidores públicos". Não obstante, estendeu-se incorretamente em boa parte da dogmática a ideia de que o controle fica a cargo dos juízes, talvez pela estranha ideia de que somente fosse aplicável ao caso concreto.

127. Assim, por exemplo, no ano de 1996 se sugeriu à presidência da Comissão Redatora da Convenção Constituinte da cidade de Buenos Aires. Posteriormente, o diálogo entre os Poderes propiciado em nível dogmático no correspondente parecer foi concretizado no art. 113, inciso 2, da Lei Fundamental portenha: "É competência do Tribunal Superior de Justiça conhecer: (...) Originária e exclusivamente das ações declaratórias contra a validade das leis, decretos e qualquer outra norma de caráter geral emanada das autoridades da cidade, contrárias à Constituição Nacional ou a esta Constituição. A declaração de inconstitucionalidade faz a norma perder a vigência, salvo que se trate de

Para finalizar este parágrafo, cabe esclarecer que a coerência comporta relacionar entes – em nosso caso, normas entre si, de grau distinto, a constitucional com as inferiores – de acordo com algum modelo que determina as formas de criação e os conteúdos das normas inferiores, até certo ponto. Frequentemente, se os estados de coisas estão em conformidade, diz-se que são compatíveis, porque respondem a um mesmo "padrão":[128] a constitucionalidade.

A manutenção da coerência "da" e "na" ordem estatal é a tarefa fundamental que desenvolve a Constituição, ao subordinar a produção e a aplicação jurídicas, por intermédio da garantia do controle de constitucionalidade, a determinado modelo de consistência, cujo objetivo é o controle objetivo e preciso da conformidade normativa. Não existe ordem que não se encontre exposta à inconstitucionalidade; precisamente, o fundamento apropriado da constitucionalidade orienta-se ora a eliminar regras ou atos portadores de incoerência com alcance geral, ora, simplesmente, a determinar a inaplicabilidade das regras ou atos inferiores no caso concreto.[129]

V.4 A juridicidade, raiz da ordem estatal

"Representar [*a*] esse homem, [*representar a*] essa mulher, mas não o homem nem a mulher"[130] que agem ou interagem na solidão e uns com

---

uma lei e a Legislatura a ratifique dentro dos 3 (três) meses da sentença declaratória por maioria de dois terços dos membros presentes. A ratificação da Legislatura não altera seus efeitos no caso concreto nem impede o posterior controle difuso de constitucionalidade exercido por todos os juízes e pelo Tribunal Superior" (v.: Raúl Gustavo Ferreyra, "Sobre la Constitución porteña: estudio de la Ley Fundamental de la Ciudad Autónoma de Buenos Aires", ed. definitiva (*www.infojus.gov.ar*: Id Infojus: DACF140125), Buenos Aires, 2014, pp. 149-154). Mais de 10 anos depois se insistiu com a eliminação do monólogo do Poder judicial no eventual controle da reforma. V., em particular: Raúl Gustavo Ferreyra, *Reforma Constitucional y Control de Constitucionalidad. Límites a la Judiciabilidad de la Enmienda*, cit., Capítulo Quinto, pp. 497-595.

128. V.: José Ferrater Mora, *Diccionario de Filosofía*, cit., t. A-D, pp. 387-388.

129. Na ordem fundada pela CF da Argentina todos os juízes dispõem do controle de constitucionalidade, com efeitos exclusivos unicamente para o caso concreto. Bastará, como regra, a alegação da parte no âmbito de um processo judicial determinado; também, em princípio, que não se trate de discussão abstrata nem de uma questão política implicada na zona de reserva de competências do Congresso ou do Poder Executivo. Tenha-se presente que, em geral, a demanda não prospera de ofício. Para uma ampliação do assunto, remeto o leitor a *Notas sobre Derecho Constitucional y Garantías*, Buenos Aires, Ediar, 2001, pp. 211-287.

130. Paul Éluard, *Obras Escogidas (1948-1952)*, t. 3 ("Física de la Poesía"), trad. de M. Ravoni, Buenos Aires, Editorial Platina, 1962, p. 123.

outros; representar, pois, a um "homem artificial",[131] uma pessoalidade coletiva distinta e distinguida, o Estado. Peculiarmente, o Estado, fundamentado numa Constituição, significa o principal instrumento conhecido para ordenar e controlar uma comunidade e a sociedade com aspirações ou pretensões de coexistência pacífica, que cria, por sua vez, uma nova dimensão ontológica: cidadão e governante ou servidor público.

Chamo, portanto, "princípio de juridicidade"[132] ou "regra de juridicidade" a determinação e ulterior conformidade expressa, por ação ou omissão, pelos cidadãos ou pelos Poderes Públicos constituídos com os parâmetros – formais e substanciais – de validade estipulados pela regra fundamental. Por um lado, repare-se que a adoção de "juridicidade", em sentido estrito, como se faz neste texto, ratifica a ideia de que o Direito Positivo é um instrumento recomendável para conseguir a construção de uma comunidade estatal ordenada, em que pese à sua obediência escrupulosa nem sempre constituir um bem, porque existem limites que tornam intolerável, ocasionalmente, a irracionalidade da produção jurídica e abrem as portas à sua desobediência, não aplicação ou nulidade. Ademais, ratifica a ideia de que o Direito é posto por definição coativa do Estado. Criado pelo homem, constitui uma forma positiva de "ordenação normativa do comportamento humano",[133] para além de qualquer sensato princípio de Direito Natural que por sua própria filiação carece de coatividade e fica no âmbito da moralidade individual ou coletiva. Por outro lado, também deve reparar-se no fato de que a juridicidade implica a "pura constitucionalidade". Com efeito, a ordem jurídica integra-se mediante a combinação de diversos tipos de normas: ademais das constitucionais, as *infra* ou *subconstitucionais*. Porém, ao se apelar a dita menção (a juridicidade), a ideia se ajusta ou compenetra com a lógica validação formal e a material, que consolidam os vínculos impostos pela regra fundamental (constitucionalidade). Independentemente disso, acerca da ideia de constitucionalidade, remete-se às descrições oferecidas no § V.3.

A se julgar que o Estado Constitucional é composto por um quarto elemento, a ordem normativa oportunizada e, por sua vez, validada pela

---

131. A unidade léxica foi introduzida na literatura por Thomas Hobbes: "(...). For by Art is created that great Leviathan called a Common-Wealth, or State (in latine *Civitas*) which is but an Artificiall Man (...)" (v.: Thomas Hobbes, *Leviathan or the Matter, Forme, & Power of a Common-Wealth Ecclesiastical and Civil*, Nova York, Barnes & Noble, 2004, p. xxxiii, "The Introduction").

132. Horacio D. Rosatti, *Tratado de Derecho Constitucional*, t. I, Buenos Aires, Rubinzal-Culzoni, 2010, pp. 157-165.

133. Hans Kelsen, *Teoría Pura del Derecho*, cit., 2ª ed., p. 18.

regra fundamental, corresponde discernir se referida ordem afeta determinadas ações e aspectos da conduta[134] dos cidadãos, ou, talvez, todas as condutas humanas são compreendidas por dito ordenamento. A questão não é irrelevante, porque autoriza determinar com suficiente precisão o âmbito do permitido, o âmbito do obrigado ou ordenado e o âmbito do proibido pelo Direito autorizado por decisão comunitária.

A CF, por exemplo, possui uma formulação normativa sumamente original que desde 1853 "enuncia a filosofia que sempre foi a fonte do Direito Positivo argentino",[135] porque ao definir a liberdade constitucional dos habitantes do Estado estipula que "(...) se coloca como base fundamental para a arquitetura global de nossa ordem jurídica".[136] A estimativa da juridicidade ou a medida da pura constitucionalidade, o limite das ações e as omissões, encontra sua regulação regia no art. 19 da regra fundamental federal. Ali se consagra o seguinte princípio:

> As ações privadas dos homens que de nenhum modo ofendam a ordem e a moral pública, nem prejudiquem a um terceiro, estão somente reservadas a Deus, e isentas da autoridade dos magistrados. Nenhum habitante da Nação será obrigado a fazer o que não manda a lei, nem privado do que ela não proíbe.

O princípio de juridicidade constituiu uma suposição inicial, um enérgico postulado do Estado Constitucional; um axioma cuja evidência se apoia positivamente, porque por seu intermédio se determina com máxima intensidade e maiúscula fidelidade a certeza no mundo estatal: tudo aquilo que resulta ordenado pelo Direito.

A ordenação que consagra, estimula e financia o princípio de juridicidade dá lugar, naturalmente, a uma série de questões. Tratarei delas nas linhas seguintes.

V.4.1 Mundo com regras jurídicas e sem elas

Necessário delimitar o próprio âmbito da juridicidade. Serei mais claro, todavia: a regulamentação ordenada pelo Direito, consagrada pelo princípio de juridicidade, significa estatuir que se encontram determi-

---

134. Hans Kelsen, *Teoría General del Estado*, México/D.F., Nacional, 1950, p. 196.

135. V.: Arturo E. Sampay, "La filosofía jurídica del artículo 19 de la Constitución nacional", *Contextos* 3/6-30, Buenos Aires, Seminario de Derecho Público de la Defensoría del Pueblo de la Ciudad de Buenos Aires, 2013.

136. V.: Considerando 6º do voto do Juiz E. Petracchi, CSJN, *Fallos* 308: 1392, *in re* "Bazterrica, Gustavo *et al.*", 29.8.1986.

nadas, de modo franco e absoluto, "todas" as condutas que povoam o universo humano? Está certo? Tudo aquilo que resulta permitido é assim porque não se encontra proibido? Tudo aquilo que se encontra proibido é porque não resulta permitido? Dito de modo afirmativo, resultaria: a regulação jurídica abraçaria todas as condutas humanas, ora permitindo as que não proíbe, ora proibindo as que não permite.[137] Tudo se encontraria incluído ou seria captado pelo Direito.

Imagine-se o seguinte exemplo. Um estudante de Direito ou de um curso do Doutorado da Faculdade de Direito da Universidade de Buenos Aires, na sua casa e sem perturbar a terceiros, começa a ler este texto e, num determinado momento, decide deixar de lê-lo, seguindo os conselhos de Borges acerca do direito de deixar de ler.[138] Imediatamente depois se pergunta: "Posso deixar de ler porque se trata de uma conduta permitida implicitamente pelo princípio de juridicidade ou, ao contrário, dito ato, inofensivo para a ordem jurídica e para terceiros, trata-se de uma conduta definitivamente não alcançada pelo mundo do Direito?".

A resposta cabal à questão conduz à definição do âmbito da juridicidade, isto é: uma apropriada ontologia do Direito que fixe seu campo espacial, temporal e pessoal de relevância e validade sobre o indivíduo e o Estado. Vejamos.

Segundo um critério, ao qual denominarei "absoluto", o mundo do Direito confere qualidade jurídica a todo o universo de entes. Assim, portanto, corresponde distinguir as seguintes determinações reitoras da conduta humana: (i) as que prescrevem proibições; (ii) as que prescrevem obrigações; (iii) as que prescrevem permissões expressas e (iv) aquelas das quais caberia inferir uma prescrição permissiva implícita.[139] O mundo do Direito abarca todo o mundo, inclusive o setor ou fragmento no qual não existem proibições, obrigações ou permissões expressas, porque, todavia, nestas zonas o Estado resulta um ente onisciente, onipresente e onipotente que investe e informa de juridicidade própria toda a realidade.

---

137. Germán J. Bidart Campos, *Derecho Constitucional. Realidad, Normatividad y Justicia*, t. 1, Buenos Aires, Ediar, 1964, p. 157.

138. "Se um livro lhes aborrece, deixem-no, não o leiam porque é famoso, não leiam um livro porque é moderno, não leiam um livro porque é antigo. Se um livro é tedioso para vocês, deixem-no... Esse livro não foi escrito para vocês... Se Shakespeare lhes interessa, está bem. Se lhes resulta tedioso, deixem-no. Shakespeare não escreveu, todavia, para vocês. Chegará um dia que Shakespeare será digno de vocês e vocês serão dignos de Shakespeare, mas enquanto isso não há que apressar as coisas" (Matéria sobre Jorge Luis Borges na Biblioteca Nacional em 1979, in *Borges para Millones*, Buenos Aires, Corregidor, 1997, pp. 59-61).

139. Horacio D. Rosatti, *Tratado de Derecho Constitucional*, cit., t. I, pp. 157-165.

Proponho outro critério, ao qual denomino "relativo". Conforme este outro critério, a compreensão e a observação do mundo do Direito obrigam a distinguir dois mundos bem separados e diferenciados: um sem regras jurídicas, uma entidade estranha ao mundo do Direito e sem propriedade jurídica, e outro com regras, inerente e determinado pelo próprio mundo do Direito. Não há determinação de condutas num mundo sem regras do Direito; logo, não há qualidade jurídica, porque dito mundo é irrelevante para o mundo do Direito. Portanto, todo o universo que não é objeto de determinação jurídica fica reservado à condução oferecida pela consciência de cada indivíduo, como bem se assinalou:[140] dito mundo é "não jurídico", motivo pelo qual somente é objeto da juridicidade aquele suscetível de efetiva regulamentação pela autoridade dos magistrados investidos do correspondente poder público.[141] Em razão de que na Argentina toda ordem estatal se fundamenta no sistema de sua CF, o princípio de juridicidade, cuja formulação normativa descansa no art. 19, determina o marco de referência no qual o Estado se faz presente e se concretiza por intermédio do discurso do Direito. Fora do marco jurídico estatal existe, desde logo, outro marco de referência alheio por completo ao Direito: onde o discurso estatal não pode ter existência e, portanto, não tem entidade nem propriedade.[142]

140. Idem, ibidem.
141. Idem, ibidem.
142. O mestre Germán J. Bidart Campos sustentou uma opinião diferente da desenvolvida aqui. Assim, expôs que existem argumentos que referem que a zona de privacidade que o art. 19 preserva contra as intrusões do Estado e de particulares constitui um âmbito "extrajurídico" ou "ajurídico", que ficaria fora ou à margem do Direito. E não é assim. A área de intimidade, como parte do direito de liberdade, é jurídica, e cada vez que o Poder judicial lhe concede tutela está demonstrando que o que nessa área se preserva é um bem jurídico amparado pelo Direito, ou, em outros termos, um setor de autonomia pessoal e de licitude juridicamente relevante e não neutra ao Direito (Germán J. Bidart Campos, *Tratado Elemental de Derecho Constitucional Argentino*, t. I.B, Buenos Aires, Ediar, 2001, p. 63). Néstor Sagüés também se inclina por uma postura semelhante: o mundo privado não é uma esfera alheia ao Direito. Segundo o "princípio pelo qual o que não está proibido está permitido" – que, a seu juízo, se enuncia na última parte do art. 19 –, resulta que a intimidade de uma pessoa é uma zona intrinsecamente lícita e que merece respeito e proteção em nível constitucional (v.: Néstor P. Sagüés, *Manual de Derecho Constitucional*, cit., p. 585).

Ao contrário, Joaquín V. González distinguiu uma liberdade natural e uma liberdade civil propriamente dita. Arguiu que o art. 19 da CF contém os dois aspectos do princípio de liberdade: o que se refere à vida privada, à esfera de independência pessoal, "onde não chega o poder da lei", e o que toma ao homem como membro da comunidade "dentro do raio onde a lei alcança". Evidentemente, para González a definição do art. 19 determina o significado claro de uma zona além do Direito, não jurídica, que por seus resultados, e não por seus fundamentos, resulta semelhante à proposta no texto, acima (v.: Joaquín V. González, *Manual de la Constitución Argentina*, 13ª ed., Buenos Aires, Estrada, 1900, p. 100).

V.4.2 Configuração e gradação normativa

No parágrafo anterior distinguiu-se o mundo determinado pelo Direito do mundo não determinado pelo Direito, o mundo não jurídico. Diz-se "mundo jurídico" e "mundo não jurídico" porque o Direito carece de uma posição que compreenda "tudo" sobre todos os estados de coisas mundanos, porque há um mundo fora deste ou fora de sua captação e determinação. Rigorosamente, pois, trata-se de proposição elementar para a ordenação de uma comunidade. Agora, portanto, neste segundo ato corresponde determinar, sem intermediações, com a maior precisão possível, a própria hierarquia, isto é, a "gradação normativa" e o apropriado e limitado conteúdo estabelecido pela regra sobre a juridicidade e seu natural escalonamento ou gradação na ordem estatal. Recorde-se que todo o Direito estatal deve ser determinado, propriamente autorizado pela regra fundamental da ordem coativa, para que se disponha a observação e compreensão do Estado Constitucional.

As noções de supremacia e ulterior gradação normativa do artifício constitucional e sua relação com o DIDH iluminam e fixam o perímetro do discurso, também, no desenvolvimento deste parágrafo. Com o objetivo de evitar indesejada reiteração, remete-se o leitor a todo o exposto *ut supra* nos subparágrafos V.1 ("Regra fundamental") e V.2 ("Relação com o Direito Internacional dos Direitos Humanos/DIDH"). Bastará repetir, agora, que a identidade da supremacia constitucional constitui a si mesma, ela é realizadora de seu próprio programa; porque o sistema jurídico é uma ordenação de regras de Direito situadas em diferente plano, com uma arquitetura ou "construção escalonada".[143] A unidade de dita ordem jurídica, como também se assinala nesta parte, é configurada pela relação resultante de que a validade de uma regra inferior produzida conforme a outra repousa nesta outra regra superior, cuja produção está determinada por outra. Este esquema conclui, finalmente, com o fundamento básico posto e determinado pela Constituição Federal.

O objeto do princípio de juridicidade consiste em concretizar e desenvolver a certeza tanto dos cidadãos como dos governantes. O Direito determina as condutas permitidas, obrigatórias e proibidas; a CF o contém com energia, sobriedade e laconismo: "(...) nenhum habitante da Nação será obrigado a fazer o que não manda a lei, nem privado do que ela não proíbe". Na Argentina o sistema ordenado pela CF é a única fonte do Direito Constitucional (o Direito de raiz e hierarquia constitu-

---

143. Hans Kelsen, *Teoría Pura del Derecho*, cit., 2ª ed., p. 232.

cional) que ordena o Estado; em síntese: a origem das demais fontes do Direito. A CF reserva para si a denominação de "fonte das fontes", isto é, a origem do Direito. Em sentido positivo, ela é o padrão que determina sobre a pertinência de qualquer norma jurídica em seu âmbito. Porém, no contexto constitucional da Argentina, "lei", segundo determina o art. 19, não alberga em si, somente, o Direito da Constituição.

A Argentina é um Estado Federal por imperativo constitucional; assim, desde seu pórtico: ver, por exemplo, o "Preâmbulo" e o art. 1º. Portanto, na órbita do Direito federal a hierarquia resulta descrita na seguinte ordenação por níveis que reportam à cotização específica. Ao mesmo tempo, dita nomenclatura enuncia o conteúdo da regulamentação que prescreve a orientação de "lei", na especificidade trazida pelo artigo 19. Vejam-se, então, os níveis sugeridos ou o escalonamento hierárquico do Direito na Argentina:

(1) Constituição Federal; o DIDH, que goza de hierarquia constitucional, segundo a determinação referida no art. 75, inciso 22, da CF. Propus, em outro texto, a denominação de sistema da Constituição Federal para compreender a combinação dos enunciados normativos e não normativos provenientes das fontes citadas.[144] Compartilham o nível hierárquico, nas condições determinadas pelo art. 75, inciso 22, em função do art. 31, ambos da CF. Assim, se encontram neste nível decisões exclusivas da CSJN, tal como se descreve e justifica em outro texto, ao qual se remete o leitor, em homenagem à brevidade.[145]

(2) Tratados com os demais Estados (incluindo os tratados de integração aprovados nos termos do art. 75, inciso 24, da CF) e com as organizações internacionais. Concordatas com a Santa Sé (art. 75, inciso 22, da CF). Normas ditadas em consequência de tratados de integração que outorguem competências e jurisdição a organizações supraestatais em condições de reciprocidade e igualdade, e que respeitem a ordem democrática e os direitos humanos (art. 75, inciso 24, da CF).[146]

---

144. Para uma ampliação sobre a natureza e a extensão do sistema de fontes do Direito Constitucional da Argentina remete-se a Raúl Gustavo Ferreyra, "Discurso sobre el Derecho Constitucional. Colores primarios", cit., *Revista de Derecho Público* 4, 2013.

145. Idem, pp. 65-79.

146. Recorde-se que o art. 27 da CF dispõe: "O Governo Federal está obrigado a afiançar suas relações de paz e comércio com as potências estrangeiras por meio de tratados que estejam em conformidade com os princípios de Direito Público estabelecidos nesta Constituição".

(3) Lei-convênio que deve instituir regime de coparticipação sobre contribuições, nas condições determinadas pelo art. 75, inciso 2, da CF.[147]

(4) Leis aprovadas pelo Congresso (de Direito federal e de Direito comum), em conformidade com o que está determinado pelo art. 31 da CF.

(5) Os perniciosos decretos por razões de necessidade e urgência (nas condições estabelecidas no art. 99, inciso 3, da CF) e decretos de outorga legislativa (nos termos previstos no segundo parágrafo do art. 76 da CF).

(6) Qualquer outra norma ou ato emanado de autoridade federal (*v.g.*, os decretos regulamentares emanados do chefe do Poder Executivo, previstos no art. 99, inciso 2, da CF).

Finalmente, sugeriu-se,[148] ademais, que não se há de interpretar, por exemplo, que o fragmento examinado do art. 19 da CF pudesse "coibir" fontes não estatais, em particular os contratos,[149] porque possuem entidade para criar obrigações, permissões ou proibições, certamente limitadas às partes que estreitam o vínculo.

A vinculação mais profunda com o princípio de juridicidade é a inscrita, naturalmente, nos parágrafos que antecedem. O termo constitucional "lei", na prescrição soberana formulada no art. 19 da CF, merece ser

---

147. Também denominado "Direito Intrafederal", enquanto compreende, dentro da Federação, as relações das Províncias com o Estado Federal ou as relações das Províncias entre si (interprovinciais) (v.: Germán J. Bidart Campos, *Manual de la Constitución Reformada*, cit., p. 439).

148. Germán J. Bidart Campos, *Manual de la Constitución Reformada*, cit., pp. 514-515.

149. Assim dispõe o art. 1.197 do CC: "As convenções feitas nos contratos formam para as partes uma regra à qual devem submeter-se como à própria lei". As novas regras do Código Civil e Comercial (Lei 26.994), aplicável a partir de 1.8.2015 (Lei 27.077), não mudaram o marco jurídico; entretanto, prescrevem:

"Art. 957. **Definição**. Contrato é o ato jurídico mediante o qual duas ou mais partes manifestam seu consentimento para criar, regular, modificar, transferir ou extinguir relações jurídicas patrimoniais.

"Art. 958. **Liberdade de Contratação**. As partes são livres para celebrar um contrato e determinar seu conteúdo, dentro dos limites impostos pela lei, ou ordem pública, a moral e os bons costumes.

"Art. 959. **Efeito Vinculante**. Todo contrato validamente celebrado é obrigatório entre as partes. Seu conteúdo só pode ser modificado ou extinto por acordo entre as partes ou nos casos previstos na lei.

"Art. 960. **Faculdades dos Juízes**. Os juízes não têm faculdades para modificar as estipulações dos contratos, exceto que seja a pedido de uma das partes quando o autorize a lei, ou de ofício quando afete, de modo manifesto, a ordem pública."

conceituado com a determinação descritiva que se exerce nos parágrafos anteriores. Entendido deste modo, o princípio de juridicidade resulta na demonstração específica da regra sobre a subordinação do Estado ao Direito e torna manifesta a doutrina política sobre determinada forma de participação cidadã na produção da ordem jurídica a que deve ficar submetida a vida comunitária.

Na ordem da Argentina a juridicidade significa que o âmbito específico da "lei", cuja prescrição se formula no art. 19 da CF, só pode ser entendido como o marco de referência determinado pelo Direito produzido pelos "órgãos constitucionalmente habilitados",[150] conforme os procedimentos e conteúdos estipulados na regra fundamental. Tenha-se presente, ademais, que o princípio de juridicidade responde a "um único requerimento de racionalidade[151] no exercício do poder",[152] emergente da regra sobre distinção de funções: forma republicana de governo (arts. 1º[153] e 28[154] da CF). Disto se deduz que a racionalidade exigida para todos os atos do governo republicano constitui um ingrediente da própria regra de juridicidade, em sua específica forma de aplicação.

V.4.3 Privacidade, fundamento da soberania individual e de uma sociedade livre e aberta

O principal propósito na arquitetura do Estado é que o ente esteja fundamentado pelas regras determinadas constitucionalmente. Não obstante, ao mesmo tempo, a existência da Constituição implica o eficaz desenvolvimento desdobrado pelos cidadãos e pelos servidores públicos sobre o esquema das determinações de conduta que esta dispõe. Sobre este distinto propósito, Norberto Bobbio elaborou descrição vinculada a uma precisa metáfora:

150. E. Raúl Zaffaroni *et al.*, *Derecho Penal*, cit., p. 106.

151. O mestre Bunge salienta a polissemia da palavra "racionalidade" ao analisar 12 possíveis conceitos para este termo. Por conseguinte, com "racionalidade", no contexto da juridicidade, se alude ao menos aos seguintes: (1) "racionalidade semântica" – consistente em minimizar a falta de clareza, isto é, maximizar a exatidão; (2) "racionalidade lógica" – "ou esforço pela coerência interna, significa dizer, evitar a contradição"; e (3) "racionalidade ontológica" – "adotar uma concepção do mundo compatível com o volume das ciências e tecnologias da época" (v.: Mario A. Bunge, *Diccionario de Filosofia*, cit., p. 178).

152. E. Raúl Zaffaroni *et al.*, *Derecho Penal*, cit., p. 106.

153. "Art. 1º. A Nação Argentina adota para seu governo a forma representativa republicana federal, segundo estabelece a presente Constituição."

154. "Art. 28. Os princípios, garantias e direitos reconhecidos nos artigos anteriores não poderão ser alterados pelas leis que regulamentem seu exercício."

A função do Direito pode ser comparada à canalização e condução de uma corrente de água. Um ordenamento jurídico representa a canalização e condução dos poderes que existem no grupo social: do grande dique que permite a formação de uma caixa coletora – a Constituição – chega-se até a cotidiana e minuciosa tarefa do agricultor que abre e fecha os sulcos de seu campo com um monte de terra, isto é, fora da metáfora, as normas particulares que abrem ou fecham, com relação a este ou àquele indivíduo, e que impedem um fluxo de poder – normas proibitivas – ou consentem o alívio desse mesmo fluxo de poder – normas permissivas.[155]

Não se conhece Estado organizado no Direito Comparado de uma exemplar ordenação constitucional que, no processo de "canalização", alcance a perfeição ou atinja plena concordância com a decisão cidadã que tenha produzido sua gênese. Trata-se de fenômeno no qual coincide um sem-número de causas impossíveis de analisar aqui. Conjecturalmente, pode-se insinuar, que às vezes acontece porque a razão dos cidadãos e servidores públicos "(...) perde-se em riachos não previstos no plano de irrigação e segue o curso que lhe parece: são os poderes residuais (...)".[156] Outras ocasiões são patéticas, porque "(...) rompem-se os muros de contenção (...)",[157] e a autoridade estatal exerce poderes extraordinários que não possuem natureza constitucional e jamais alcançarão dita qualidade, dado que atuam em clara demolição do "grande dique" e, em especial, da "caixa coletora": são os poderes extraordinários ou o execrável poder proveniente da própria força irregular fática.[158*] Ainda que o Direito deva ser a razão da força estatal, embora o emprego da coerção não disciplinada pela Constituição não seja mera sugestão constituinte, senão um axioma indisponível – e, portanto, objeto de enérgica repulsa sobre a naturalização dos poderes fáticos proibidos –, é impossível negar

155. Norberto Bobbio, *El Problema de la Guerra y las Vías de la Paz*, Barcelona, Gedisa, 2008, p. 108.
156. Idem, ibidem.
157. Idem, ibidem.
158* N.T.: Os regimes de fato, de exceção ou golpes de Estado contrariam a natureza da delegação originária do poder constituinte (do povo) ao poder constituído (governantes). Na Argentina ocorreram seis golpes de Estado durante o século XX, em 1930, 1943, 1955, 1962, 1966 e 1970. Os quatro primeiros estabeleceram ditaduras provisórias, enquanto os dois últimos estabeleceram ditaduras de tipo permanente segundo o modelo de Estado burocrático-autoritário, na definição de Guillermo O'Donnell. O último levou a cabo uma guerra suja na linha do terrorismo de Estado, onde foram violados, massivamente, os direitos humanos, com dezenas de milhares de mortos e desaparecidos. Em 53 anos que transcorreram desde o primeiro golpe de Estado em 1930, até cair a última ditadura em 1983, os militares governaram 25 anos, impondo 14 ditadores com o título de Presidente.

a existência de forças desreguladas que constituem a própria negação do Direito constituinte do Estado.

Em geral, toda pessoa nasce dentro de uma ordem preexistente, a cujo modo de organização comunitária obedecerá ou não, conforme as possibilidades de seu livre arbítrio e as fortalezas e debilidades das quais disponha. Toda a vida individual humana em comunidade organizada consistirá em obedecer a uma ordem determinada ou, diante de sua franca desobediência, persegue-se sua abolição e o estabelecimento de nova ordem que não possua nenhuma diretiva genética do anterior.

Cada indivíduo, com sua intangível soberania,[159] promove e desenvolve o padrão das ações de conduta que se observam, múltiplas ou escassas, na comunidade. Uma comunidade estatal é um conjunto de indivíduos cujo principal objetivo consiste na formação da associação política. Também, em paralelo, todo indivíduo, em qualquer comunidade, herda alguns inventos e problemas e, se é original e tem apoio genuíno, realizará novas invenções e descobrirá novos enfoques sobre situações desconhecidas.[160]

No caso da Argentina, a ordem estabelecida pela CF, com acertos e notáveis erros, afirmou-se em nível dogmático como a fundamentação do Estado. Seu propósito elementar consiste em canalizar as expectativas dos cidadãos que integram a sociedade para estabilizá-las e brindá-las com o atributo da permanência. Em 1853-1860 o poder constituinte estabeleceu o binário "liberdade cidadã" e "autoridade constitucional". Trata-se do fundamento para a ordenação desde o passado. Por sua vez, serve como uma memória desse grupo de cidadãos dito de outro modo, a classe social – que com hegemonia suficiente organizou o Estado e tratou de colocar sua própria economia no mercado mundial como criadora de bens primários e importadora de produtos industriais. "Esse passado" resulta significativo pela ausência de inclusão e, portanto, pela crescente desigualdade na distribuição da riqueza, algo que nunca se reverteu. Cabe assinalar que temos tido escassa concorrência eleitoral, porque até 1916 a maioria dos cidadãos foi excluída das consultas políticas para moldar a razão comunitária. Em qualquer caso, o importante

159. Diego A. Dolabjian, "Privacidad y legalidad. Acerca del art. 19 de la Constitución Federal de la Argentina", *Revista Superior de Justiça* 1/360-377, São Paulo, Livraria e Editora Universitária de Direito, 2011. Defende a tese orientada por seu mestre Germán Bidart Campos, segundo a qual o princípio de privacidade consagra um direito de autonomia.

160. Mario Bunge, *Emergencia y Convergencia. Novedad Cualitativa y Unidad del Conocimiento*, Barcelona, Gedisa, 2004, p. 133.

é que a postulação no Direito constituinte do Estado dessa determinada realidade – a dualidade pessoa ou indivíduo-comunidade – provoca a existência de dois âmbitos: o privado e o público.[161]

Desde que existem poucos seres humanos isolados ou não contatados pelas determinações emergentes e a inerente hegemonia que possui a força do Estado, os indivíduos são as unidades da comunidade. O indivíduo, ou ser humano concreto que com sua individualidade constrói uma comunidade estatal,[162] tem entidade indivisível. O indivíduo é a unidade da existência do Estado, porque a estatalidade não podia ser outra coisa que a ordenação das entidades indivisíveis de cada uma das individualidades de cada um dos seres humanos. Com mais precisão, a organização comunitária deveria ser reverente do indivíduo, porquanto este último, semanticamente, constitui a própria e indivisível unidade de significado do próprio ente estatal. A versão teórica ou dogmática antecedente, entretanto, se orienta ao bem-estar geral das pessoas na sociedade política e pretende que ele seja mais que uma mera novela constitucional ou uma inconclusa epopeia constituinte.

No nível dogmático, a liberdade constitucional constitui a fonte de alimentação de todos os direitos do tecido desenvolvido na Lei Fundamental. Por um lado, esta liberdade é compreendida como liberdade negativa, isto é, o cidadão é livre na medida e circunstância em que nenhum homem nem nenhum grupo de homens devem interferir nos padrões determinados para sua atividade. Por outro lado, esta liberdade é caracterizada também como liberdade positiva, na inteligência de que o desejo do sujeito individual se revela, ao querer ser seu próprio amo e ter a inquebrantável vocação para tomar decisões, não ser acionado, nem molestado nem perturbado por outro ou outros.[163] Ambas as liberdades se correspondem com a ideia de que ninguém pode privar a outrem da liberdade e ninguém deve desfrutá-la às expensas de outro ou outros.

Uma das seis declarações capitais do "Preâmbulo" da CF diz o seguinte: "(...) assegurar os benefícios da liberdade, para nós, para nossa posteridade, e para todos os homens do mundo que queiram habitar no solo argentino". Trata-se de um padrão ou determinação genérica sobre a liberdade. Mais adiante, todavia, sem mencioná-la expressamente, o

---

161. Mario Bunge, *Filosofía Política. Solidaridad, Cooperación y Democracia Integral*, cit., pp. 96-98.

162. Remeto o leitor *ut infra* ao § III para a avaliação da hegemonia do Estado e seus elementos cardinais.

163. Isaiah Berlin, "Dos conceptos de libertad", in *Sobre la Libertad*, Madri, Alianza, 2009, pp. 205-255.

art. 19 refere-se à liberdade jurídica, tal como logo se explicará. Por essa razão, a CF é, em princípio, uma Constituição liberal, na qual todos os seus habitantes são igualmente livres, ao se conjugar a liberdade ideada no art. 19 com a igualdade regulada no art. 16.[164] Em resumo, a Constituição política do Estado regula a liberdade jurídica; em outras palavras, que o indivíduo ou cidadão seja livre em sua relação governada pelo Direito com o Estado. Ao se inventar o artifício constitucional no século XVIII se considerou ou se julgou que as reais e concretas ameaças à liberdade deveriam provir do ente que monopolizava (e monopoliza) a coação ou a força, o Estado. Trata-se, a rigor, da liberdade política. Porém, como bem se disse, o Estado não é o único inimigo da liberdade individual.

> Não importa tanto que o indivíduo seja livre com relação ao Estado, se depois não for livre na sociedade (...) não importa que o indivíduo seja livre politicamente, se não o é socialmente. Por debaixo da liberdade como sujeição ao poder do Príncipe, há uma falta de liberdade mais fundamental, mais radical e mais objetiva, a falta de liberdade como submissão ao aparato produtivo (...). O problema da liberdade incumbe não só à organização do Estado, senão sobretudo a toda a organização da produção e de toda a sociedade; implica não ao cidadão, isto é, ao homem público, senão ao homem enquanto ser social, enquanto homem.[165]

Portanto, a orientação liberal da CF prevalece em sua configuração jurídica. Desde logo não se desconhecem algumas possibilidades igualitaristas fomentadas ou orientadas por processos de reformas realizadas no século XX. Entre elas, cabe mencionar o conteúdo das regras arraigadas, desde 1957, no art. 14-*bis* da CF (direitos de natureza ou orientação prevalentemente social); assim como a reforma de 1994 dos arts. 42 (usuários e consumidores de bens e serviços[166]) e 75, inciso 23,

164. "Art. 16. A Nação Argentina não admite prerrogativas de sangue, nem de nascimento: não há nela foros pessoais nem títulos de nobreza. Todos os seus habitantes são iguais perante a lei, e admissíveis nos empregos sem outra condição que a idoneidade. A igualdade é a base do imposto e incidências tributárias".
165. Norberto Bobbio, *Igualdad y Libertad*, Barcelona, Paidós, 1993, p. 143.
166. "Art. 42. Os consumidores e usuários de bens e serviços têm direito, na relação de consumo, à proteção de sua saúde, segurança e interesses econômicos; a uma informação adequada e verdadeira; à liberdade de escolha e às condições de tratamento equitativo e digno. As autoridades garantirão a proteção desses direitos, a educação para o consumo, a defesa da concorrência contra toda forma de distorção dos mercados, ao controle dos monopólios naturais e legais, a qualidade e eficiência dos serviços públicos e a constituição de associações de consumidores e de usuários. A legislação estabelecerá

da CF (padrão legislativo sobre igualdade real de oportunidades[167]), e o próprio Pacto Internacional de Direitos Econômicos, Sociais e Culturais da ONU,[168] que, desde então, goza de hierarquia constitucional (art. 75, inciso 22, da CF).

No art. 19 enuncia-se uma formulação decisiva: a demarcação das ações humanas que não devem ser objeto de configuração de normas jurídicas do Estado e aquelas sobre as quais se poderia exercer, eventualmente, a atribuição configuradora de normas jurídicas do Estado. Repare-se outra vez no "evangelho"[169] que descansa no art. 19 da CF: ao normatizar que "as ações privadas dos homens que não ofendam a ordem e a moral pública nem prejudiquem a um terceiro estão só reservadas a Deus, e isentas da autoridade dos magistrados", e que "nenhum habitante será obrigado a fazer o que não manda a lei, nem privado do que ela não proíbe", se determina com rigorosidade o âmbito do Direito e o mundo não jurídico (remeto ao que foi dito *ut supra* sub parágrafo V.4.1).

Para além da ausência de plenitude da ordem jurídica, a regra capital da ordem da Argentina é a seguinte: "tudo se encontra permitido, exceto o âmbito determinado pelas regulações jurídicas". Em particular, a primeira parte do art. 19 decide constitucionalmente a posição do Estado e suas atribuições sobre a coerção, manifestadas logo no art. 30 e na definição das estratégias de competência, segunda parte da CF, autoridades da Nação (Estado), arts. 44 a 129 (distinção horizontal e vertical do poder). Uma de suas principais derivações é a de que é vedado ao Estado regrar uma ou qualquer moral. Outra é que o Estado deve reconhecer e propiciar o mais amplo, sereno e seguro âmbito para que cada habitante possa discernir o adequado campo que lhe pareça de acordo com suas convicções, orientações e preferências para desenvolver sua "liberdade moral".[170]

procedimentos eficazes para a prevenção e solução de conflitos, e os marcos regulatórios dos serviços públicos de competência nacional, prevendo a necessária participação das associações de consumidores e usuários e das Províncias interessadas, nos organismos de controle".

167. "Art. 75. Compete ao Congresso: (...). 23. Legislar e promover medidas de ação positiva que garantam a igualdade real de oportunidades e de tratamento e o pleno gozo e exercício dos direitos reconhecidos por esta Constituição e pelos tratados internacionais vigentes sobre direitos humanos, em particular com relação às crianças, às mulheres, aos idosos e às pessoas com deficiência".

168. Adotado e aberto à assinatura, ratificação e adesão pela Assembleia-Geral em sua Resolução 2.200-A (XXI), de 16.12.1966. Entrada em vigor: 3.1.1976, em conformidade com o art. 27.

169. Segundo o *DRAE*, "(...) 5. Verdade indiscutível".

170. E. Raúl Zaffaroni *et al.*, *Derecho Penal*, cit., p. 120.

Ademais, no art. 19 da CF demarcam-se com suficiente nitidez dois modos idealizados do livre arbítrio humano, em harmonia com a dualidade pessoa-Estado que se narrou linhas atrás. Consequentemente, há dois tipos de ações constitucionais em liberdade: as privadas e as públicas. As ações privadas podem ser interiores, internas[171] ou imanentes.[172] e exteriores ou externas.[173] As ações públicas não têm subespécies.

A regra constitucional sob comentário, o art. 19, faz referência às "ações dos homens"; naturalmente, trata-se de ações livres que só eles podem produzir, porque para fazê-lo se requer a "razão",[174] entendida como a faculdade da mente que consiste em pensar de um modo bastante coerente, complemento da experiência e guia deliberada para as ações. A partir deste enfoque conceitual, o indivíduo humano possuiria "razão" como uma qualidade inerente ao reino animal. Ainda aqui "preferiria fazer"[175] uma declaração com matiz sobressaliente: o homem "pode ser" racional; quiçá assim resuma em poucas palavras minhas intenções como "escrevente" desta obra.

No art. 19 da CF se faz referência às ações privadas e, dentro destas, a uma idealização particular. Esta ideia de "privacidade", configurada constitucionalmente em pleno século XIX, corresponde a algumas definições do *DRAE*: seja porque estas ações privadas se realizam ou "executa[m] à vista de poucos, familiar e domesticamente, sem formalidade nem cerimônia alguma"; seja porque se lhes concebe como algo "particular e pessoal de cada indivíduo".

A CF as denomina "ações privadas". Para não ficar absorto em denominações que não são enfatizadas na escrita escolhida pela CF, agora se prefere, na situação proposta, socorrer-se do emprego da própria terminologia constitucional, motivo pelo qual corresponde distinguir o mundo da privacidade. A privacidade, tão somente. A afinidade quase sempre propicia a confiança.

Por um lado, encontram-se as ações privadas internas, interiores ou imanentes. Trata-se de condutas que permanecem dentro do indivíduo

---

171. Néstor P. Sagüés, *Manual de Derecho Constitucional*, cit., p. 586.
172. V.: Arturo E. Sampay, "La filosofía jurídica del artículo 19 de la Constitución nacional", *Contextos* 3/15.
173. Néstor P. Sagüés, *Manual de Derecho Constitucional*, cit., p. 586.
174. Mario A. Bunge, *Diccionario de Filosofía*, cit., p. 179.
175. Inspirado em Herman Melville, *Bartleby the Scrivener: a Story of Wall Street*, 1856. Refiro-me à estrutura argumentativa "I would prefer not to", célebre, entre outros aspectos da obra citada. Há tradução de Jorge Luis Borges, Buenos Aires, Edicom, 1969. Desta obra também tomo o termo "escrevente", em sua acepção de "escritor".

que as realiza e observam dentro do próprio sujeito o apropriado fim da atividade. O significado da ação privada imanente reside em que o processo ou fim da ação repouse na mesma operação do indivíduo. Estas ações não transcendem a pessoa.

Por outro lado, as ações privadas transcendentes vão mais além do indivíduo que as realiza. Precisamente por sua natureza "transcendente", podem ser conhecidas pelo resto dos indivíduos da comunidade, porque se desenvolvem ou têm efeitos no mundo externo do indivíduo que as processa ou realiza, mas de nenhum modo pode predicar-se sobre elas que "(...) ofendam a ordem e a moral pública", nem que "prejudiquem a um terceiro". "Transcendente" desempenha uma tarefa eminente na qualificação constitucional. Abarca dois significados básicos: aquele que se verifica fora de determinado limite, considerado como ponto de referência; também se julgará transcendente a própria operação de traspassar os limites predeterminados.[176]

No que diz respeito às ações públicas, são, sem dúvida, transcendentes, porque cumprem ou têm efeitos em decorrência da pessoa que as executa. Distinguem-se das ações privadas "imanentes" ou as "simplesmente transcendentes" porque, neste caso, são suscetíveis de comprometer o bem-estar geral da convivência dos indivíduos em comunidade estatal. Isto é assim graças a essa eficaz identificação que a CF cumpre no "rosário", no ato coletivo de devoção determinado no art. 19: ofensa à ordem e à moral pública ou prejuízo a direitos de terceiros.

A primeira parte do art. 19 discorre sobre uma ordenação que exige a correta delimitação do mundo da privacidade e do mundo público. Certamente, a decisão sobre os marcos de referência da prosa constitucional permite discernir três combinações sobre a relação privacidade-público:[177] (a) uma "ampla" da privacidade que se deveria compadecer com uma restritiva sobre o acionar público; (b) outra, contrária à anterior, caracterizada por uma concepção restritiva da privacidade da qual emerja uma concepção fértil sobre a intervenção pública do Estado; (c) a mais complexa, uma concepção integral e equilibrada dos dois campos anunciados. A política nutre-se da ideologia; logo, não deve resultar surpreendente que a política que planta, edifica e mantém o Estado Constitucional possua um determinado DNA ideológico.

---

176. V.: Nicola Abbagnano, *Diccionario de Filosofía*, México/D.F., Fondo de Cultura Económica, 1996, p. 1.155.

177. V.: Santiago Legarre, "Delimitación de las acciones privadas de los hombres", in *Ensayos de Derecho Constitucional*, Buenos Aires, Abaco, 2014, pp. 85-113.

Por conseguinte, implica considerar, na inteligência constitucional, que tipo de determinações de conduta são privadas e quais são públicas. As noções de "ordem", "moral pública" e "prejuízo a terceiros", em forma respectiva, desempenham um papel-chave nesta antologia, desde que a política prescrita na CF trata sobre "interesses", isto é, necessidades ou desejos sobre recursos sempre limitados.[178] Assim, por exemplo, a gama de interesses que se podem atribuir às pessoas ou ficcionalmente ao Estado resulta inesgotável. Exemplificativamente sobre a argumentação anterior, só com objetivos de natureza pedagógica, podem se insinuar os seguintes: interesses ambientais (a água, os bosques); interesses culturais (a inclusão e a divulgação do conhecimento; também a democratização da comunicação, porque reveste verdadeiro interesse comunitário); interesses econômicos (distribuição equitativa da riqueza); interesses estritamente políticos (democratização autêntica da participação cidadã na conformação do poder e seu controle), e interesses biológicos (desenvolvimento da vida individual humana intimamente unida com o desenvolvimento da vida coletiva da Humanidade na Terra).[179]

As especulações sobre ordem, moral pública e prejuízo a direitos de terceiros foram sendo elaboradas ao longo dos anos. Somente indicarei alguns indícios, cujo cômodo encaixe na mais profunda aplicação constitucional cabe entrever. A sintaxe do primeiro parágrafo do art. 19 é diáfana; porém, a última compreensão sobre seu significado mais preciso constituiu uma derivação semântica em processo público aberto.

Há mais de três décadas, dois Juízes da CSJN, em valioso precedente judicial, assinalaram:

> No que se refere ao direito à privacidade e intimidade, seu fundamento constitucional se encontra no art. 19 da Constituição Nacional. Em relação direta com a liberdade individual, protege juridicamente um âmbito de autonomia individual constituída pelos sentimentos, hábitos e costumes, as relações familiares, a situação econômica, as crenças religiosas, a saúde mental e física e, em suma, as ações, fatos ou dados que, levando em conta as formas de vida aceitas pela comunidade, estão reservadas ao próprio indivíduo e cujo conhecimento e divulgação por estranhos significam um perigo real e potencial para a intimidade. A rigor, o direito à privacidade compreende não só a esfera doméstica, o círculo familiar de amizade,

---

178. Mario Bunge, *Filosofía Política. Solidaridad, Cooperación y Democracia Integral*, cit., p. 139.
179. E. Raúl Zaffaroni, *El Derecho Latinoamericano en la Fase Superior del Colonialismo*, no prelo, original gentilmente cedido pelo autor.

como também outros aspectos da pessoalidade espiritual física das pessoas, tais como a integridade corporal ou a imagem, e ninguém pode imiscuir-se na vida privada de uma pessoa, nem violar áreas de sua atividade não destinadas a serem difundidas, sem seu consentimento ou de seus familiares autorizados para isso, e só por lei poderá justificar-se a intromissão, sempre que atinja um interesse superior em resguardo da liberdade dos outros, a defesa da sociedade, os bons costumes ou a persecução penal.[180]

Dois anos depois, também disseram o seguinte:

(...) não se concebe que os juízes se guiem, ao determinar o Direito, por padrões de moralidade que excedam os habitualmente admitidos pelo sentimento médio, pois, como assinala Cardozo, "os juízes devem dar vigor com suas sentenças à moralidade corrente de homens e mulheres de consciência reta" (*The Nature of the Judicial Process*, 1937, Yale University Press, p. 106). Em consequência, a decisão judicial não há de substituir as opções éticas pessoais cuja autonomia também reconhece o art. 19 da Constituição Nacional.[181]

Também nesse mesmo ano de 1986 os Juízes J. Bacque *et al.*, no emblemático precedente "Bazterrica",[182] sustentaram que, "no caso da posse de drogas para uso pessoal, não se deve presumir que em todos os casos ela tenha consequências negativas para a ética coletiva".[183]

Convém distinguir aqui entre a ética privada das pessoas, cuja transgressão está reservada pela Constituição ao juízo de Deus, e a ética coletiva, na qual aparecem tutelados bens ou interesses de terceiros. Precisamente, a proteção destes bens dirige-se à ordem e à moral pública, que abarcam as relações intersubjetivas, isto é, ações que prejudiquem um terceiro, tal como expressa o art. 19 da Constituição Nacional explicitando aqueles conceitos. A referida norma impõe, assim, limites à atividade legislativa consistentes em exigir que não se proíba uma conduta que se desenvolva dentro da esfera privada, entendida esta não como a das ações que se realizam na

---

180. CSJN, *Fallos* 306-1892 (1984), "Ponzetti de Balbín *vs.* Editorial Atlántida", decisão dos Juízes G. Carrió e C. S. Fayt, Considerando 8º.
181. CSJN, *Fallos* 308:1160 (1986) "Santa Coloma, Luis Federico e outros *vs.* E.F.A." (1986), subscrito pelos Juízes A. C. Belluscio, C. S. Fayt, E. S. Petracchi e J. A. Bacqué.
182. Essa qualidade foi destacada na sentença "Arriola" para o *fallo* "Bazterrica", CSJN, *Fallos*, 332:1963, (2009), Considerando 10º, subscrito pelos Juízes J. C. Maqueda e E. Highton de Nolasco.
183. CSJN, *Fallos* 308:1392, "Bazterrica, Gustavo Mario, *et al.*", Considerando 8º.

intimidade, protegidas pelo art. 18, senão como aquelas que não ofendam a ordem ou a moralidade pública, isto é, que não prejudiquem a terceiros. As condutas do homem que se dirijam só contra si mesmo ficam fora do âmbito das proibições.[184]

Para finalizar este parágrafo, quero formular umas proposições sobre as questões aqui analisadas. A regra contida no art. 19 estipula o marco da privacidade. Cada pessoa é soberana, não meramente autônoma, para adotar decisões sobre seu próprio plano e orientar seu singular, apropriado e irrepetível itinerário de vida. Toda invasão a esse âmbito consagrado deve ser detalhadamente investigada e justificada com apego à regra sobre juridicidade constitucional. Toda determinação de conduta assumida na esfera privada não resulta suscetível de invasão ou ingerência estatal, salvo se concorrer algum suposto que observe fundamento suficiente na tipicidade mostrada pelo art. 19, na compreensão de que as ações privadas não se transformam em públicas pelo fato de o Estado decidir sua regulação.[185] Os Poderes Públicos devem assegurar e encorajar que cada pessoa possa exercitar firmemente a condução de sua vida. Jamais o Poder Público pode intervir na vida das pessoas para dirigir programas que afetem sua soberania individual.

Assim pois, há que afastar certa circularidade ou autorreferência que parecia abastecer o art. 19. Portanto, a ordem a que alude o art. 19 merece ser entendida como a ordem coativa em que consiste o próprio Direito Positivo, cujo propósito essencial consiste em estabelecer uma paz "relativa".[186] Porque, ao se regulamentar o uso da força, ela não desaparece, tomando-se em conta que a coerção do Estado (agora regrada) deveria exercer-se de maneira monopolística em benefício das individualidades que integram a comunidade.

A moral pública ilustrada constitucionalmente concerne ao bem-estar da totalidade dos indivíduos que integram a comunidade. O preceptivo moral, ou o código da moral pública, ou código da moralidade coletiva, deve referir-se a constrições e permissões que beneficiam e causam danos à comunidade. A moral pública, para ser justificada, deve observar natureza objetiva, porque a mera entonação costumeira ou apelação ao costume nem sequer alcança as margens da constitucionalidade. Com

---

184. Idem, ibidem.
185. Idem, Considerando 11, voto do Juiz E. Petracchi.
186. V.: Hans Kelsen, *Teoría General del Derecho y del Estado*, México/D.F., Imprenta Universitaria, 1958, p. 25.

enorme franqueza, a diferenciação entre o Direito e a Moral obriga a considerar que o campo da moralidade pública não possa ser outro estado de coisas que a firme convicção de aplicar o programa constitucional para a ordenação comunitária.

A moral pública atiçada pelo art. 19 limita-se pelo não desenvolvimento e aprofundamento do próprio esquema de enunciados constitucionais. Os seis enunciados ou simples declarações primitivas do "Preâmbulo" fixam a vocação seminal desta moralidade pública. Objetivamente, não há outra resposta verdadeira.

No § V.2 menciona-se a capital transcendência da regra que obriga a não causar dano a outrem e seu liame constitucional. Bastará assinalar, agora, que é impossível construir uma comunidade estatal, com estabilidade e equidade, em desapreço da mencionada regra.

A Constituição, no nosso caso a CF, é o instrumento de maior precisão jurídica e de mais alta hierarquia política para delimitar ou demarcar os âmbitos públicos e os âmbitos privados. Desde suas primeiras palavras, a CF faz conhecer a presença do homem público, cidadãos e servidores que na Ágora[187*] mantêm e desenvolvem a ordenação comunitária. A referência apropriada no próprio "Preâmbulo" é a seguinte: "Nós, os representantes do povo da Nação [*Estado*] (...)"; de ora em diante se prescreve que o monopólio da força estatal residirá numa forma de governo, a República, definida na regra sobre distinção horizontal do poder, com freios e contrapesos. Preocupava singularmente aos constituintes de 1853 a rigorosa disciplina desses poderes constituídos que criavam, porque temiam manchar com tinta uma página honorável: a soberania individual, a plena autodeterminação da pessoa humana.

Os enunciados da CF combinam-se e se reúnem dentro de um texto. Em todos os tempos, um texto constitucional mantém relação com um contexto comunitário. Por essa razão, a interpretação ou aplicação dogmática da CF sempre tem que realizar uma atividade conjunta. Assim, em paralelo, deve estabelecer com originalidade a harmonia que se hospeda no próprio percurso do pensamento interior que sua obra nutre e prescreve,[188] tarefa indissoluvelmente unida à determinação de sua trajetória exterior, ou seja, da aventura ou utopia para a paz relativa proposta,

---

187* N.T.: *Ágora* (ἀγορά) era a praça principal das antigas cidades gregas, local em que se instalava o mercado e que, na maioria das vezes, servia para a realização das assembleias do povo; formando um recinto decorado com pórticos, estátuas etc., era também um centro religioso.

188. No âmbito da interpretação judicial, a CSJN tem estabelecido, por exemplo, que a CF deve ser analisada como um conjunto harmônico, dentro do qual cada uma de

que com dinamismo[189] há de se fundar na atualização comunitária das derivações de cada uma de suas formulações normativas.[190] Então, desde a interpretação que realiza a dogmática ou saber constitucional, a noção de ação é central na concepção do mundo assumida pelos constituintes na CF. Na semântica constitucional, "ação" é uma operação que se deve confinar a um ser humano; de modo mais amplo e rudimentar, qualquer estado de coisas realizado por humanos.[191] Ademais, um bom escrevente relatará que dentro do contorno "ação" normatizada pela língua da CF têm entidade tanto os processos como os resultados do obrar do homem.

O art. 19 constitui o fundamento para a ordenação do esquema básico da liberdade constitucional. Este se caracteriza por constituir um território mais amplo que se possa representar, imaginar e sustentar para o benefício de uma igual liberdade individual para cada um dos cidadãos, tão jubiloso como invencível. Sem sua presença se haverá de prescindir dos encantos de uma ordem para a paz relativa na comunidade, pela simples razão de que não existirá pleno exercício da soberania individual indispensável e insubstituível para a construção e o desenvolvimento da comunidade aberta estatal.

V.5 Resumo sobre regra de subordinação

Os cidadãos e os servidores públicos devem aplicar o Direito da Constituição. A normatividade dos desenvolvimentos de cada um dos desdobramentos da regra sobre a subordinação do Estado ao Direito Constitucional deveria encontrar-se, em geral, fora de discussão. Não corresponde julgar a regra nem seus desdobramentos específicos como

suas disposições há de se interpretar de acordo com o conteúdo das demais (v.: CSJN, *Fallos*: 319:3241 (1996), "Chocobar, Sixto").

189. Os Juízes G. Carrió e C. S. Fayt afirmaram no processo "Ponzetti de Balbín *vs.* Editorial Atlántida" que a CSJN, na sua condição de intérprete final da CF, devia adequar o Direito vigente à realidade comunitária, para evitar a cristalização das normas e preceitos constitucionais. V.: Considerando 5º), registrado em CSJN, *Fallos*: 306-892 (1984).

190. Em itinerário semelhante ao indicado na nota anterior, também os juízes da CSJN escreveram – por exemplo, no processo "Cía. Integral de Montaje S/A *vs.* Nucleoeléctrica Argentina", CSJN, *Fallos*: 322:82 (2004) – que "é próprio da interpretação judicial indagar o que as leis dizem juridicamente, sem que isso signifique afastar-se do texto legal, mas tampouco sujeitar-se, rigorosamente, a ele quando a interpretação razoável e sistemática assim o requeira" (*Fallos*: 283:239; 303:612, entre outros), pelo quê ela deve praticar-se tendo em conta o "contexto geral e os fins que informam aquelas" (*Fallos*: 265:256; 301:1149).

191. Mario A. Bunge, *Diccionario de Filosofía*, cit., p. 2.

mera exortação ou com respingos de moralidade. Com os alcances de suas prescrições jurídicas, inevitavelmente, fazem pressupor ou representar que a certeza no mundo estatal – passado, presente e, sobretudo, o futuro – está afiançada, encontra-se ligada, enfim, subordinada, a uma regra artificial, a Constituição, que não tem nada de ordem metafísica. Uma certeza que sempre é "(...) certeza de alguém com relação a algo";[192] em nosso caso, nada mais e nada menos que do homem sobre a ordem jurídica que fundamenta o Estado.

---

192. Idem, pp. 213-214.

SEGUNDA PARTE[1-2]

§ *VI. Regra sobre Variação.* § *VII. Regra sobre a Distinção de Funções.*
Dogma ou Teoria sobre Distribuição Horizontal e Vertical do Poder. § *VIII.*
Sobre a Ação dos Direitos Fundamentais. § *IX. Observações Finais.*

§ *VI. REGRA SOBRE VARIAÇÃO*

Um dos objetivos básicos desta "lição" é manter sua união com o trabalho *Reforma Constitucional y Control de Constitucionalidad*.[3] Para não esgotar o jogo de perseguir coincidências ou fingir narrativas já escritas, escolho uma coerência prudente e mantenho a proposição primitiva. Neste sentido, remeto à leitura sobre os antecedentes, estágios, limites, inconstitucionalidade e controle da reforma contidos naquela obra, avaliados a partir da CF da Argentina, especialmente de sua abordagem interna e enquanto garantia da Constituição.

Além disso, um entendimento que defina essa abordagem interna afirma que o universo denominado "Constituição" consiste em um número definido de regras distribuídas, em geral, em quatro partes, fragmentos ou componentes de seu próprio sistema de regulação.[4] O número de regras contido em cada texto é variável e diversificado. Assim, reflete a semelhança, a diversidade e a variabilidade identificadas em seus autores: homens. Observe que neste *Manifesto* se privilegia a conexão externa da Constituição com o Estado. Nesta perspectiva, foram

---

1. A contribuição apresentada aqui foi dividida em duas partes: a Primeira Parte compreende os §§ I a V, e a Segunda Parte abrange os §§ VI a IX.

2. Dedicado ao Prof. Dr. Peter Häberle, pelo seu guia ilustrado sobre Direito Constitucional na Europa, e ao Prof. Dr. Diego Valadés, pelo seu aconselhamento acadêmico sobre Direito Constitucional na América Latina.

3. V., na *Reforma Constitucional y Control de Constitucionalidad. Límites a la Judiciabilidad de la Enmienda*, cit., "Palabras introductorias", pp. 11-25.

4. Renovo a referência feita, *ab initio*, no § I.2.

destacadas as quatro regras que sustentam a comunidade de cidadãos: o Estado (v.: *ut supra*, § IV).

A Constituição, com seus esquemas para a regulação de comportamentos, não abrange absolutamente todos os comportamentos humanos. Julgar dessa maneira seria pelo menos extravagante. Ao mesmo tempo, a Constituição não é um tesouro intacto e secreto. Não é intangível porque, encontrando-se no mundo, está sujeita à possibilidade de sua própria mudança. Tampouco suas expressões devem ser consideradas confidenciais, porque a Constituição articula, muitas vezes com alegoria supérflua e outras com rigorosa sobriedade, a palavra pública, a linguagem para a ordenação das vidas dos cidadãos na comunidade estatal.

A Constituição deve ser suscetível de mudança ou variação para proteger sua força normativa diante de circunstâncias históricas múltiplas e em transformação, sem alterar sua própria identidade. Os cidadãos que compõem o povo do Estado, através de seus representantes, são aqueles que devem ter o direito político de mudar ou modificar quando, na decisão política fundamental democrática e livre, considerarem oportuno e necessário realizar a produção da norma jurídica constitucional. É por isso que é preferível pensar em reformar a Constituição sempre que se possa determinar que isso é necessário, conveniente e oportuno, ao invés de distorcê-la com interpretações que a tornam sem sentido, desnaturando (em alguns casos, parcial ou completamente) as pretensões de normatividade que emergem de suas regras.

A capacidade evolutiva das Constituições é garantida através da reforma. A tarefa de reformar torna possível a mudança ou variação, ao acolher uma adaptação ou promovendo um estímulo para a vida política da comunidade, com uma consciência real de que essa ou aquela variação é a maneira ideal de aperfeiçoar o bem-estar geral. A reforma constitucional é uma atividade que, de forma significativa, garante o compromisso constitucional original, porque se realiza com base em regras predispostas de antemão.

Talvez possa ser entendido, não sem razão, que a mudança ou variação constitucional encamparia todos os acontecimentos e variantes que os textos constitucionais podem sofrer no tempo. No entanto, a alteração que é teorizada aqui é a "mudança formalizada" ou "variação" do sistema normativo constitucional, o que implica a modificação de seu texto produzida por ações voluntárias, intencionais e regulamentadas pela própria ordem constitucional. Sob tais condições, a reforma constitucional pode ocorrer de três maneiras: (a) por expansão – quando uma nova regra é adicionada à combinação original; (b) por contração –

quando qualquer regra dessa espécie combinatória é eliminada; (c) por revisão – quando uma regra é excluída e depois é adicionada outra que é incompatível com aquela eliminada.[5]

O poder da reforma constitucional e seu conteúdo geram um novo ponto de chegada ao processo de construção política do Estado. O poder de reformar a Constituição, sempre sujeito a regras de concorrência predeterminadas, é um poder político, porque cria Direito Constitucional. A mudança constitucional que produz variações substantivas no texto tem uma peculiaridade: sempre forma algo novo, a Constituição reformada. Assim, a reforma por expansão, ou contração ou revisão do sistema gera uma nova combinação de regras.

Sem maiores esforços, pode-se dizer que, se a Constituição política do Estado é a decisão dos cidadãos que compõem o povo, a reforma também deve ser. Logo, o plano constitucional deve ser decidido por seu criador: o corpo eleitoral.

Ou não é razoável que decisões políticas de importância significativa para a vida comunitária sejam submetidas, através do processo mais democrático, a todos os cidadãos? A essa pergunta se pode responder: em qualquer caso, até que seus benefícios sejam desconsiderados, não se pode presumir que a opinião de um ou mais pode ser considerada superior à regra da maioria, se esta – e não outra – é uma das proposições capitais sobre as quais se baseia a democracia política.

Sustentar a noção de rigidez constitucional resulta em afirmar que a modificação da Constituição não pode basear em procedimentos semelhantes aos previstos para a elaboração de legislação ordinária ou, de forma mais direta, que a Constituição não deve ser alterada por processos idênticos aos da produção de normas de natureza hierárquica inferior àquelas determinadas de forma autoreferente pela própria regra suprema. Essa rigidez é uma consequência direta, sem intermediação, do princípio da supremacia da Constituição. O fato de que as Constituições contemplam a hierarquia constitucional, ou às vezes o grau superior do DIDH – em certas configurações – não significa nem o abandono da

---

5. Carlos Alchourrón, "Conflictos de normas e revisión de sistemas normativos", in Carlos Alchourrón e Eugenio Bulygin, *Análise Lógica e Direito*, Madri, Centro de Estudios Constitucionales, 1991, p. 301. No momento, neste contexto, a teoria da mudança constitucional é a teoria da reforma constitucional. Portanto, qualquer outra circunstância que, como uma revolução, quebra ou ruptura, ou uma mutação, não possa ser projetada como um "procedimento formal de aprovação", como Peter Häberle conceitua quanto à reforma (Peter Häberle, "Desarrollo constitucional y reforma constitucional en Alemania", in *Pensamiento Constitucional*, Ano VII, Peru, Pontifícia Universidade Católica del Peru/Fondo Editorial, 2000, p. 17).

rigidez constitucional, nem uma forma particular de produção do sistema jurídico constitucional. Em vez disso, está indicando um novo canal regular para influenciar, com propriedade e exclusividade lúcidas, no reforço dos direitos fundamentais.

A Constituição e a reforma são ideias inseparáveis, uma vez que a primeira não pode ser concebida com uma natureza eterna e a última é inseparável da própria vocação de progresso da espécie humana. Para quase todos os homens uma reforma constitucional é a que produz uma mudança no conteúdo do sistema mas não produz a destruição do preexistente, mantendo a continuidade.[6]

A função constituinte (criação do Direito Constitucional) deve estar a cargo dos representantes dos cidadãos. O momento da criação constitucional, ou seja, o momento do nascimento dos padrões originais que determinam a coexistência política de uma sociedade, requer um debate cuja liberdade, amplitude, profundidade, serenidade e consenso somente são garantidos pela emancipação democrática dos cidadãos do povo. Em outras palavras, nestes "momentos constituintes" o que se evidencia é a democracia.

Até agora, a única maneira conhecida de não temer a mudança política é aceitar "processos de aprovação formal", que atribuem uma variação regulada, limitada e detalhada ao campo das regras constitucionais. Também denominados de "desenvolvimento" ou, simplesmente, mudança ou reforma constitucional. Escrever, tal como falar, envolverá sempre uma descrição ou uma avaliação valorativa. Muitas vezes o fato da repetição doutrinária de um termo sugere uma aparência fantasmagórica ou anula uma avaliação rigorosa. A rigidez, propriedade singular atribuída às Constituições, está nessa galeria. "Rigidez", qualidade "rígida": "que não pode ser dobrada"; "rigoroso, severo". Não desejo ser um herege, mas não é o termo mais afortunado advertir que a Constituição não deve ser reformada ou alterada através de processos semelhantes aos previstos para a produção legal de uma posição mais baixa. Para não receber acusação de falta de religião dentro do constitucionalismo, é preferível manter o uso da "rigidez", suficientemente extensa na doutrina. Se a rigidez da regra constitucional falhar, o escalonamento hierárquico falha, e com este último fracasso não há linguagem possível para a uni-

---

6. O sistema jurídico pode ser visto como uma sequência de conjuntos de regras (sistemas normativos) em que a unidade desta sequência, e, com ela, a identidade da ordem jurídica, seria dada pela identidade dos critérios utilizados para a identificação dos conjuntos normativos pertencentes sequencialmente: por exemplo, o conteúdo da regra de reconhecimento (cf. Carlos Alchourrón e Eugenio Bullygin, "Sobre o conceito de ordem jurídica", *Crítica* VIII/395 e ss., n. 23, 1976).

dade do sistema estatal. No caso da Argentina, a rigidez constitucional foi assegurada no art. 30 da Norma Fundamental:

> Art. 30. A Constituição pode ser reformada no todo ou em qualquer uma das suas partes. A necessidade de reforma deve ser declarada pelo Congresso com o voto de pelo menos dois terços dos seus membros. Mas deve ser efetivada apenas por uma convenção convocada para esse fim.

Poucas palavras na formulação normativa geraram densa doutrina, embora a Norma Fundamental só tenha sido reformada em 1860, 1866, 1898, 1949, 1957 e 1994. Ou seja: no Estado Argentino apelou-se para a reforma constitucional apenas seis vezes em mais de um século e meio de vigência constitucional. Uma média de 27 anos para cada mudança.

O poder constituinte reformador, cuja própria função é estabelecer um novo conjunto de disposições constitucionais, conforme previsto no art. 30 da CF, consiste em três etapas: (i) iniciação; (ii) deliberação pública e eleição; e (iii) produção constituinte – criação constitucional.

Não é apropriado considerar isoladamente nenhum desses estágios, pois uma relação ontológica essencial os une claramente. Todos os três compõem um todo: o processo constituinte. Cada um dos atos realizados tem mais relevância que os atos realizados na órbita dos Poderes constituídos. Um processo de reforma da CF é válido se cumpriu todos os requisitos estabelecidos em cada um dos estágios previstos para a formalização da mudança. O cumprimento da CF, em sentido estrito (ou seja, a constitucionalidade de uma reforma), é previsível no respeito da forma e dos conteúdos autorizados pela própria Lei Maior. Essa conformidade, portanto, não é mais que a correspondência: que as condições de um relacionamento são satisfeitas. A validade de uma reforma constitucional é a relação de conformidade entre as disposições criadas e as disposições que regulam sua produção. Portanto, a validade de uma reforma constitucional é conceito que basicamente designa a relação de pertencimento de uma nova declaração com a Constituição, desde que tenham sido observadas todas as etapas que regulam e disciplinam sua criação normativa.

As regras constitucionais asseguram a liberdade individual de cada cidadão para participar – ou não participar – no processo de construção da vontade do Estado e os rumos a serem a ela atribuídos. Nesta perspectiva, a soberania vem de baixo, de indivíduos que, como cidadãos, compõem o povo. A soberania individual de cada ser humano, o reino impenetrável de sua autorreferência irredutível e, portanto, o fundamento de sua liberdade.

VI.1 Resumo

A Constituição contém uma certeza: que sua escrita metódica só pode ser expandida, contraída ou revisada pelo próprio processo detalhado em seu texto. Ele autoriza um único idioma possível, através de um modelo autorreferencial e sem condições. A garantia da mudança formaliza, sem medo, que a Constituição possa ser reformada, com o devido respeito pelas suas determinações precisas, que nunca podem ser entendidas como epístolas inúteis. Desta forma, o artifício constitucional enraíza e fortalece a estrutura do Estado, permitindo a mudança da regra suprema, que não é a cópia ou imitação de qualquer ser ou objeto perfeito e ideal. É por isso que é apropriado associar a ideia de metamorfose à da própria Constituição. Estou me referindo ao processo real que cada ordem legal regula e estabelece com suas próprias nuanças, mas em todos eles os cidadãos participam na escolha de seus representantes e, eventualmente, aprovam as regras elaboradas pelo órgão constituinte, bem como a determinação dos órgãos constitucionais e constituintes determinados, respectivamente, a proceder à variação normativa. Justificadamente, então, a reforma constitui um fundamento notável que sustenta a certeza na construção contínua da ordem jurídica do Estado.

§ VII. REGRA SOBRE A DISTINÇÃO DE FUNÇÕES. DOGMA OU TEORIA SOBRE DISTRIBUIÇÃO HORIZONTAL E VERTICAL DO PODER

VII.1 Palavras sobre o Poder Público. Generalidades – VII.2 Moldura: VII.2.1 Terminológico. Critério sobre "distinção" – VII.2.2 Precisão dogmática – VII.2.3 Precisão semântica – VII.3 Forma do Estado – VII.4 Forma política. Democracia. Direção do Estado Argentino: VII.4.1 Advertência. Regresso – VII.4.2 Regra de reconhecimento – VII.5 A orientação jurídica do Estado. Notícias sobre federalismo: VII.5.1 Um ente federal – VII.5.2 Distribuição de competências entre o Estado Federal e as entidades federativas – VII.5.3 Supremacia, cooperação e coordenação – VII.5.4 Nova descentralização política – VII.5.5 Regionalismo – VII.5.6 Réquiem sobre a dominação dos recursos naturais – VII.6 Forma e sistema constitucional de governo. Limites do tema – VII.7 Sobre a República – VII.8 Sistema constitucional do governo presidencial – VII.9 Resumo.

VII.1 Palavras sobre o Poder Público. Generalidades

O art. 16 da Declaração dos Direitos do Homem e do Cidadão de 1789 estabeleceu uma fórmula normativa que ao longo do tempo se tornou um paradigma célebre: "Toda sociedade na qual a garantia de direitos não está assegurada, nem se impôs a separação de Poderes, não tem Constituição".

Ao limitar o poder, a distinção de Poderes traz a esperança de que o objeto do contrato constitucional seja baseado no primado da pessoa e levado ao primeiro consenso sobre individuação e organização comunitária, um verdadeiro *primus inter pares*. Se da Constituição, que concretiza a distinção e a distribuição das funções dos Poderes constituídos do Estado, vários itinerários políticos são viáveis, e se "poder conhecido e distribuído" significa "poder limitado", o dogma ou a teoria permaneceriam a única forma possível de garantir a liberdade do cidadão, o Estado Constitucional.

A teoria ou o dogma aqui analisado nascem com o surgimento ou a aparência desta forma jurídica moderna chamada "Estado", e mais precisamente "Estado Constitucional" (v.: "§ II. Origens da Associação"). Certamente, os eventos "revolucionários"[7] ocorridos no século XVIII na França (1789) e nos Estados Unidos (1776-1789), respectivamente, ao adotarem grande parte do dogma, fizeram com que esses aspectos teóricos se encaixassem, pois, como uma novidade, em novas realidades normativas. Com efeito, a chamada "separação de Poderes", que se apresenta como um sistema de restrições à atividade estatal, salvaguardando os direitos da liberdade, foi uma das ferramentas para lutar contra o absolutismo monárquico. Além disso, parece que aqueles que defenderam essa teoria ou dogma – como eles gostam de chamá-lo – estavam convencidos de que a única maneira possível de conter, reformar ou abolir o "regime antigo" (*ancien régime*: designação usada para o modelo do governo absolutista antes da Revolução Francesa de 1789) era dividir o poder e consagrar o reconhecimento dos direitos. O liberalismo, como

---

7. Nenhum ser humano individual, material e concreto, pode ou poderá observar todas as revoluções que ocorrerão no futuro. Nossa finitude, ou, melhor, nossa ausência impenitente de eternidade, o impedirá em qualquer tempo e espaço. Cada processo traz consigo o mistério de tudo o que aconteceu, mas que ainda não sabemos e nunca mais será conhecido. Não há fórmula ou poção mágica para não esquecer os dias. Em 1933, Roscoe Pound realizou: "(...). The Reformation, the Puritan Revolution, the English Revolution of 1688, the American Revolution, the French Revolution, the Russian Revolution – six major revolutions in four hundred years, or one in every other generation –, has made violent change seem the normal course of things and stability seem stagnation" (v.: "A comparison of ideals of Law", *Harvard Law Review* 47/16, *Issue* 1, novembro/1933. A tese, encerrada em algumas palavras causais, como qualquer observação e compreensão do mundo, é parcial. Seu autor não conseguiu perceber a influência importante dos projetos ardentes que resultaram dos processos revolucionários, no século XIX, realizados por nossos patriotas nas lutas revolucionárias de cada um de nossos Países na América Latina. A libertação do jugo colonial europeu tem sua própria voz, embora possa não importar tanto nas Nações e nas fortunas dos outros.

doutrina do Estado limitado, confronta o Estado de Direito com o Estado Absoluto com a ingenuidade de suas letras. O Estado Liberal nasce como uma consequência direta e exclusiva da erosão contínua e progressiva do poder absoluto das monarquias e implicará mudança radical e fabulosa na concepção do homem e da sociedade: primeiro, o indivíduo e suas necessidades; então, a comunidade.

Provavelmente, o *Instrument of Government* de 1653 é apresentado como o primeiro modelo escrito que exibe esse paradigma na prática, além de estabelecer a separação entre Poder constituinte e Poder Legislativo. Este texto foi, segundo alguns especialistas, não apenas o único documento constitucional que teve a Inglaterra, mas também o primeiro na história da Humanidade com essa natureza peculiar de organização.

No entanto, quando se aproxima da formulação primitiva da teoria, todas as estradas conduzem às ideias defendidas por John Locke no *The Second Treatise of Government*, publicado em 1690: o poder é dividido, em relação ao seu exercício, em três áreas ou competências que asseguram a legislatura (determinação de como a força do Estado será usada para preservar a comunidade); o Executivo (respeito perpétuo e observância da lei) e a Federação (poder de fazer guerra e paz, estabelecer ligas e realizar transações com todas as pessoas e comunidades fora do Estado).[8]

Charles Louis de Secondat, o Barão de Montesquieu, a quem também pode ser atribuída autoria no desenvolvimento do dogma, definiu sua referência teórica na sistematização de sua compreensão da vida política na Grã-Bretanha. Deixe-nos ler o próprio Montesquieu (cerca de 1748):

> Em cada Estado existem três tipos de Poderes: o Poder Legislativo, o Poder Executivo dos assuntos que dependem do "Direito das Nações" e o Poder Executivo daqueles que dependem do Direito Civil. Pelo Legislativo, o príncipe ou o magistrado promulga leis por um certo tempo ou para sempre, e altera ou revoga as existentes. Pelo segundo Poder, ele dispõe de guerra e paz, envia ou recebe embaixadores, estabelece segurança, evita invasões. Para o terceiro, castiga os crimes ou julga as diferenças entre os indivíduos. Ligaremos a este Poder Judiciário, e o outro, simplesmente, o Poder Executivo do Estado.[9]

---

8. John Locke, *The Second Treatise of Government*, Nova York, Barnes & Noble, 2004.
9. Montesquieu, *Del Espíritu de las Leyes*, Barcelona, Altaya, 1993, p. 115.

Uma vez fixados os três Poderes, Montesquieu articulou sua máxima, a qual se tornou um famoso princípio fisiológico do Estado Liberal: quando o Poder Legislativo é unido ao Poder Executivo na mesma pessoa ou no mesmo corpo não há liberdade, porque se pode desconfiar de que o monarca ou o senado promulguem leis tirânicas para impô-las tiranicamente. Tampouco existe liberdade se o Judiciário não estiver separado dos Poderes Legislativo e Executivo. Se fosse unido ao Poder Legislativo, o poder sobre a vida e a liberdade dos cidadãos seria arbitrário, porque o juiz seria ao mesmo tempo legislador. Se fosse unido ao Poder Executivo, o juiz poderia ter o poder de um opressor.[10] Desde então, a legislação, a administração e a jurisdição tornaram-se *slogans* do cenário institucional do Estado Constitucional e também – por que não dizer isso? – de vários enigmas.

A teoria foi inventada na Europa. No entanto, seria aplicada pela primeira vez na América com a Constituição de Filadélfia em 1787, porque a estabeleceu no Direito Positivo. O chamado sistema de governo "presidencial", para distingui-lo do parlamentar, foi ilustrado pela clara distribuição das funções de cada um dos três ramos constituídos do Estado. Na Constituição dos Estados Unidos as ideias apresentadas por Montesquieu podem ser vistas, ampliadas e aperfeiçoadas aproximadamente 40 anos antes, a tal ponto que cada um dos três Departamentos a que é confiada e atribuída a configuração do governo do Estado tem claramente delineadas suas funções específicas. Pode-se dizer que a teoria visa a estipular um sistema de poder de ordenação com equilíbrio e harmonia, por meio de controles e equilíbrios (freios e contrapesos) recíprocos para cada um deles, com um plano de especialização de funções: assim, legislar, administrar e julgar são as bandeiras do itinerário teórico.

Quero mencionar uma nuança que pode ser relevante. As ideias europeias sobre a separação das funções estatais que prevaleceram nos séculos XVII e XVIII não eram exatamente as mesmas que acabaram por moldar os patriotas que forjaram as Repúblicas presidenciais na América do Sul do século XIX, como se verá abaixo. Embora o movimento constitucionalista liberal nascesse quase simultaneamente de um lado e outro no Oceano Atlântico – v. Independência Americana em 1776 e Revolução Francesa em 1789 –, a fisionomia de cada processo era, é claro, diferente. Até certo ponto, na concepção europeia a separação ou a distinção de funções do Estado não deve significar necessariamente atribuir a cada um dos departamentos, como interdependentes e

10. Idem, ibidem.

perfeitamente equilibrados, uma porção bastante simétrica e equivalente do Estado. Tal concepção fez com que a noção de que a jurisdição seria um possível guardião da Constituição fosse, de modo algum, atenuada, se não ausente. No caso da França não se pode negar que a luta entre as classes sociais[11] foi uma das causas dos intrincados labirintos políticos da Revolução de 1789.

Quanto ao processo americano, não seguiu caminho análogo ao desenvolvido na França, uma vez que o fator desencadeante do processo de independência não era, de forma substantiva, uma luta entre as classes sociais. As circunstâncias, neste caso, eram vínculos com a Metrópole.[12] A Constituição redigida em 1787 inventou normativamente o presidencialismo, o federalismo, a supremacia normativa e a distribuição do poder, com verificações cruzadas. A luta entre as classes sociais, em luta por um modelo de produção e concentração de riqueza, ocorreu no século XIX, com a Guerra da Secessão.

Os textos constitucionais sul-americanos refletiram ou repetiram, em maior ou menor grau, a estrutura legal da Constituição dos Estados Unidos de 1787, segundo a qual a distinção de ramos governamentais significava não só organizar, mas também atribuir, com alguma equivalência, a distribuição de poderes de cada um dos Poderes do Estado. A CF dos Estados Unidos de 1787 tenta pôr em prática ideias sobre controles e freios recíprocos, com paralela execução da separação de

---

11. A literatura sobre a Revolução na França de 1789, seu desenvolvimento e implicações é vasta e requer um universo de ideias. Citam-se trabalhos cuja inclinação ou gosto especial sugeriram certa devoção na escrita do argumento no corpo principal do texto. Assim, embora não se possa dizer que constitua literatura fundamental, sua qualidade indispensável pode ser confessada. Consultem-se, portanto: Pierre Rosanvallon, *El Modelo Político Francés. La Sociedad Civil Contra el Jacobinismo de 1789 Hasta Nuestros Días*, Buenos Aires, Siglo Veinteuno, 2007; Eric Hobsbawm, *La Era de la Revolución, 1789-1848*, Madri, Crítica, 1997; e Pierre Bourdieu, *Sobre el Estado. Cursos en el **Collège de France** (1989/1992)*, trad. de P. González Rodríguez, Barcelona, Anagrama, 2014.

12. Sob a notória influência da asserção marcada na nota anterior, também é apropriado indicar a frondosidade na literatura que foca sua atenção na independência dos Estados Unidos. E seus primeiros passos no mundo da constitucionalidade escrita. Abaixo estão os relatórios de trabalhos cuja leitura pode sugerir benefícios interessantes: v.: Akhil Reed Amar, *America's Constitution. A Biography*, Nova York, Random House, 2006; Mark Tushnet, *Red, White and Blue. A Critical Analysis of Constitutional Law*, Cambridge e Londres, Harvard University Press, 1988. Com a prevalência da abordagem histórica, podem ser consultados: Howard Zinn, *A People's History of the United States*, Nova York, HarperCollins, 2003; e Bernard Bailyn, *Los Orígenes Ideológicos de la Revolución Norteamericana*, Madri, Tecnos, 2012.

funções estatais.[13] Desta perspectiva, pode-se acrescentar a afirmação encontrada no *Federalista* de que nenhuma verdade política certamente tem maior valor intrínseco do que aquilo que afirma que a preservação da liberdade exige que os três departamentos de poder sejam distintos e separados. No entanto, este apotegma político não traz como corolário o requisito de que os departamentos legislativo, executivo e judicial estejam absolutamente isolados uns dos outros, uma vez que a divisão é, ao mesmo tempo, a interdependência de poderes.[14]

Essa exposição não contraria o grave problema antevisto por James Madison, que pensava que não era possível dar a cada um dos três departamentos que constituem a vontade do Estado o mesmo poder de autodefesa. Isto é assim porque no governo republicano necessariamente domina a autoridade legislativa. Esta circunstância poderia ser corrigida dividindo a legislação em diferentes ramos, buscando por meio de diferentes sistemas de escolha e diferentes princípios de ação que não estão relacionados entre si como a natureza comum de suas funções e sua dependência comum da sociedade permitem.[15]

Em suma, um estado de coisas foi o relacionamento comunitário estabelecido pela Constituição dos Estados Unidos.[16] Este modelo americano – mais especificamente, a arquitetura adotada para realizar a distribuição de poderes e a alocação de seus respectivos poderes – foi levado em conta pelos constituintes da Argentina no ciclo entre 1853-1860, graças principalmente à arquitetura jurídica enraizada no trabalho de Alberdi. Também foi levado em conta pela grande maioria das Repúblicas sul-americanas que, no século XIX, assumiram o viés presidencialista para a configuração constitucional de seus sistemas de governo.

Se bem que as nascidas Repúblicas sul-americanas, a julgar pelas centenas de modelos constitucionais insinuados, tentaram imitar o molde

---

13. V.: Edward S. Corwin, "The Constitution as instrument and as symbol", *The American Political Science Review* 30/1.071-1.085, n. 6, American Political Science Association, 1936.

14. Cf.: Alexander Hamilton, James Madison e John Jay, El *Federalista*, México/D.F., Fondo de Cultura Económica, 1994, pp. 204, 205 e 210, respectivamente.

15. Idem, p. 221.

16. Nino ressalta que no caso dos Estados Unidos se observa que, embora o Poder Executivo seja uma instituição poderosa, especialmente no campo das relações externas, é fortemente condicionada pelo Congresso, graças ao seu controlador financeiro e interferência em assuntos de designações, quer através da intervenção constitucional do Senado, quer através de leis que, sem privar o Presidente de sua atribuição no assunto, regulam a referida atribuição (Carlos Nino, *Fundamentos de Derecho Constitucional. Análisis Filosófico, Jurídico y Politológico de la Práctica Constitucional*, Buenos Aires, Astrea, 1992, p. 520).

americano, o resultado foi bastante pernicioso, porque a acumulação e a hegemonia do poder foram copiadas sem dar origem ao padrão de controles efetivos. Por esta razão, é possível afirmar que, do ponto de vista da tecnologia social[17] que tipifica o Direito Constitucional na América do Sul – desde uma perspectiva estritamente normativa e constitucional –, a relação entre os Poderes constituídos foi de alguma coordenação, já que a liderança presidencial sempre reivindica a hegemonia do poder do Estado. Tanta concentração de poder poderia pôr em dúvida as possibilidades de equilíbrio constitucional; em particular no moldura do seu sistema (presidencial), bem como a sua forma de governo (republicana).

VII.2 Moldura

O objetivo deste parágrafo é analisar as palavras vinculadas ao Poder Público. Os desenvolvimentos contidos nos subparágrafos I.4 ("Estratégia argumentativa") e IV.4 ("Enumeração de regras"), de forma respectiva, referem-se à regra de distinção; caracterização observada no § IV.3 ("Razão constitucional"), sobre a explicação fundamentada de que a regra de distinção deve operar sobre o Estado. O universo das palavras aqui utilizadas exige uma série de precisões que, por uma questão de clareza conceitual, são escritas e articuladas imediatamente.

VII.2.1 Terminológico. Critério sobre "distinção"

Nos parágrafos anteriores – IV, V e VI –, ao agrupar as regras sobre as quais esta "lição" trata, a orientação pedagógica é insinuada como uma das motivações. Eu mantenho o horizonte das aplicações.

A observação feita no § VII.1 importa apenas generalidades: devo confessar que a literatura científica sobre a divisão de Poderes ou a separação de funções governamentais é inaceitável. Um trabalho de densidade e extensão que tenha essa mesma peça, por exemplo, não chegaria a cobrir até a bibliografia parcial sobre o assunto que abrange o dogma. Assim, pode-se escrever uma teoria geral sobre a literatura publicada nos últimos 100 anos em nossa língua nativa. Tal tarefa não só seria incomum, mas também de tamanho infinito, apesar da necessidade genuína de identificar um limite. Consequentemente, todas as definições sobre as naturezas que são convocadas aqui serão apodíticas, sendo incapazes de cobrir toda a literatura científica especializada.

17. Mario A. Bunge, *Las Ciencias Sociales en Discusión*, Buenos Aires, Sudamericana, 1999, pp. 323 e ss.

"Divisão de poder" e "separação de funções" são as noções mais utilizadas pelo próprio Direito Constitucional e também pelo conhecimento ou dogmática que trata da sua descrição e contribuição específica. A ideia de separação de Poderes exige a existência de uma distribuição de funções estatais e órgãos com competência especializada para exercê-las. Foi bem dito que "separar" significa especializar quando está relacionado às funções, e conferir independência recíproca quando se refere aos órgãos.[18] A separação de funções não impõe necessariamente certa semelhança na proporcionalidade dos poderes conferidos. Além disso, também é possível que não se mencione a necessidade de pelo menos três âmbitos divididos para o exercício do poder. Nas profecias dogmáticas sobre "separação" o poder não é dividido, mas está em vários compartimentos que não são semelhantes devido ao império de sua energia concentrada em poderes apropriados.

É chamada de "divisão de poderes" a técnica de ordenação constitucional em que há uma distribuição em geral tripartida de poderes com a existência paralela de freios e contrapesos. Aqui não pretendo inaugurar um debate sobre a divisão e a separação de Poderes. Sem originalidade, apenas pretendo incluir outra terminologia, a fim de aumentar a precisão: "distinção" de funções no domínio do Estado Constitucional.

Dentro dos significados da "distinção", podemos utilizar alguns daqueles desenvolvidos pelo *DRAE*: (1) "Diferença pela qual uma coisa não é outra, ou não é semelhante a outra"; (2) "Prerrogativa, exceção e honra concedida a alguém"; (3) "Boa ordem, clareza e precisão em algo".

No primeiro sentido a "distinção" tem alguma propriedade semântica para sugerir a existência de poderes constituintes e poderes constituídos. Dentro destes últimos, o poder de fazer a lei, o poder de administrar e o poder de resolver conflitos; com um quarto segmento destinado a promover o desempenho do Judiciário em defesa da legalidade, chamado de "Ministério Público".

O mundo natural não tem divisões, porque a natureza é única. É o homem quem estipula divisões e separações para o conhecimento e o desenvolvimento profundo do mundo natural. Sob a mesma justificativa, o mundo cultural, cujo trabalho depende da ação humana, não tem divisões ou separações. Por que, então, dividir o poder no Estado Constitucional quando a natureza e o mundo cultural não estão divididos? Na

---

18. Riccardo Guastini, *Estudios de Teoría Constitucional*, cit., p. 93.

minha opinião, o modelo de distinção de poderes soa mais harmonioso. Além disso, permite justificar e interpretar que o poder é único. O poder não é divisível: a unidade é a sua qualidade marcante. Se se descobre nos arquivos de uma comunidade mais de um poder, a regra constitucional teria sérias dificuldades para impor sua normatividade, uma vez que as possibilidades de estabilidade jurídica e política na comunidade estão ligadas, precisamente, à adesão solitária do regime constitucional no topo das determinações da ordem normativa.

Nesse sentido, a distinção é a ação apropriada para entender o alcance das atribuições ou prerrogativas de cada uma das funções listadas. Finalmente, o campo discursivo proposto para a "distinção de poder" inclui boa ordem, clareza e precisão, situação relacionada à especificidade da regulamentação constitucional. Mais transparente: os Poderes do Estado têm delimitações específicas, entendendo que as determinações de seus Poderes são a exceção; a regra observável é a incapacidade do órgão ou a falta de competência. No Estado Constitucional a liberdade de ação é o princípio orientador para a vida do cidadão, a área de jurisdição regulada e, excepcionalmente, é o princípio orientador da função do servidor público.

VII.2.2 Precisão dogmática

No § I.3 é revelada a necessidade de uma abordagem externa da Constituição, sem renunciar à descrição interna de suas partes, composição e mecanismos. Em outro ambiente,[19] além disso, se tratou acerca do mecanismo garantista que, de uma perspectiva interna, institui a distinção horizontal (republicanismo) e a vertical (federalismo e municipalismo) das tarefas dos Poderes; além dos controles do Congresso. Todo o trabalho mantém fidelidade dogmática; talvez a "divisão" seja mantida para a leitura interna do mecanismo garantista e use "distinção" para o entendimento externo a que a Constituição pretende se referir na sua conexão abrangente do Estado.

A regra sobre a distinção dos Poderes do Estado persegue um propósito inacessível em seu próprio tempo: subordinar o poder ao cumprimento da base jurídica. A distinção horizontal de potência ocorre horizontal e verticalmente. Em outras palavras, são feitos cortes que não afetam ou danificam sua unidade; em qualquer caso, o potencializam.

---

19. Raúl Gustavo Ferreyra, "Sobre la Constitución. Concepto, composición y mecanismos", cit., *Revista de Derecho Político* 86/369-372.

Na "casa republicana" o modo horizontal é realizado por departamentos que são responsáveis pela produção ou realização da lei. A atribuição de poderes envolve a existência de áreas de reserva ou, em vez disso, poderes específicos que não devem e não podem ser invadidos por outro órgão, sob pena de sanção. Certamente, existem áreas de competência concorrente; por exemplo, a formação da lei, que é um ato entre o órgão do Congresso e o órgão executivo; mas mesmo nesse caso cada órgão possui uma competência devidamente precisa e não delegável.

A divisão vertical do poder ocorre através do federalismo ou do unitarismo. O federalismo implica o maior grau de desconcentração do poder. A Argentina, por exemplo, tem um modelo autenticamente federal, se por acaso nos guiamos pelo texto constitucional. Portanto, sem ignorar o entendimento interno exibido em outras partes, a compreensão e a observação da distinção de poderes estão agora formalizadas a partir de sua qualificação externa.

VII.2.3 Precisão semântica

Não é possível, em linhas breves, fazer uma descrição precisa da distinção e organização do poder – tanto vertical quanto horizontalmente – que formula normativamente uma Constituição. Consequentemente, como pretendo evitar completamente um erro delicado em minha conjectura inicial ou tese levantada no § I, procedo com cautela, para não incorrer em mera acumulação de enunciados normativos e não normativos.

Os próximos seis subparágrafos constituem um relatório no qual a língua utilizada pelo poder constituinte na República Argentina é descoberta. O trabalho que se apresenta ao leitor procura distinguir de forma privilegiada as bases normativas nas quais se fundamentam a "forma de governo" republicana, o "sistema ou regime de governo" presidencial, orientação federal "legal" e orientação democrática "política" do Estado Argentino.

Como o objetivo buscado é a simples descrição das regras, é urgente notar que apenas os enunciados normativos são apresentados, precedidos de uma breve explicação teórica. Ao mesmo tempo, o fato de que o único eleitor é o autor não significa rebaixar, anatematizar, desvalorizar, adiar ou qualquer outra forma de sacrifício das normas que não são mencionadas. Com este argumento capital, procedemos à redação do texto anunciado.

VII.3 Forma do Estado

A forma do Estado, enquanto propriedade ou qualidade do ente, é determinada pela reunião gradual dos elementos que o compõem. Sua figura é estabelecida porque seus elementos são reunidos ou combinados. Assim, a forma do Estado não pode ser quebrada, com o risco de perder a noção de instância máxima de associação política de indivíduos para regular o exercício da força. Além disso, a forma do Estado responde ao modo particular de ordenação que é assumido.

Se o entendimento se basear no método adotado para a forma de produção das normas e sua identidade, a determinação da orientação ou da forma política do Estado é promovida. Democracia ou autocracia, como lemos abaixo, constitui o par distintivo.

Por outro lado, se o entendimento é direcionado ao modelo do Direito Constitucional em seu vínculo com o território, a pesquisa procura determinar o grau maior ou menor de centralização ou descentralização, pelo quê promove sua forma de ordem jurídica. O maior grau de centralização política, com base física, é apelidado de "unitarismo"; o mais alto grau de descentralização política, com base territorial, é chamado de "federalismo". Um modelo intermediário entre centralização rigorosa e exigente descentralização política baseada em geografia é revelado no modelo regional. Além disso, há um modelo de descentralização política de segundo grau: "municipalismo".

VII.4 Forma política. Democracia. Direção do Estado argentino

VII.4.1 Advertência. Regresso

A coerência é um grande valor do discurso. Geralmente se determina que haverá coerência discursiva interna quando o conjunto de proposições que o integram não veja incompatibilidades entre eles. Muitas vezes foi apontado que uma das três leis fundamentais do pensamento – para que o "pensar flua por vias exatas" – reside no princípio de nenhuma contradição: nenhuma afirmação pode ser verdadeira e falsa em tempo e significado iguais.[20] Para evitar oposições indesejadas, devemos reiterar deliberadamente o esclarecimento apresentado anteriormente no § VI da união que este texto deseja manter com a reforma constitucional

---

20. V.: Irving Copi, *Introducción a la Lógica*, Buenos Aires, Eudeba, 1999, pp. 176 e 321.

e o controle de constitucionalidade.[21] Sem surpresa, então, as são mantidas as proposições ou afirmações primitivas desenvolvidas no texto mencionado, ao qual se remete o leitor em nome da brevidade.

VII.4.2 Regra de reconhecimento

Compreendida como uma regra de justificação para a ordenação, a democracia é suscetível de uma definição mínima: decisão ou combinação de decisões que determinam a orientação política que molda uma comunidade de cidadãos. Para preenchê-la, é necessário que a autodeterminação do cidadão ou a soberania individual funde e execute a ordem legal; ou seja, que esta seja criada pela decisão dos cidadãos e que mantenha sua força obrigatória enquanto desfruta do seu apoio.

Portanto, existem duas formas de criação política da ordem estatal: democracia e autocracia. Aqui, apenas algumas palavras são ditas sobre a primeira, e não pelo fato de que a segunda é vedada e proibida, pois pode ser realizada concretamente. A eleição sobre a orientação ou legitimação da filiação democrática é uma preferência não disponível do autor.

A distinção de democracia baseia-se na ideia de liberdade política. De acordo com a terminologia usual, são chamadas de "democracia" a construção e a ordenação da comunidade onde prevalece o princípio da soberania pessoal, cuja aplicação é restrita pela regra da maioria, que pressupõe a existência de uma minoria e o respeito a um núcleo indisponível de direitos fundamentais. Definida assim, a democracia é uma forma de produção e identificação da ordem estatal. A participação autêntica na construção e organização de assuntos governamentais comunitários, a criação ou realização das normas gerais que constituem a comunidade, constitui a característica essencial da democracia, entendida como a diretriz básica do Estado Constitucional.

A democracia é uma participação essencialmente autêntica dos cidadãos que se integram e decidem no povo. Sua principal contribuição é garantir igual liberdade política para todos os cidadãos; todos e todas,

---

21. V., na *Reforma Constitucional y Control de Constitucionalidad. Límites a la Judiciabilidad de la Enmienda*, cit., "Palabras introductorias", pp. 11-25. De fato, a democracia como forma de produção e identidade da ordem jurídica é uma questão abordada em detalhes na Parte I, "Pesquisa Preliminar, Quadro Teórico Geral", Capítulo 1, "Momentos constituintes (...)", pp. 31-103, e Parte III, "Tese. Análise e Discussão Fundamentada sobre Propostas de Capital", Capítulo Quatro, "Inconstitucionalidade de uma Reforma", Seção 10, pp. 486-493.

sem exclusões arbitrárias ou limitações irracionais. O procedimento democrático baseia-se na igual liberdade política, cuja realização racional exige optar pelo princípio da maioria, sempre precedido pelo debate crítico, sem censura ou proscrição. Até novo aviso, o critério de "maioria" é o método mais qualificado para determinar, com equanimidade e exatidão, a agregação de preferências individualizadas por cada sujeito que integra a comunidade de cidadãos.

Essa ideia da democracia, cuja expressão é encontrada onde a ordem estatal é criada pelos mesmos cidadãos que decidem vincular-se a ela,[22] mesmo em pequena medida, é uma pequena definição, pois sugere precisamente o ponto de origem. Não se sabe se será bem sucedido. Por enquanto, parece ser o mais praticável, o mais viável, o menos angustiante, talvez o menos desesperado. Em qualquer caso, o procedimento democrático distingue-se de outras formas de criação e identidade da atividade estatal porque o modelo menos implausível.

Sob o sentido invocado, a democracia é uma maneira de falar sobre os cidadãos que compõem o povo. Apresentada desta maneira, a democracia é uma linguagem que enquadra um critério básico para orientar e reconhecer, por sua vez, a ordem constitucional do Estado. Subscrever esta posição implica admitir como uma tese que o poder de configuração do esquema comunitário reside nos cidadãos respectivos. Um constitucionalismo de cidadãos que garante um verdadeiro governo do povo por seus próprios protagonistas.

A nota definitiva desta concepção da democracia reside na supremacia da razão individualmente produzida em cada um dos seus cidadãos e sua agregação consequente na comunidade. A regra democrática é útil como critério para identificar quais regras formam parte integrante ou quais regras não fazem parte integrante da ordem estatal. Ou seja, uma regra de reconhecimento[23] enquanto postulado inicial básico de

---

22. Hans Kelsen, *Teoría General del Derecho y del Estado*, cit., p. 337.

23. Para H. L. A. Hart a estrutura resultante da combinação das regras primárias da obrigação com as regras secundárias de reconhecimento, mudança e adjudicação foi capaz de trazer não apenas a medula de um sistema legal estatal, mas também uma ferramenta poderosa para a análise de grande parte do que confundiu o jurista e o teórico da política. Na sua teoria jurídica, as regras primárias prescrevem que os seres humanos fazem ou omitem certas ações, quer eles as desejem ou não; as regras secundárias estão em relação a elas. As regras do primeiro tipo impõem direitos; as do segundo tipo conferem poderes, públicos ou privados. A regra do reconhecimento (secundário) desempenha um papel de liderança na teoria jurídica de Hart. É aquele que serve para identificar quais normas são parte ou não do sistema jurídico (H. L. A. Hart, *El Concepto de Ley*, Buenos Aires, Abeledo-Perrot, 1992, pp. 118, 121, 127 e 135 e ss.).

ordem, axioma que não requer justificação posterior. Pode haver diferentes conteúdos atribuíveis a uma regra de reconhecimento; um deles é "a regra do reconhecimento democrático", que define uma modalidade específica para orientar a vida comunitária e observa como elementos constituintes maioria, minorias, não tirania, deliberações, eleições e respeito pelos direitos fundamentais.

Em 18.4.1853 a Comissão de Assuntos Constitucionais levou ao Congresso Constituinte o Projeto de Constituição para a Confederação Argentina. Este programa foi precedido por um relatório. Lá foi apontado:

> (...) como cristãos e democratas, e tendo uma nobre emulação dos federais do Norte da América, um modelo de engrandecimento rápido e de liberdade civil e política, os argentinos, no conceito da Comissão, devem mostrar-se hospitaleiros para o estranho, e receber neste solo favorecido os direitos, prerrogativas e proteção que o homem conquistou onde quer que a civilização e a caridade do Evangelho existam.[24]

No entanto, a forma política do Estado não foi expressamente formulada no texto do CF de 1853. As reformas constitucionais de 1860, 1866 e 1898 também não utilizaram o termo "democrática". A reforma de 1957 introduz, como adjetivo, no art. 14-bis.[25] A reforma constitucional de 1994 introduz a palavra "democracia" com bastante frequência: arts. 36,[26] 38[27] e 75 (inciso 19[28] e 24[29]), respectivamente.

24. Emilio Ravignani, *Asambleas Constituyentes Argentinas*, cit., p. 780.
25. "Art. 14-bis. O trabalho nas suas várias formas gozará da proteção das leis, que assegure ao trabalhador: (...) organização sindical livre e democrática."
26. "Art. 36. Esta Constituição manterá seu império mesmo quando sua observância seja interrompida por atos de força contra a ordem institucional e o sistema democrático (...). Atentará contra o sistema democrático quem incorre em grave delito contra o Estado que implique enriquecimento, permanecendo inabilitado para ocupar cargos públicos pelo período determinado pelas leis."
27. "Art. 38. Os partidos políticos são instituições fundamentais do sistema democrático. A criação e o exercício de suas atividades são livres no respeito desta Constituição, o que garante sua organização e funcionamento democrático (...)."
28. "Art. 75. Compete ao Congresso: (...); 19: sancionar leis organizacionais e de educação básica que (...) assegurem (...) a promoção dos valores democráticos e a igualdade de oportunidades e possibilidades sem qualquer discriminação (...) e que garantam os princípios da educação pública gratuita e justa e da autonomia e autarquia das universidades nacionais. (...)."
29. "Art. 75. Compete ao Congresso: (...); 24. aprovar os tratados de integração que delegam jurisdição e competência para organizações supraestatais em condições de reciprocidade e igualdade, e que respeitem a ordem democrática e os direitos humanos. As normas ditadas em suas consequências têm hierarquia superior às leis."

Hoje, na linguagem da CF, a palavra "democracia" aparece seis vezes no texto: em quatro ocasiões para dar uma qualidade essencial do sistema ou a natureza da ordem estabelecida (v. arts. 38 e 75, inciso 24). Em outro, referir-se a um tipo peculiar de organização sindical (v. art. 14-bis). E o restante é referido como valor (v. art. 75, inciso 19). É evidente que, neste estado de coisas, "sistema democrático" ou "ordem democrática" é a expressão notável, especialmente pelas formulações enunciadas nos arts. 36 e 75, inciso 24. O poder constituinte adotado como uma estratégia para enclavar as declarações normativas (o sistema democrático e a ordem democrática, que considero bem, podem ser interpretados com conteúdo semelhante) tanto na Primeira Parte da Constituição, Capítulo Dois, "Novos Direitos e Garantias" (v. arts. 36 e 38), e na Segunda Parte, "Autoridades da Nação", Título Um, "Governo Federal", Capítulo Quatro (v. art. 75, inciso 24), "Atribuições da Congresso". A inserção, por enquanto, não parece casual e, portanto, é muito sugestiva. Estas são claramente definições instaladas em duas das quatro partes da CF (v. Subseção I.2) que compõem o texto constitucional argentino. Indo ainda mais longe, insinuo que o respeito aos direitos fundamentais e o exercício do poder se achem vinculados, sem hesitações, pela marca/ estigma do sistema democrático estabelecido na CF.

As contribuições feitas pelo poder que reformou a Constituição em 1994 afirmam que a democracia é a regra-matriz regente da nossa Lei Fundamental de organização estatal. Então, a CF é a regra que guia o processo de organização da comunidade estatal. Uma vez alcançada esta última, é novamente a regra que guia toda a atividade estatal. Em poucas linhas, a democracia desempenha um duplo papel na organização da vida comunitária da Argentina: por um lado, é a regra que informa e nutre o processo de configuração da Lei Fundamental, ao estabelecer a vocação política do Estado; por outro, determina a participação popular, que, com suas regras e mecanismos de obtenção de resultados e conformidades,[30] é a espinha dorsal que orienta, corretamente, a aplicação das disposições constitucionais. Se a democracia for compreendida como uma forma de Estado[31] em que a razão coletiva é criada pelos cidadãos do povo e que estão sujeitos e ela,[32] neste campo, a Constituição consti-

---

30. Horacio Daniel Rosatti, "Defensa del orden constitucional", in AA.VV., *Reforma de la Constitución*, Santa Fe, Rubinzal-Culzoni, 1994, p. 42.

31. Germán J. Bidart Campos, *Tratado Elemental de Derecho Constitucional*, t. I.A, Buenos Aires, Ediar, 1999-2000, p. 637.

32. Hans Kelsen, *Esencia y Valor de la Democracia*, trad. de Rafael Luengo Tapia e Luis Legaz y Lacambra, Barcelona, Labor, 1934, p. 30.

tui elemento capaz de dar forma ao poder estatal, inclusive estabelecendo sua contenção.

Assim, na Argentina, participação cidadã e arquitetura de poder – democracia e Constituição[33] - estão essencialmente unidas. A CF, em termos políticos, foi e é um megacompromisso em que os contratantes – os que puderam o que lhes foi permitido fazer, nem todos os que podiam ou estavam em condições reais – dispuseram diferentes forças contratuais. Entretanto, esta evidência não omite a vantagem recíproca que parece ter-se alcançado – ainda que com as insuficiências marcadas – ao se definir racionalmente a organização comunitária.

Sem dúvida, do ponto de vista textual, a orientação política do Estado é democrática desde 1994. A primeira parte do art. 36 é um verdadeiro paradigma da CF, uma vez que representa verdadeira imposição da Constituição para a própria regra sobre a variação. É um limite material implícito que define o significado da Constituição: um instrumento para tentar racionalizar o exercício do poder do Estado em uma comunidade política integrada por cidadãos livres.

VII.5 A orientação jurídica do Estado.
Notícias sobre federalismo

VII.5.1 Um ente federal

Dizem que há unidade em um ente, no sentido apropriado, se este for indivisível, Ou, melhor, se não pode ser dividido sem que sua essência seja destruída ou alterada. Trata-se de uma entidade no estado de coisas mundano que, embora possua partes, estas não podem ser separados do total. A totalidade dessas partes, na conformação inseparável e indivisível, compõe a unidade do elemento.

No federalismo, como uma forma de ordenamento jurídico do Estado, são feitas tentativas para descentralizar politicamente os Poderes constitucionalizados. Do ponto de vista jurídico, sua invenção no século XVIII foi, seguramente, uma ideia engenhosa. Com ela se procura estabelecer um único, indivisível e inseparável Estado a partir da coincidência, conjugação ou união de entes plurais. O Estado Federal concentra em sua unidade a pluralidade de entidades que, em geral, são as que predispõem sua gênese jurídica. A certidão de nascimento afirma que a soberania, interpretada como autoridade suprema do Poder Público, reside

---

33. Carlos Nino, *La Constitución de la Democracia Deliberativa*, Barcelona, Gedisa, 1997, p. 4.

no Estado Federal. Também deixa vestígios da autonomia das entidades federadas, porque terão poderes para se reger mediante a observância de normas e órgãos para certos estados de coisas; não para outros estados de coisas constitucionais que são poder exclusivo da entidade federal.

A orientação jurídica do Estado Argentino é federal. Basta ler o art. 1º do CF: "A Nação Argentina [*Estado*] adota para o seu governo a forma representativa federal republicana, conforme estabelecido nesta Constituição". Atualmente, a radiografia da CF mostra que o Estado Federal, cuja ordem o instrumento propõe, é integrado a 24 entidades políticas: 23 Províncias e a Cidade Autônoma de Buenos Aires.[34] Política e fisicamente, o Estado Federal é único, embora exista uma pluralidade de entidades federadas. As entidades da Federação não são soberanas por imperativo do ordenado, especialmente, nas previsões dos arts. 5º e 129 (Constituições provinciais e da Cidade de Buenos Aires) e 31 (supremacia da CF). A autonomia correspondente é determinada, em particular, pelos arts. 5º (instituições provinciais), 122 (institucionalidade local) e 123 (Constituições provinciais e regimes municipais).

A intenção de encontrar a unidade "Estado Federal" de modelos plurais já foi anunciada no "Preâmbulo" da CF:

> Nós, representantes do povo da Nação Argentina, reunidos no Congresso Constituinte Geral por vontade e eleição das Províncias que o compõem, em cumprimento de acordos preexistentes, com o objetivo de construir a união nacional (...) ordenamos, decretamos e estabelecemos esta Constituição para a Nação [*Estado*] Argentina.

O federalismo da Argentina baseia-se unicamente na distinção de competências entre o Estado Federal e as entidades que compõem a Federação. De acordo o texto constitucional, o princípio orientador da distinção de competências está estabelecido no art. 121: "As Províncias conservam todo o poder não delegado por esta Constituição ao Governo Federal e que tenha sido expressamente reservado por acordos especiais no momento da sua incorporação". Entre as possibilidades de *design* para a arquitetura do federalismo, a CF foi escolhida para sintetizar uma regra e uma exceção. Com efeito, tudo o que o instrumento não ilumina como competência expressa do Estado Federal é determinado na esfera

---

34. Sobre a autonomia da Cidade de Buenos Aires: Raúl Gustavo Ferreyra, *La Constitución de la Ciudad Autónoma de Buenos Aires (Estudio de la Ley Fundamental Porteña)*, "Prólogo" de Germán J. Bidart Campos, Buenos Aires, Depalma, 1997; e "Sobre la Constitución porteña: estudio de la Ley Fundamental de la Ciudad Autónoma de Buenos Aires", cit., *www.infojus.gov.ar* – Id Infojus: DACF140125.

de competência das entidades autônomas. O "poder não delegado por esta Constituição" são os poderes que as entidades da Federação reservaram, no momento constituinte. Então, são essas entidades que através do instrumento constitucional fazem a delegação ao Governo Federal.

VII.5.2 Distribuição de competências entre o Estado Federal e as entidades federativas

Na divisão de poderes deve-se observar a seguinte ordem: primeiro, exclusivos do Estado Federal; em segundo lugar, exclusivos das entidades da Federação; terceiro, concorrentes ao Estado Federal e entidades federadas; quarto, excepcional do Estado Federal; e quinto, poderes compartilhados pelo Estado Federal e entidades federadas.

Primeiro. Podem ser apresentadas as seguintes competências/poderes da autoridade federal: acordo de pagamento da dívida interna e externa do Estado (art. 75, inciso 7); intervenção federal (arts. 75, inciso 31, e 99, inciso 20); declaração de estado de sítio (arts. 23, 75, inciso 29, e 99, inciso 16); relações internacionais (arts. 75, incisos 22 e 27, 99, incisos 1, 7 e 11, 125 e 126); sanção e promulgação de códigos de Direito comum e lei federal (art. 75, inciso 12); chefatura suprema do Estado (art. 99, inciso 1); jurisdição da CSJN (arts. 116 e 117); definição dos limites do território do Estado, estabelecendo as Províncias e criação de novos (art. 75, inciso 15); e comércio com Estados estrangeiros (art. 75, inciso 13).

Neste ponto, vale a pena esclarecer uma espécie de regra comum: as atribuições ou competências atribuídas à autoridade federal também são questões exclusivas do Estado Federal. Note-se, embora não muito sedutor, que as incumbências do Estado Federal não são cerradas e taxativas, dada a existência de "poderes implícitos" que não devem depender do órgão que os exerce,[35] o que cria Poderes Legislativos, Executivos e Judiciais, conforme o caso. Observe-se, também, que nos arts. 126 e 127 há proibições acentuadas para os poderes provinciais, no propósito de que eles residem na órbita da concorrência federal.

Segundo. Já, entre as atribuições exclusivas das entidades da Federação destacam-se a sanção e a promulgação da Constituição provincial (arts. 5º e 123), a definição de seus códigos processuais e a garantia de seu regime municipal e de educação primária (arts. 5º e 123). Em geral,

---

35. Horacio Daniel Rosatti, *Tratado de Derecho Constitucional*, cit., t. II, pp. 197-198.

o âmbito das referidas competências está fixado nos arts. 124 e 125 da CF. As competências dos entes da Federação são exclusivas, o que resulta reconhecer que são defesas ao Estado Federal.

Terceiro. Entre as competências concorrentes, isto é, as compartilhadas pelo Estado Federal e pelas Províncias, encontram-se, por exemplo, Impostos indiretos internos (art. 75, inciso 2).

Quarto. Existem competências excepcionais do Estado Federal que são por natureza das Províncias, mas, com compensações, ingressam na esfera federal e não retornam do labirinto. Por exemplo, o estabelecimento de impostos diretos pelo Congresso, destinados a defesa, a segurança comum e ao bem (art. 75, inciso 2).

Quinto. Existem também poderes compartilhados pelo Estado Federal e Províncias: o estabelecimento da Capital Federal (arts. 3º e 13).

VII.5.3 Supremacia, cooperação e coordenação

A ordenança federal do Estado Argentino discerne três qualidades específicas.

Em primeiro lugar, a supremacia do Direito emana da ordem federal. Antes, no § V.4, determina-se o escalonamento das regras produzidas por autoridades federais na Argentina. Aqui, o "alinhamento ordenado pela CF" é considerado em relação à lei produzida por cada uma das entidades da Federação. Por um lado, a existência única da ordem federal e, por outro lado, a existência plural das ordens locais de cada entidade federada exigem determinar e desenvolver a prevalência da CF, as leis do Congresso e os tratados internacionais sobre todo o Direito que emana das entidades da Federação, incluindo sua própria Constituição. Esta forma de supremacia é ordenada pelo jogo das declarações ancoradas nos arts. 5º, 31, 75, incisos 22 e 24, e 123; ao ponto em que o art. 128 afirma: "Os governadores provinciais são agentes naturais do Governo Federal para impor a Constituição e as leis da Nação". Assim, a prevalência ou supremacia da ordem jurídica federal sobre a ordem jurídica das entidades federadas é expressa.

Em segundo lugar, a participação de entidades federativas é indispensável na formação de decisões tomadas pela autoridade federal. A expressão fiel reside no art. 54:

> O Senado será composto por 3 (três) senadores para cada Província e 3 (três) para a Cidade de Buenos Aires, eleitos diretamente e em conjunto, (2) dois assentos correspondentes ao partido político

que obtém o maior número de votos e o resto ao partido político que o siga em número de votos. Cada senador terá 1 (um) voto.

Finalmente, existem tarefas de coordenação, cujo principal requisito é estabelecer as competências do Estado Federal e das entidades federadas. Em suma, sem distinção, não existe uma possibilidade racional de implantação do modelo federal.

VII.5.4 Nova descentralização política

O municipalismo envolve um segundo modelo de descentralização política; é desenvolvido ao nível provincial. Embora existisse no vocabulário constitucional desde 1853, por conta do art. 5º, a reforma constitucional de 1994 assegurou seu regime no art. 123.[36]

VII.5.5 Regionalismo

A reforma constitucional de 1994 fez uma demarcação: o regionalismo. Não é uma nova forma que coexiste com o federalismo, que permanece intocada. Para promover políticas públicas federais, um novo processo foi iniciado.[37]

VII.5.6 Réquiem sobre a dominação dos recursos naturais

A CF sancionada em 1853-1860 não regulamentou o assunto relacionado ao domínio original dos recursos naturais. As reformas de 1866 e 1898, respectivamente, não disseram nada. Permaneceram em silêncio. Foi a reforma constitucional de 1949 que proveu a propriedade do Estado Federal,[38] mas foi então "tornada ineficaz" em 1956 pelos militares,

---

36. "Art. 123. Cada Província determina sua própria Constituição, de acordo com o disposto no art. 5º, assegurando autonomia municipal e regulando seu alcance e conteúdo institucional, político, administrativo, econômico e financeiro."

37. "Art. 124. As Províncias podem criar regiões para o desenvolvimento econômico e social e estabelecer órgãos com poderes para realizar seus propósitos e também podem concluir convenções internacionais, desde que não sejam incompatíveis com a política externa da Nação e não afetem os poderes delegados ao Governo Federal ou o crédito público da Nação; com conhecimento do Congresso Nacional. A Cidade de Buenos Aires terá o regime estabelecido para esse fim (...)."

38. CF de 1949: "Art. 40. A organização da riqueza e sua exploração visam ao bem-estar das pessoas, dentro de uma ordem econômica de acordo com os princípios da justiça social. O Estado, através de uma lei, pode intervir na economia e monopolizar uma determinada atividade, em salvaguarda de interesses gerais e dentro dos limites estabelecidos pelos direitos fundamentais consagrados nesta Constituição.

como já foi mencionado no § III.5.1.³⁹ A reforma (in)constitucional de 1957 ratificou a validade da Constituição de 1853-1860, com as reformas de 1866 e 1898.

Foram necessários 37 anos para a reforma constitucional de 1994 definir a questão, com um erro notável, no art. 124: "(...) corresponde às Províncias o domínio original dos recursos naturais existentes em seus territórios". No entanto, foi uma decisão ruim, porque é plausível declarar a propriedade do Estado, não das entidades federadas, a fim de evitar mal-entendidos e aumentar os laços de solidariedade entre Províncias pobres e Províncias ricas, no âmbito de um federalismo concertado. Se a propriedade fosse atribuída ao Estado Federal se evitaria que o debate se limitasse ao âmbito provincial e que alguns servidores públicos provinciais pudessem se sentir tentados, eventualmente e hipoteticamente, a "acreditar" ou "considerar" que esses recursos – sejam eles minas, cachoeiras ou petróleo – fazem parte de uma "herança" quase de caráter pessoal, comprometendo 100% o destino das gerações futuras.

O domínio dos recursos naturais é um elemento-chave para o desenvolvimento da comunidade. Em particular, a questão da energia está ligada às decisões tomadas sobre o assunto. É necessário repensá-lo; e, obviamente, uma nova reforma constitucional, com um critério de realidade e visão do futuro, para que todas as gerações – o presente "e a nossa posteridade" – possam ter acesso ao uso e ao gozo de tais bens. Finalmente, a dominação dos recursos naturais no Estado Federal Argentino, por razões óbvias, exigirá que todas as decisões sobre esses ativos sejam adotadas por consenso no âmbito dos Poderes federais constituídos, e não apenas no âmbito da comunidade de determinado ente federado.

"Exceto para importação e exportação, que serão suportados pelo Estado, de acordo com as limitações e o regime determinado por lei, toda atividade econômica deve ser organizada de acordo com a iniciativa privada gratuita, desde que não seja visivelmente ou secretamente orientada a dominar a mercados, eliminar a concorrência ou aumentar os lucros.

"Minerais, cachoeiras, campos de petróleo, carvão e gás e outras fontes naturais de energia, com exceção das plantas, são propriedade imprescritíveis e inalienáveis da Nação, com participação correspondente em seu produto que será acordada com as Províncias.

"Os serviços públicos pertencem originalmente ao Estado, e em nenhuma circunstância podem ser alienados ou concedidos para exploração. Aqueles que estão na posse de indivíduos serão transferidos para o Estado, mediante compra ou expropriação com indenização prévia, quando uma lei nacional assim o determinar.

"O preço da expropriação de concessionárias de serviços públicos será o custo de origem dos ativos afetados à operação, menos os valores que foram amortizados durante o período desde a concessão da concessão e o excedente sobre um lucro razoável que também será considerado como reintegração do capital investido."

39. O ato consumou-se pelo governo ditatorial que, em 1955, derrubou o Presidente Juan Domingo Perón, eleito constitucionalmente para o período 1952-1958.

VII.6 Forma e sistema constitucional de governo. Limites do tema

A distinção vertical e horizontal dos Poderes constitucionais persegue um duplo propósito: primeiro, sua descentralização e distribuição; segundo, estabelecer uma espécie de enigma: como é comandado e quais os órgãos institucionais que ordenam? Os subparágrafos VII.3, VII.4 e VII.5 trataram de possíveis postulados que geralmente são aplicados para responder à primeira pergunta. Observe-se a conexão indissolúvel entre as respostas para cada âmbito das perguntas. Se uma incisão fosse feita e se separassem os âmbitos, os resultados dogmáticos seriam notoriamente insalubres.

Toda Lei Fundamental regula no Direito Positivo, com maior ou menor sucesso, certa forma de governo constitucional e certo sistema de governo constitucional. Eu chamo de "a forma constitucional de governo" a casa,[40] o edifício, a arquitetura escolhida por indivíduos livres para forjar a vida de sua comunidade. Suas principais características são as seguintes: liberdade de cidadania, periodicidade de funções nos departamentos governamentais, democracia como força orientadora das tarefas estatais, responsabilidade dos servidores públicos, publicidade de todos os atos de governo e elegibilidade – faculdade consistente de eleger governantes e ser eleito para uma função constitucional.

Ao chamar a atenção para o sistema constitucional do governo presidencial, as seguintes qualidades ou tarefas eminentes são sugeridas: o chefe de Estado é eleito nas eleições populares, encabeça o governo – bastante solitário –, não é autorizada nenhuma forma de autoridade "dupla" entre o presidente e o gabinete, tem autoridade para legislar positivamente (iniciativa e promulgação) e negativamente (veto). A "clave de sol" do regime determina que o escolhido concentra as funções de chefe de governo e de chefe de Estado, razão pela qual se deduz que o corpo eleitoral aguardará, em uma delegação aberta, suas melhores decisões durante o período de seu governo. Alguém se surpreenderia ante tal atribuição de deveres e responsabilidades ou ficaria muito atônito. Uma única pessoa chamada "presidente", na complexidade do mundo, sempre tomará a decisão certa para a comunidade? A onipotência jurídica do presidente é construída pelas Constituições que seguem este viés. A onisciência que o presidente deveria possuir para dirigir os serviços públicos nunca pode ser julgada por nenhuma lei, porque nenhum indivíduo possui todo o conhecimento, nem ninguém possui todas as artes que são necessárias para coexistir em paz.

---

40. Peter Häberle, *El Estado Constitucional*, cit., p. 44.

VII.7 Sobre a República

De acordo com a linguagem utilizada no parágrafo anterior, existem – e, portanto, são – propriedades inseparáveis da noção de "República". Longe de fingir que a descrição está completa, eu prefiro uma consideração equilibrada: suficiente, mas inacabada. Desta forma, nos parágrafos a seguir os aspectos mais robustos dos princípios constitutivos da tarefa republicana são desenvolvidos. As indicações normativas relacionadas ao sistema constitucional do governo presidencial, embora na maioria dos casos – se não em todos os casos – estejam relacionadas à República, são relatadas imediatamente no § VII.8.

Primeiro. A liberdade. A casa republicana admite sua concepção de liberdade, tanto para sua construção como para manutenção e variação. A liberdade, o bem individual mais próspero, adquire dimensão vigorosa no respeito da igual liberdade de cada indivíduo da comunidade. A liberdade deve ser apreciada por todos na casa comunitária. De outra forma, não deve ser denominado dessa maneira porque não haveria nem intersubjetividade livre, nem liberdade no assunto.[41]

Segundo. Democracia. Lembre-se do que se expressa no § VII.4.2 em relação ao duplo papel da democracia: criação da ordem política; que, uma vez produzida, guia o processo de paz comunitária com suas regras para a obtenção de conformidades, participação e inclusão de preferências (arts. 1º, 14, 22, 28, 29, 33, 36, 37, 38, 39, 45, 87, 116 e 120, entre outros, da CF).

Terceiro. Elegibilidade. Uma composição mínima de "República" autoriza a distinção como a forma constitucional de governo, com caráter substantivo, na eleição pelo corpo eleitoral de funcionários públicos que desempenham funções nos departamentos eminentemente políticos. A possibilidade republicana desaparece se a sucessão hereditária – ou qualquer outra forma de entronização de tradição ou costume que inibe a razão – proíbe ou impede a eleição autêntica e soberana de tais servidores.

A forma constitucional de governo "adotada"[42] pela Argentina desde 1853 é uma "República". É uma definição profunda, a institucionali-

---

41. Albert Camus, "La liberté est un bagne aussi longtemps qu'un seul homme est asservi sur la Terre", *["A liberdade é uma prisão enquanto houver apenas um homem escravizado na Terra"]* em *Los Justos*, peça teatral, trad. de A. Bernárdez, Buenos Aires, Losada, 1962, Ato I, p. 194. É feita referência, em homenagem à brevidade, à expressão do alcance do direito à liberdade e à construção de uma sociedade aberta às estruturas de argumento delineadas no § V.4.3, "Privacidade, fundamento da soberania individual e de uma sociedade aberta e aberta".

42. Horacio Rosatti ressalta que "adotado" não significa "copiado" ou "imitado". Também observa que nosso regime político foi "adotado", mas também "adaptado",

zação normativa mais antiga e perene na América do Sul, de acordo com seu próprio art. 1º. A energia da receita articulada na primeira declaração constitucional abrange toda a ordem jurídica. Note-se que sua antiguidade indiscutível contém um argumento interessante para a formação e a identidade do Direito Constitucional na América do Sul, uma questão que foi desenvolvida no § I.4, "Estratégia argumentativa".

O mesmo art. 1º também "adota" a forma de governo "representativa" que adere ao art. 22:

> Art. 22. O povo não delibera ou governa, a não ser através dos seus representantes e autoridades criados por esta Constituição. Qualquer força armada ou assembleia de pessoas que se atribua os direitos do povo e aja em nome deste comete o crime de sedição.

No entanto, esta declaração contida na histórica "Constituição Federal" de 1853 foi sujeita a mortificação em 1994; de fato, agora também se estabeleceu em novos artigos que "os cidadãos têm o direito de iniciativa para apresentar projetos de lei na Câmara dos Deputados (...)" (art. 39) e que "o Congresso, por iniciativa da Câmara dos Deputados, pode submeter a consulta popular um projeto de lei (...)" (art. 40). A representatividade não previne ou desvaloriza o exercício do direito de petição e liberdade de expressão (art. 14);[43] nem, no extremo, o exercício do direito de resistência[44] contra aqueles que realizam atos de força contra a ordem institucional e o sistema democrático (art. 36).[45]

Quanto às condições para ser eleito servidor público na República Argentina, o único axioma é a adequação (art. 16). Ao mesmo tempo, a CF contempla elegibilidade através do sufrágio[46] para presidente e vice-presidente (arts. 94 a 98), deputados (arts. 45 a 51) e senadores (arts. 54 a 58). Todas estas são eleições diretas e são os partidos políticos com-

---

porque as instituições desenhadas pelo poder constituinte em 1853-1860 "(...) assumiram a perspectiva de nosso próprio desenvolvimento histórico" (Horacio Daniel Rosatti, *Tratado de Derecho Constitucional*, cit., t. II, pp. 183-184).

43. Raúl Gustavo Ferreyra, "Tensión entre principios constitucionales. A propósito de los piquetes en la vía pública: ¿abuso o ejercicio regular de los derechos constitucionales que parecen antagonizar?", disponível em *www.infojus.gov.ar* – Id Infojus: DACF140218, 22.4.2014.

44. V.: Eduardo Barcesat, "Deber de obediencia a la supremacía de la Constitución", in "A Veinte Años de la Reforma Constitucional. Examen y Perspectiva", pp. 36-38, *Revista de Derecho Público* 9, Buenos Aires, Ministerio de Justicia y Derechos Humanos, Presidencia de la Nación, 2015.

45. V.: Horacio Daniel Rosatti, *Tratado de Derecho Constitucional*, cit., t. II, p. 214.

46. V. o art. 112 da CF.

petentes para a indicação de candidatos para cargos públicos eletivos (art. 38). Por outro lado, os servidores públicos encarregados da função judicial (arts. 99, 4º, 114 e 115), o Ministério Público (art. 120), os ministros do *Poder Executivo Nacional*/PEN (arts. 99 e 115) e os outros funcionários não são eleitos nas comícios populares. Note-se que a CF protege a estabilidade do funcionário público (art. 14-bis).

Quarto. Responsabilidade. No parágrafo anterior se mencionou a representação, resultado de eleições populares, especialmente aquelas exercidas por departamentos de governo eminentemente políticos. A técnica de representação não só permite a existência de representantes, mas também gera responsabilidade.

A democracia representativa e participativa pertence ao mesmo gênero: democracia política. Nas democracias representativas as decisões que afetam toda a comunidade não são tomadas diretamente pelos membros da comunidade, mas por pessoas escolhidas para esse fim. Um representante é uma pessoa que tem as seguintes características: (a) tem alguma confiança no corpo eleitoral; não é seu delegado, porque interpreta, a seu critério, os interesses dos eleitores; (b) deve proteger os interesses gerais da sociedade, e não os interesses particulares desta ou daquela categoria; (c) seu mandato não é revogável, mas terá responsabilidade.[47]

Por outro lado, a democracia direta ou participativa geralmente está ligada à falta de um intermediário entre o indivíduo deliberativo e a decisão que o afeta ou pode afetá-lo.[48]

A democracia política da Argentina é basicamente conduzida pelo modelo representativo. O modelo participativo, além do exercício diário do direito de protesto, é uma curiosidade dogmática e factual, uma vez que os servidores públicos não o praticam.

Pois bem, os representantes, com competência para lidar com ativos e interesses de terceiros, estão sujeitos a várias responsabilidades. A Lei Básica significa um dogma secular e não clerical para a probidade e a

---

47. Norberto Bobbio, *El Futuro de la Democracia*, cit., 1994, pp. 53 e ss.

48. O que distingue conceitualmente a democracia representativa da democracia participativa? A ideia de democracia, em princípio ligada ao seu modelo representativo, está associada ao pensamento liberal. Tem uma visão francamente conservadora sobre as condições pré-políticas da existência: vida, liberdade, dignidade, honra e propriedade. Por outro lado, a democracia participativa é dirigida para a ideologia socialista. Sua tendência não é impedir a deterioração das condições de vida dos cidadãos, a base da legitimação do Estado Liberal e da democracia representativa, que considera pressuposto. Seu objetivo é precisamente promover a aquisição de novas condições sociais: educação, trabalho, habitação, saúde, meio ambiente.

militância constitucional dos legisladores[49], presidentes[50] e juízes[51] na República. A responsabilidade pelo cumprimento das funções governamentais abrange vários tipos:[52] política, perante o corpo eleitoral e a cidadania em geral; constitucional, emergente do trabalho administrativo, frente ao Direito Penal; e, finalmente, patrimonial.[53]

Quinto. A periodicidade. São as diferentes gerações, o diálogo, as que desenvolvem o sistema da CF. Na Argentina os congressistas (deputados e senadores) e o Presidente e o Vice-Presidente duram um certo período nas suas funções, sujeito a renovação sob certas condições. Por outro lado, a estabilidade dos juízes na função é vitalícia, fixada pela própria Carta Constitucional (art. 110), com a referência ao cumprimento dos 75 anos prescritos no art. 99, inciso 4. No caso dos membros do Ministério Público a natureza vitalícia é fixada por lei (art. 120).

É necessário reconsiderar a duração dos compromissos dos juízes da CSJN (art. 110), de acordo com a regra sobre a variação, através da reforma constitucional. Também sugiro a necessidade de limitar a renovação dos lugares legislativos (arts. 50 – membros – e 56 – senadores), bem como eliminar e proibir a reeleição presidencial (art. 90).

No que diz respeito ao Poder Executivo e o dia em que se reformar a CF, é imediatamente necessário discutir a redução de alguns poderes, especialmente o poder de emitir decretos por razões de necessidade e urgência – v. o art. 99, inciso 3 –, e limitar fortemente a delegação que o Congresso pode realizar – v. o art. 76. Além disso, sugiro excluir a regra que autoriza a reeleição. Tudo isso nos permitirá saber antecipadamente que, uma vez que um presidente foi eleito por quatro anos, no final de seu

---

49. "Art. 67. Os senadores e deputados devem, no momento da sua incorporação, prestar juramento para desempenhar os seus deveres adequadamente e agir em conformidade com as disposições desta Constituição."

50. "Art. 93. Ao assumir o cargo, o Presidente e o Vice-Presidente prestarão juramento, nas mãos do Presidente do Senado e antes de o Congresso reunir-se em assembleia, respeitando suas crenças religiosas, de 'desempenhar com lealdade e patriotismo o cargo de Presidente (ou Vice-Presidente) da Nação e observar e fazer observar fielmente a Constituição da Nação Argentina'.".

51. "Art. 112. Na primeira instalação do Supremo Tribunal, os membros designados prestarão juramento nas mãos do Presidente da Nação, para desempenhar seus deveres, administrar a justiça bem e legalmente e de acordo com o que a Constituição prescreve. Em seguida o prestarão ante o Presidente da própria Corte."

52. Miguel Á. Ekmekdjian, *Tratado de Derecho Constitucional*, cit., t. I, pp. 149-150.

53. Leandro Eduardo Ferreyra, "Responsabilidad del Estado: entre el Derecho común y el Derecho local", *Revista Derecho Público* 8/177-245, Ano 3, Buenos Aires, Infojus, 2014.

mandato outra pessoa terá que ser escolhida para cumprir a função. O presidente cessante pode marchar para outra função, nunca o Executivo, sem intervalo de um período. Ele procurará, portanto, aplicar seus conhecimentos em qualquer campo que desejar, exceto na busca de sua reeleição.

Quanto ao Judiciário, embora reconheça que a imobilidade da função é importante para fortalecer a independência do tribunal, deve-se indagar se a vitaliciedade é imprescindível dentro do sistema republicado, onde uma das notas do papel do servidor público é precisamente a periodicidade da tarefa. O caráter não vitalício das designações é mais adequado à periodicidade da função republicana do governo, permitindo a renovação ou validação dos méritos, juntamente com a enorme possibilidade de ter um mecanismo efetivo para controlar quem, durante anos, foi o intérprete da ordem legal estabelecida pela CF ou tenha velado pela legalidade.

Sexto. Publicidade. A publicidade de todos os atos e normas do governo constitucional baseia-se em dois pilares.[54] Uma sociedade aberta só pode ser construída a partir do conhecimento e da disseminação. Então, um cidadão consciente e informado só pode participar com grande atenção na Ágora na medida em que conheça as decisões governamentais.

O governo dos servidores públicos se desempenha em representação dos cidadãos que compõem o povo; portanto, a publicidade racional é um derivado do postulado republicano contido no art. 1º, que está vinculado à razoabilidade ditada no art. 28. Nesse sentido, os cidadãos devem conhecer todos os assuntos públicos, e é por isso que constitui uma responsabilidade do governante do primeiro nível dar a conhecer a forma e o conteúdo das suas tarefas. Por esse motivo, acredito que a publicidade, embora não expressamente[55] escrita, surge da inteligência que é propiciada.

Não deve haver atos ou regras secretos na República, porque ou ela é a arquitetura que contempla todos os cidadãos ou ninguém. Os avanços na legislação concedem, no assunto examinado, um instante de luz.[56]

---

54. Marcela Basterra, "La publicidad de los actos de gobierno", in *Constitución de la Nación Argentina y Normas Complementarias. Análisis Doctrinario y Jurisprudencial*, t. 1, Buenos Aires, Hammurabi, 2009, pp. 163-192.

55. Excelente tecnologia na Constituição da Cidade de Buenos Aires de 1996, em seu art. 1º: "A Cidade de Buenos Aires, de acordo com o princípio federal estabelecido na Constituição Nacional, organiza suas instituições autônomas como democracia participativa e adota para o governo a forma republicana e representativa. Todos os atos de governo são públicos".

56. Lei 26.134, publicada no *Boletim Oficial* 25.8.2006, promulgada pelo Decreto 1.097/2006:

Assim, o governante deve publicar fundamentalmente no *Diário Oficial do Estado* suas ações. Os cidadãos gozam de forte direito de acesso à informação, que tem hierarquia constitucional, nos termos do art. 13 da Convenção Americana de Direitos Humanos/CADH:

Liberdade de Pensamento e Expressão

1. Todos têm direito à liberdade de pensamento e de expressão. Este direito inclui a liberdade de buscar, receber e transmitir informações e ideias de todos os tipos, independentemente das fronteiras, seja oralmente, por escrito, em forma impressa ou artística, ou por qualquer outro procedimento de sua escolha (...).

Além disso, várias regras de raiz constitucional também se referem a informação. Entre elas, o art. 38 da CF estabelece: "Os partidos políticos são instituições fundamentais do sistema democrático. A criação e o exercício de suas atividades são livres no respeito desta Constituição, o que garante (...) o acesso à informação pública (...)". O art. 41 passa a ter a seguinte redação: "Todos os habitantes gozam do direito a um ambiente saudável e equilibrado, adequado para o desenvolvimento humano e para atividades produtivas para atender às necessidades presentes, sem comprometer as das gerações futuras; e têm o dever de preservá-lo (...). As autoridades fornecerão proteção para este direito (...) e informações e educação ambiental".

Por sua vez, o art. 42 estipula que: "Consumidores e usuários de bens e serviços têm direito, na relação de consumo, (...) a informações adequadas (...)".

Em resumo, a aferição da responsabilidade do governante constitucional requer que seus atos sejam tornados públicos. Sem isso, o silêncio não só gerará escuridão, mas também será uma amostra palmar da falta de saúde constitucional.

VII.8 Sistema constitucional do governo presidencial

No Estado Constitucional o Direito deve ser criado e realizado[57] por autoridade com competência determinada. Não há Direito fora do gerado pela autoridade criada pela Constituição. O uso do poder do Es-

---

"Art. 1º. O segredo ou a natureza reservada de qualquer lei que foi sancionada com condições como a entrada em vigor desta lei deixa de ser efetivo.

57. V.: Raúl Gustavo Ferreyra, "Enfoque sobre el mundo del Derecho. Constitución y derechos fundamentales", cit., *Academia. Revista sobre Enseñanza del Derecho* 21.

tado fora da jurisdição atribuída causa abuso de poder, indisciplina que certamente degenera em "Direito estranho ao Estado Constitucional" ou simplesmente Direito estatal. Para realizar isso, nomeadamente, a produção e a realização do Direito no sistema constitucional do governo presidencial,[58] se distingue o exercício de tarefas em três departamentos ou poderes constituídos: Legislativo, Executivo e Judicial.

A forma constitucional presidencial é um fruto que, em geral, germinou nas democracias da América.[59] Tal originalidade, é claro, não implica, por si só, uma qualidade institucional elevada e deliciosa.[60] Pelo contrário, a crise do modelo – impossível tratar aqui, porque não é o objeto – nos obriga a pensar em referências como o semipresidencialismo[61] ou qualquer outro método racional de desconcentração de poderes, quase sempre com tendência ao absolutismo do presidente.

No modelo presidencial a tripartição de Poderes[62] que atua com relativa independência confere-lhes, basicamente, uma função ou uma parte do poder do Estado, porque não há poderes além dos que gozam de nomenclatura constitucional. Dito de maneira grosseira: ao corpo legislativo se atribui a função criadora do Direito; ao executivo, a realização do Direito; e ao judicial é atribuída a realização do Direito nos casos controvertidos. É uma descrição extremamente rudimentar, cujo único valor reside na divulgação da dimensão funcional-governamental. Quando isso é proclamado, não se pode ignorar que ao Poder Executivo

---

58. Giovanni Sartori, *Ingeniería Constitucional Comparada*, México/D.F., Fondo de Cultura Económica, 1996, pp. 97-116.

59. Jorge Carpizo, *El Presidencialismo Mexicano*, México/D.F., Siglo Veinteuno, 2013.

60. Scott Mainwaring e Matthew Soberg Shugart (eds.), *Presidencialismo e Democracia en América Latina*, Barcelona, Paidós, 2002.

61. V.: Dieter Nohlen, "El presidencialismo. Análisis y diseños institucionales en su contexto", *Revista de Derecho Público* 74/87-111, Santiago de Chile, Facultad de Derecho/Universidad de Chile, 2011.

62. A Corte Suprema de Justiça da Nação Argentina/CSJN é um órgão constitucional criado em 1853; sua integração ocorreu 10 anos depois. Precisamente em 4.12.1863, em sentença assinada pelos Juízes Francisco de las Carreras, Francisco Delgado e José Barros Pazos, foi decidido que um decreto do "Poder Executivo Nacional" não tinha "valor legal" porque implicava usurpação das atribuições do Poder Legislativo. No *Considerando 2* da decisão foi estabelecido o seguinte domínio pretoriano: "(...). Esse sendo um princípio fundamental do nosso sistema político, a divisão do governo em três grandes departamentos, Legislativo, Executivo e Judicial, independentes e soberanos em seus esfera, segue-se necessariamente que as atribuições de cada um são peculiares e exclusivas para ele; porque no uso concomitante ou comum deles necessariamente desapareceria a linha de separação entre os três grandes Poderes políticos e destruiria a base de nossa forma de governo" (CSJN, "Rivers", *Faults* 1:36 (1863)).

também se atribui função criadora do Direito: iniciativa, promulgação e veto da lei (decreto de necessidade e urgência/DNU, delegação legislativa e decretos regulatórios), fora da jurisdição administrativa. Por sua vez, certos julgamentos da CSJN revestem-se de semelhante qualidade produtora do Direito de mais elevada hierarquia, assim como a função que pode ser exercida pelo Congresso em caso de julgamento político dos membros do Poder Executivo Nacional/PEN ou do Judiciário.

Se por *política*[63] se entende a tarefa iminente de propor soluções a certos problemas comunitários ou, se necessário, fazer todo o possível para evitá-los, todos os órgãos que são investidos do poder do Estado cumprem funções políticas, uma vez que a "política" é a tarefa incumbida de manter e desenvolver determinada ordem, a autorizada pela Constituição. Os departamentos governamentais, com seus diagramas detalhados de competências, devem cumprir uma espécie de militância constitucional, na medida em que são obrigados a obedecer a suas prescrições e a realizar, como horizonte de projeção, determinada paz, na busca interminável do bem-estar geral.

A imputação de funções no sistema constitucional de governo presidencial[64] é observada no fato de que cada um dos órgãos constitucionais tem sua própria esfera de competências separada. A CF contempla a atribuição de um conjunto de competências a determinado corpo. Deve-se inferir que isso não deve ser exercido ou recolhido por outro organismo, uma vez que essa parte da competência é uma parte exclusiva da área atribuída pela Constituição. Além disso, a competência atribuída ao órgão o obriga a realizar as declarações normativas constitucionais que lhe são atribuídas, de acordo com a doutrina pela qual todos os órgãos constitucionais devem concretizar a juridicidade – dentro de um campo racional de discrição –, especialmente as determinações de conduta destinadas a preservar a supremacia da Lei Fundamental do Estado.

O presidencialismo[65] é um modelo fortemente majoritário. De maneira correta, foi apontado que "(...) a presidência revela um drama diário do jogo recíproco entre caráter humano e conceitos legais, de uma forma que não é completamente imitada por nenhum outro car-

---

63. Mario A. Bunge, *Filosofía Política. Solidaridad, Cooperación y Democracia Integral*, cit., pp. 85-86.

64. AA.VV., *Vistas Presidenciais. Parlamentarismo. Materiais para o Estudo da Reforma Constitucional, Consejo para la Consolidación de la Democracia*, Buenos Aires, Eudeba, 1988.

65. Horacio Daniel Rosatti, *El Presidencialismo Atenuado*, Buenos Aires, Rubinzal-Culzoni, 2001.

go do mundo".⁶⁶ De fato, esse tipo de governo consiste em produzir e manter, através de eleições genuínas, uma maioria que autoriza um presidente a se tornar intérprete exclusivo dos interesses da cidadania do Estado. Após cada eleição, o delegado eleitor-cidadão deve retornar a uma audiência passiva e sem crítica ao presidente. Isso leva a um estilo mágico de fazer política: o mandato delegativo.⁶⁷ Muitas vezes, eleito o presidente, os cidadãos delegantes constituem voluntariamente uma audiência passiva de tudo o que ele faz.

O sistema constitucional de governo da Argentina pertence à afiliação presidencial, com a separação tripartite clássica e um poder extra: o Ministério Público, desde a reforma constitucional de 1994. Na Segunda Parte, Primeiro Título, de sua CF se organiza seu governo republicano, embora existam também princípios e diretrizes regulatórias na Primeira Parte, especialmente a racionalidade exigida para todos os departamentos do governo republicano (art. 28) e a proibição de atribuir ou conceder "poderes extraordinários", ou a soma de poder público "ou submissões ou supremacias pelas quais a vida, a honra ou a fortuna dos argentinos fiquem à mercê dos governos ou de qualquer pessoa" (art. 29).

O art. 44 prescreve um Congresso composto por duas Câmaras, uma dos deputados da Nação e outra dos senadores das Províncias e da Cidade de Buenos Aires. Entre as atribuições do Congresso, no art. 75 do CF, distinguem-se, por exemplo: legislar em matéria aduaneira; ditar os Códigos Civil, Comercial, Criminal, Mineiro e Laboral e da Segurança Social; regular o comércio com Estados estrangeiros e das Províncias entre si, para proporcionar a prosperidade do País, organizando o pagamento da dívida interna e externa do Estado; impor contribuições e aprovar ou rejeitar tratados celebrados com outros Estados e com organizações internacionais e os acordados com a Santa Sé. Finalmente, a "Auditoria--Geral" é um órgão de assistência técnica do Congresso, com autonomia funcional (art. 85), e o Defensor do Povo é um órgão independente estabelecido no âmbito do Congresso Federal (art. 86).

De acordo com a regra prevista no art. 87, o Presidente da República é o líder do processo constitucional. É uma tarefa unipessoal, embora goze da assistência e aprovação de seus atos pelo chefe de gabinete e demais ministros do gabinete (arts. 100 a 107).

---

66. V.: Edward Corwin, *El Poder Ejecutivo, Función y Poderes 1787-1957. Atribuciones y Funciones de los EE.UU. a través de la Historia y el Análisis de la Práctica Constitucional*, Buenos Aires, Bibliográfica Argentina, 1959, p. 1.

67. Guillermo O'Donnell, *Contrapuntos. Ensayos Escogidos sobre Autoritarismo y Democratización*, Buenos Aires, Paidós, 1997, pp. 288-304.

O "executivismo" da Argentina é evidente no art. 99, uma regra em que os poderes presidenciais são acumulados, dentre os quais se distinguem: chefe supremo de Estado; chefe de governo e líder político da administração geral do País, emitindo instruções e regulamentos para a execução das leis do Estado; participação na formação de leis, com a obrigação de promulgá-las e publicá-las; possibilidade de emitir disposições legislativas em circunstâncias excepcionais por razões de "necessidade e urgência"; conclusão e assinatura de tratados para manutenção de boas relações com organizações internacionais e Estados estrangeiros; e comandante de todas as Forças Armadas do Estado. Deve-se notar que anteriormente, no art. 76, dentro dos "poderes do Congresso", embora a base para a proibição de "delegação legislativa" no Poder Executivo seja estabelecida, o mesmo princípio estabelece uma própria contradição, é dizer, as "exceções" jurídico-institucionais para o "Congresso" estabelecer. Embora o art. 109 estabeleça que em nenhum caso o presidente pode exercer funções judiciais, a "jurisdição administrativa" está em boa saúde, em pleno desenvolvimento e expansão no "executivismo", com a única condição de ser submetida a "controle" do Poder Judiciário.

O Poder Judiciário é exercido por uma Corte Suprema e por outros tribunais inferiores estabelecidos pelo Congresso, órgãos competente para o "conhecimento e decisão" de "todos os casos" que tratam de pontos regidos pela CF e pelas leis do Estado, de acordo com o conjunto de princípios estabelecidos nos arts. 108 e 116, respectivamente. O controle judicial da constitucionalidade é exercido por todos os órgãos judiciais desde o século XIX, embora não existisse menção expressa na CF de 1853; é feita referência ao art. 43 a partir de 1994. Finalmente, o Conselho Judicial é membro do Poder Judiciário, nos termos dos arts. 114 e 115.

Completa a imagem, como se disse acima, o Ministério Público; um órgão localizado fora da tríade Congresso/Executivo/Judicial, de acordo com o art. 120. É composto por um Procurador-Geral e um *Ombudsman*-Geral e os outros membros que a lei estabelece.

Finalmente, deve-se ressaltar que, por definição constitucional, existem controles interjurídicos horizontais, ou seja, uma rede de pessoas autônomas que podem examinar e questionar (e, se necessário, sancionar) atos irregulares cometidos durante o desempenho do cargo público. No entanto, na democracia levantada na Argentina esta rede de controle não é posta em operação ou, quando executada, é extremamente fraca.

VII.9 Resumo

A Constituição abriga uma concepção do mundo que através de suas declarações será bastante viável justificar uma comunidade de cidadãos igualmente livres. Particularmente no contexto do Estado, a regra arquitetônica da distinção desencadeia um procedimento para dar sentido a todos os indivíduos serem iguais em liberdade.

A regra da distinção constitui uma justificação semântica do Estado Constitucional. A legitimação inerente é reciproca pela demonstração de que suas declarações têm certo significado dentro do contexto do Estado Constitucional, com base na doutrina do espírito e no mal-estar correspondente a cada um dos seus quatro movimentos. De fato, sua entrada permite determinar certa igualdade dos cidadãos, entendendo que através dele você pode ver como a comunidade é ordenada e quem ordena e em nome daqueles que exercem seus poderes.

A regra da distinção também implica postular uma orientação da lei que configura o Estado na direção do indivíduo, cuja individualidade sem perda é socializada, uma vez que o sujeito individual é a unidade dos constituintes e o primeiro motor do sistema. Eu acredito que essa consideração pode ser visível através de cada uma das suas implantações. Assim, em um primeiro movimento, a construção da democracia política – que talvez seja um objetivo mais próximo da quimera do que as respostas da realidade –, embora, à primeira vista, pareça suficiente, não é de todo. Portanto, um segundo movimento também é necessário para descentralizar politicamente a própria construção do poder constitucionalizado. A este respeito, a forma jurídica federal pode configurar uma das realizações ou "teses"[68] que pode estar mais próxima de um critério de igualdade no tratamento, uma vez que se baseia em uma concepção plural como um tipo, talvez superior à demanda pelo tipo de Estado Unitário. A justificativa também opera, como pode ser lido, distinguindo a horizontalidade do poder constitucional em uma inclinação dupla. Assim, em um terceiro movimento tentamos construir uma habitação comum e igualitária para todos os cidadãos, uma tese esplêndida, mas de verificação indeterminada e fingida pela permutação invariável de seus argumentos. Finalmente, considero que é necessário distinguir um sistema para a realização do processo político cuja definição pelo presidencialismo ou pelo parlamentarismo reside na maior ou menor concentração de poder e no estabelecimento semelhante dos vários graus de executividade e representatividade que são perseguidos.

---

68. Peter Häberle, *El Estado Constitucional*, cit., pp. 29-30.

§ VIII. Sobre a Ação dos Direitos Fundamentais

VIII.1 Reexame. Natureza processual e substancial dos fundamentos constitucionais – VIII.2 Uma certa linha de ação para o exercício da força – VIII.3 Uma questão intermediária. A nomenclatura – VIII.4 Boa-fé – VIII.5 Pro homine – VIII.6 Desenvolvimento progressivo: VIII.6.1 Medidas imediatas – VIII.6.2 Expectativas de não regressão – VIII.6.3 Expectativa de desenvolvimento progressivo – VIII.6.4 Consciência jurídica – VIII.7 Novo interlúdio: a jurisprudência da Corte Interamericana de Direitos Humanos/CIDH de acordo com a Corte Suprema de Justiça da Nação Argentina/CSJN: VIII.7.1 A casuística – VIII.7.2 Ponto de vista – VIII.8 Sobre a objetividade dos direitos fundamentais – VIII.9 Resumo.

VIII.1 Reexame. Natureza processual e substancial dos fundamentos constitucionais

A Constituição, ao estabelecer certos procedimentos, cumpriria a função responsável pelo mais alto atributo às formas legais: incentivar a paz. De acordo com o que foi examinado nos três parágrafos anteriores, as regras avaliadas são chamadas a desenvolver papel eminentemente processual, porque a tensão entre indivíduo e Estado, o conflito entre cidadão e autoridade, impossível de resolver com características definitivas, se dissolve a favor de certos procedimentos específicos. Deve-se ter em mente que, ao subordinar a ação estatal ao Direito da Constituição, esses processos dependem de certa certeza. A contribuição da regra sobre a variação é análoga, uma vez que também conserta um processo específico e elementar de mudança; consequentemente, certas certezas também estão enraizadas na comunidade dos cidadãos, para que o desenvolvimento jurídico seja cumprido em um quadro pacífico.

Em outra perspectiva, não tão empírica como a observada para os "fundamentos (raízes)" mencionados no parágrafo anterior, o caráter processual da Constituição também está diretamente relacionado com a regra sobre a distinção, embora, neste caso, por meio de uma justificativa cujo objetivo é estabelecer certa igualdade entre os cidadãos. Ao mesmo tempo, deve-se notar que talvez a regra sobre a distinção, uma "razão fundamental" do Estado Constitucional, tenha possibilidades substantivas. De fato, se fosse verdadeiro que a existência de um direito fundamental à separação dos Poderes do Estado poderia ser justificada, já esse regime está a serviço dos direitos humanos e à proteção da liberdade do indivíduo.[69] Se fosse esse o caso, haveria boas razões para ser otimista, porque a natureza participativa pode ser melhorada e desenvolvida sob a

---

69. Peter Häberle, *El Estado Constitucional*, cit., pp. 193-224.

forma de tomada de decisão e aprofundamento de garantias individuais. Além disso, sua fecundidade encorajaria a sustentar e desenvolver resumos antigos do paradigma inescapável sobre a igualdade dos homens.

Adivinhar sobre propriedades formais implica sua formalização. Isso não significa que as regras sobre subordinação, variação ou distinção não podem revelar qualidades substantivas. No parágrafo anterior é claro que a regra da distinção pode ser abordada para levar a cabo processos substantivos. Enquanto isso, as três regras são uma invenção para garantir e justificar que alguns irão mandar e outros obedecerão, na compreensão de que esses processos de subordinação, variação e distinção, sendo distinguíveis e acessíveis a todos, por definição legal, partem de um certo critério de igualdade na cidadania.

Conforme previsto no § I.4, agora temos que analisar o quarto fundamento da tetralogia: a regra sobre a ação dos direitos fundamentais. O significado dos direitos fundamentais pode ser entendido a partir de uma dimensão objetiva e de uma dimensão subjetiva.[70] Nas seguintes letras é tomada uma tese sobre a dimensão objetiva, cujo núcleo permanece intacto: direitos fundamentais, cuja entidade dispõe de Constituições, deve significar linhas de ação para o uso da força, o próprio motivo para esta última.

Trata-se, então, de "razões para o Direito Constitucional" concebidas objetivamente para o uso da força, que são formalizadas através dos direitos fundamentais, ou seja, uma série de diretrizes para a regulamentação básica da vida cívica em uma comunidade. Observe-se esta diferença singular: o Direito entendido como o motivo da força no sentido "mínimo" é a mera legalidade que prevalece na ordem estatal; uma entidade mais preocupada com a retórica constitucional ineficaz do que com a eficácia dos direitos fundamentais. Em contraste, o Direito entendido como a razão da força no sentido "cheio" é um argumento para a realização da ordem estatal, cuja base são efetivamente os direitos fundamentais.[71]

Ao entender que as teorias são redes lançadas para capturar o que chamamos de "mundo", para racionalizá-lo, explicá-lo e dominá-lo,[72] sem me distanciar do campo teórico mencionado no parágrafo anterior,

---

70. Sobre este ponto referimos Raúl Gustavo Ferreyra, "Discurso sobre el Derecho Constitucional. Colores primarias", *Revista de Derecho Público* 4/94-97.

71. V.: Raúl Gustavo Ferreyra, "Enfoque sobre el mundo del Derecho. Constitución y derechos fundamentales", cit., *Academia. Revista sobre Enseñanza del Derecho* 21.

72. Karl R. Popper, *La Lógica de la Investigación Científica*, Madri, Tecnos, 1962, p. 57.

as seguintes questões agora se desenvolvem: a concepção de ação, a nomenclatura dos direitos fundamentais, a boa-fé, o desenvolvimento progressivo, o princípio *pro homine* e a razoabilidade na realização jurídica. Como é de se esperar, tais afirmações não se distinguem da tese inicial;[73] não supõe uma distração, embora sim, talvez, um suplemento ou adicional teórico. Talvez o objeto real seja que, no próprio tecido da rede, "sua malha é sempre mais fina",[74] e não que isso possa encontrar uma justificativa fundamental renovada para o mundo estatal. Devo repetir: todos os aspectos relacionados estão seriamente ligados às possibilidades substantivas que os direitos fundamentais, embora não de forma exaustiva, justifiquem atuar em comunidade.

VIII.2 Uma certa linha de ação para o exercício da força

A Constituição contém um "plano": combinação de linhas mestras ou sequência ordenada de etapas que são organizadas com o objetivo de organizar uma coexistência da comunidade. Para colocá-lo menos frouxamente: conter o poder do Estado na crença de que sua constitucionalidade canalizada significa um processo esclarecido. Todo plano constitucional sempre responde a um certo "corpo de conhecimento relevante".[75] Claro, existem planos mais ou menos realizáveis. A viabilidade do plano está diretamente associada à sua elasticidade: sua concreta abertura à luz dos resultados obtidos no decurso da sua aplicação. Em particular, os planos contidos no artifício constitucional têm um objetivo muito preciso: servir de marco para as ações.

O termo "ação" tem um significado geral, denotando quase qualquer operação. Nas palavras de Bunge: "O que uma coisa faz para outra. Uma possível formalização: a ação que a coisa x exerce sobre o assunto y é equivalente à diferença conjuntiva entre a história de y quando x está presente e a história de y quando x está ausente".[76] A rigor, no mundo do Estado Constitucional só se pode predicar sobre ações humanas; sobre as coisas artificiais ou sobre os processos controlados pelo homem.[77] O homem, sempre. Assim, os planos constitucionais sobre as ações projetam um curioso quadro de referência: embora se baseiem em regu-

---

73. V.: Raúl Gustavo Ferreyra, "Enfoque sobre el mundo del Derecho. Constitución y derechos fundamentales", cit., *Academia. Revista sobre Enseñanza del Derecho* 21.
74. Karl R. Popper, *La Lógica de la Investigación Científica*, cit., p. 57.
75. Mario A. Bunge, *Diccionario de Filosofía*, cit., pp. 163-164.
76. Idem, p. 2.
77. Mario A. Bunge, *Las Ciencias Sociales en Discusión*, cit., pp. 332-333.

laridades e reivindiquem sua realização em determinada realidade, é ao mesmo tempo fundamental compreender o indeterminismo do próprio comportamento humano. Talvez porque "o tempo é a substância de que sou feito",[78] pretendemos fortalecer com os planos principais o desenvolvimento da convivência da comunidade, com consciência aguda da indeterminação da vida.

Devo dizer que, dentro da inestimável vocação normativista, os direitos fundamentais criados pela autoridade podem fornecer uma base ou razão para as ações dentro da comunidade. Suas formulações normativas são procedimentos significativos pelos quais se pode demonstrar que realmente tem sentido o contexto do mundo do Estado.

Os direitos fundamentais ligam uma "interpretação ou realização preferida". Embora as marcas do tempo presente indiquem o contrário, gostaria de salientar, a este respeito, alguns cenários desejáveis. O primeiro: "O Presidente da República deixou de legislar mediante a emissão de decretos por motivos de necessidade e urgência em uma área de reserva do Congresso, cujo significado reside no desenvolvimento de direitos fundamentais". O segundo: "O Congresso regula, com sobriedade, rigor e pontualidade, direitos fundamentais, cuja regulamentação ordenou o poder no momento constituinte". O terceiro: "A CSJN deixa de legislar (não regula mais) direitos fundamentais, nem mesmo em questões processuais". O último, talvez o mais destacado: "Os direitos fundamentais, na comunidade, são Direito sobre Direito, razão pela qual são aplicados automaticamente pelo poder administrativo e não requerem sua judicialização ao não existirem controvérsias nem sobre sua dimensão, nem sobre o seu escopo".

A qualidade de um plano constitucional pode ser justificada pelas propriedades das ações que cobre. Todas as Constituições existentes têm um certo plano de direitos fundamentais. Não se conhece nenhum texto que declare que suas autoridades poderão não respeitá-las ou violar as formulações fundamentais. Também não há autoridades que postulam que sua tarefa é demolir os direitos fundamentais, embora na verdade isso ocorra. Na América do Sul, como resultado de uma tarefa constitucional notável, um grande fragmento das leis fundamentais confere reconhecimento expresso a esses direitos. Em vários casos as declarações normativas sobre os direitos fundamentais não estão longe de ser descritas como uma narrativa maravilhosa localizada fora do tempo ou fora do território em que eles realmente podem ser realizados. A com-

---

78. Jorge Luis Borges, "Nova refutação do tempo", *Outras inquirições*, in *Obras Completas*, Buenos Aires, Emecé, 1974, p. 771.

pulsão constitucional ao desejo de formulação normativa, com ausência marcada pela realidade, também indica o possível itinerário dos direitos em questão.

As Constituições não deveriam piorar as condições pré-políticas da existência individual na comunidade. O contrato constitucional deveria conter o fio de Ariadne para o bem-estar da comunidade, mas nunca deveria dizer que seus cidadãos poderão tocar o céu com as mãos. A graça da eternidade só pode ser possuída pelas quatro raízes do mundo natural; os direitos fundamentais, sabemos que eles são uma invenção humana; logo, eles não são eternos: eles nascem e se desenvolvem em um contexto. Por esta razão, a principal qualidade do significado dos direitos fundamentais reside na sua abertura.

O respeito, o desenvolvimento e a consagração dos direitos fundamentais é tarefa realizada por cidadãos e funcionários públicos. Para o último, sua função elementar deve residir na observação e estimulação de todos e cada um dos direitos fundamentais copiosamente adjudicados na Constituição republicana. Por tudo o que precede, argumenta-se que os direitos fundamentais devem constituir a linha de ação, certa e principal, para o governo da comunidade. Quanto maiores o respeito e a dimensão fundamental, melhor será a qualidade de vida.

VIII.3 Uma questão intermediária. A nomenclatura[79]

Como já explicamos, o poder constitucional tenta compor poder e Direito. Significa uma alternativa para o governo da comunidade e a possibilidade de que cada um, cidadãos e funcionários públicos, dirija suas ações. O poder, através de sua constitucionalização, possibilita alguma racionalidade no aparelho de poder do Estado. Lembre-se que, na composição rigorosa, na tetralogia de partes de uma Constituição – a CF por exemplo – "os direitos e deveres fundamentais" são um dos seus constituintes.[80] Os esforços neste *Manifesto* são direcionados a uma

79. Em outro texto a denominação "direitos fundamentais" foi justificada (v.: Raúl Gustavo Ferreyra, "Enfoque sobre el mundo del Derecho. Constitución y derechos fundamentales", cit., *Academia. Revista sobre Enseñanza del Derecho* 21/269-276. Além disso, em outro escrito foram feitas afirmações sobre a concepção do modelo de direitos fundamentais adotado pela República Argentina, como direitos subjetivos individuais, sociais e coletivos (v.: Raúl Gustavo Ferreyra, Discurso sobre el Derecho Constitucional. Colores primarios", cit., *Revista de Derecho Público* 4/83-97). Para li enviamos, em homenagem à brevidade.

80. Raúl Gustavo Ferreyra, "Sobre la Constitución. Concepto, composición y mecanismos", cit., *Revista de Derecho Político* 86.

observação externa e à compreensão da Constituição. Disso se segue semelhante leitura para os direitos fundamentais.

Nesta perspectiva, é necessário descrever os direitos fundamentais a partir de uma "nomenclatura", no sentido de lista de nomes ou coisas. Aqui, tomo uma visão realista: os estados das coisas vistas constitucionalmente no mundo. Quero enfatizar que a preocupação com a nomenclatura gira em torno de "direitos [*fundamentais*] que se tem", não sobre os direitos que se deveria ter.[81] Atualmente a nomenclatura não parece ser um problema para os poderes constituintes. Cada Constituição adota uma tecnologia para levar adiante a formulação normativa sobre os direitos fundamentais. Algumas até os individualizam expressamente:

(i) Constituição da República Federativa do Brasil de 1988, "Título II – Direitos e Garantias Fundamentais".

(ii) Constituição Política da República da Colômbia, 1991, "Título II – Sobre Direitos, Garantias e Deveres"; "Capítulo I – Dos Direitos Fundamentais".

(iii) Constituição Política do Estado Plurinacional da Bolívia, 2009, "Primeira Parte – Bases Fundamentais do Estado. Direitos, Deveres e Garantias"; "Título II – Direitos Fundamentais e Garantias".

(iv) Constituição Política do Peru, 1993, "Primeiro Título – Da Pessoa e da Sociedade"; "Capítulo 1 – Direitos Fundamentais da Pessoa".

Esta breve descrição não significa que Uruguai, Argentina, Chile, Paraguai, Venezuela e Equador não possuam direitos fundamentais. Eles os possuem em suas formulações normativas, em alguns casos com abundância insuspeita. Nem se pode derivar do pequeno inventário que, no caso dos quatro textos citados, implique a seguinte apreciação dogmática: que os direitos fundamentais são somente esses. Provavelmente, as tarefas doutrinárias e judiciais tiveram a oportunidade para se aprofundar e, se necessário, aumentar a listagem. Em qualquer caso, toda discussão é fechada com a individualização constitucional, pelo quê não corresponderá remover ou ignorar a natureza "fundamental" de um direito que foi apropriadamente projetado pelo poder constituinte.

Talvez uma das decisões mais originais sobre a matéria constituinte seja a da Argentina. Desde 1853 possui direitos (e garantias) enumerados e direitos não enumerados, de acordo com o art. 33 da CF. Não há dúvida

---

81. Norberto Bobbio, "Sobre el fundamento de los derechos del hombre", in *El Tiempo de los Derchos*, trad. de R. de Assís Roig, Madri, Sistema, 1991, p. 53.

de que "não enumerado" não significa "direitos naturais" ou qualquer outra forma impiedosa de direito que não seja uma elaboração crítica e deliberada, porque a própria norma gera o aparelho crítico: "(...) mas que nascem da soberania das pessoas e da forma republicana de governo". O fato da "enumeração" não significa a negação dos outros direitos que não estão listados, cuja chave decisiva, repito, decorre da mesma carta fundamental da CF.

Em outros lugares[82] foi apontado que a República Argentina, em sua ordem federal, tem direitos de raiz constitucional e de hierarquia dos direitos constitucionais. O conteúdo do primeiro compõe um "noneto": liberdade civil e acesso à jurisdição, direitos de liberdade e participação política, direito de igualdade, direitos sociais, direito ao meio ambiente e contrato geracional, direitos de incidência coletiva, propriedade e função social e direitos não enumerados; todos ligados pelo direito à vida. Os direitos de hierarquia constitucional são consagrados nos 14 instrumentos que gozam do nível acima mencionado (art. 75, inciso 22, da CF). Finalmente, para fechar este parágrafo, apelo a um texto de Leon Tolstoy:

> Os homens são como rios, todos feitos com a mesma água, mas cada um às vezes é moderado, às vezes rápido, às vezes largo, às vezes lento, às vezes frio, às vezes limpo, às vezes turvo, às vezes quente. O mesmo vale para os homens. Todos carregam dentro de si mesmos os germes das faculdades humanas: às vezes manifestam algumas, e às vezes outras, e muitas vezes parecem diferentes de si mesmos, continuando todavia sendo eles mesmos.[83]

Com a nomenclatura dos direitos fundamentais, um instrumento de pura produção humana, é o mesmo que com os rios: eles ainda são os únicos capazes de justificar o ordenamento do aparelho da força.

VIII.4 Boa-fé

A boa-fé é um critério para a realização dos direitos fundamentais do Estado e dos seus cidadãos, bem como entre eles. Uma determinação jurídica que irradia para todos os setores de planejamento estatal e obriga a agir com probidade. Embora não seja um critério entre os critérios de realização, seu compromisso orientador é impossível de evitar, pelo

---

82. Sobre este ponto: Raúl Gustavo Ferreyra, "Discurso sobre el Derecho Constitucional. Colores primarios", cit., *Revista de Derecho Público* 4/94-97.

83. Léon Tolstoi, *Ressurrección*, trad. de M. Orta Manzano, Barcelona, Juventud, 2010, p. 274.

menos sem custos. A Convenção de Viena sobre o Direito dos Tratados[84] contém determinação expressa sobre o assunto na "Terceira Seção – Interpretação dos Tratados":

> 31. **Regra Geral de Interpretação.** I. Um tratado deve ser interpretado de boa-fé de acordo com o sentido comum a ser dado aos termos do tratado e em seu contexto e levando em consideração seu objeto e finalidade (...).

De acordo com a classificação hierárquica da lei federal da Argentina, a Convenção de Viena sobre o Direito dos Tratados seria localizada no segundo nível, imediatamente após a CF e o DIDH, que goza de hierarquia constitucional (v. Subseção V.4.2, "Configuração e gradação normativa"). No entanto, a boa-fé da Convenção, na minha opinião, congloba/abrange[85] o DIDH, que goza de hierarquia constitucional; logo, ao unir as partes, é impossível realizar o DIDH, que tem a hierarquia acima mencionada, em negligência da boa-fé que, de forma proeminente, prescreve o art. 31 da Convenção. Em outras palavras, a realização dos direitos fundamentais alojados no DIDH deve ser de boa-fé, porque os 14 instrumentos que têm hierarquia constitucional são abrangidos pela "boa-fé" da Convenção de Viena sobre o Direito dos Tratados.

Poder-se-ia pensar que a interpretação ou realização de boa-fé, que prevê a referida Convenção, seria aplicável apenas aos direitos internacionais fundamentais, e não aos descritos na própria raiz da CF. Eu acredito que isso não seria uma interpretação adequada: primeiro, porque o DIDH está conglobado com a "boa-fé" que é ordenada pela Convenção; em segundo lugar, porque esses instrumentos internacionais, agora "conglobados", são aqueles que efetivamente, "nas condições de sua vigência, têm hierarquia constitucional, não derrogam qualquer artigo da Primeira Parte desta Constituição e devem ser entendidos como complementares dos direitos e garantias por ela reconhecidos. (...)" (art. 75, inciso 22, da CF).

Neste sentido, a boa-fé deve ser entendida como critério orientador para a realização dos direitos fundamentais de raiz e hierarquia constitucional, uma vez que a "complementaridade" prevista no art. 75, inciso 22, exclui qualquer possibilidade de contradição indesejada. Além disso, a partir da reforma constitucional de 1994 a boa-fé deve ser permanente-

---

84. Aberta para assinatura em 23.5.1969 e aprovada na Argentina pelo Padrão de Fato 19865 (1972).

85. V.: E. Raul Zaffaroni *et al.*, *Derecho Penal*, cit., pp. 127-128.

mente ligada como um dos "princípios do Direito Público" estabelecidos agora pelo sistema da CF, a que faz alusão seu art. 27.

VIII.5 *"Pro homine"*[86]

Este princípio também orienta a realização dos direitos fundamentais, uma vez que, de acordo com suas prerrogativas, a realização da fórmula normativa deve sempre buscar a interpretação mais favorável dos direitos fundamentais da pessoa humana. De fato, é apresentado como uma regra de interpretação extensiva dos direitos fundamentais e restritiva em suas limitações. Com várias expressões normativas, ocupa o ápice da ordem jurídica da Argentina.[87] Aqui se mostra uma delas, para fixar normativamente a ideia; refiro-me ao que consta do art. 29 da CADH:

Regras de Interpretação

Nenhuma disposição da presente Convenção pode ser interpretada no sentido de:

a) permitir que qualquer dos Estados-Partes, grupo ou pessoa suprima o gozo ou o exercício dos direitos e liberdades reconhecidos na Convenção ou os limites em maior medida do que o previsto;

b) limitar o gozo e o exercício de qualquer direito ou liberdade que possa ser reconhecido de acordo com as leis de qualquer Estado--Parte ou de acordo com outra convenção em que um desses Estados seja parte;

c) excluir outros direitos e garantias inerentes ao ser humano ou que derivam da forma democrática de governo representativa; e

d) excluir ou limitar o efeito da Declaração Americana dos Direitos e Deveres do Homem e outros atos internacionais da mesma natureza.

O princípio *pro homine* também foi retomado na doutrina judicial. Assim, vários juízes da CSJN expressaram:

6) Para determinar a validade de uma interpretação, deve-se ter em mente que a primeira fonte de exegese da lei é a sua letra (*Fallos*:

---

86. V.: Mónica Pinto, "El principio *pro homine*. Criterios de hermenéutica y pautas para la regulación de los derechos humanos", in AA.VV., *La Aplicación de los Tratados sobre Derechos Humanos por los Tribunale*s *Locales*, Buenos Aires, CELS-Editores del Puerto, 1997, pp. 163-171.

87. V. art. 5º da *International Covenant on Civil and Political Rights*/ICCPR; também art. 41 da Convenção sobre os Direitos da Criança.

304:1820; 314:1849), à qual não se pode dar sentido que oponha suas disposições, mas sim que as concilie e conduza a uma integral harmonização dos seus preceitos (*Fallos*: 313:1149, 327:769). Este propósito não pode ser negligenciado pelos juízes em vista de possíveis imperfeições técnicas na redação do texto legal, que devem ser superadas na busca de uma aplicação racional (*Fallos*: 306:940, 312:802), cuidando que a inteligência que lhe é atribuída não pode levar à perda de um direito (*Fallos*: 310:937, 312:1484). Mas a observância destas regras gerais não esgota a tarefa de interpretar as normas criminais, uma vez que o princípio da legalidade (art. 18 da Constituição Nacional) exige a priorização de uma exegese restritiva dentro do limite semântico do texto legal, em linha com um princípio político criminal que caracteriza o Direito Penal como o raciocínio final do sistema jurídico e com o princípio *pro homine*, que impõe o privilégio da interpretação legal que mais assegure direitos ao ser humano frente ao poder estatal.[88]

As fórmulas normativas sobre este princípio não são nenhuma pedra filosofal, nem antídoto infalível contra os impulsos venenosos, geralmente, de algum servidor público. Ninguém de mente sadia pode pensar que elas são um recurso literário ou um exercício para pensar coletivamente. Na verdade, elas são guias-líderes para evitar a dramatização dos direitos fundamentais; especialmente nos casos trágicos ou impossíveis no seu núcleo. É evidente que, em "tempos de rosas" em problemas ligados a casos fáceis, o guia ainda é relevante, mas não tão proeminente.

Os direitos fundamentais visam a legitimar a ação comunitária. Eles nos dão a ideia de que uma certa equalização se torna possível. Em particular, o princípio *pro homine* tem um manto protetor que, sem saber sua eficácia, é direcionado aos direitos da pessoa humana.

VIII.6 Desenvolvimento progressivo

Sobre os direitos fundamentais, pelo menos três questões são colocadas (especialmente aqueles chamados "direitos econômicos, sociais e culturais"): (a) obrigação de determinar medidas imediatas; (b) obrigação de garantir níveis essenciais de direitos; e (c) obrigação de progressividade e não regressividade. Os instrumentos internacionais sobre DIDH referem-se expressamente à questão. Assim, em seu

---

88. CSJN, *Fallos*: 331:858, em "Acosta" (2008), assinado pelos Juízes R. Lorenzetti, J. C. Maqueda, C. Fayt e E. Raúl Zaffaroni.

"Capítulo III – Direitos Econômicos, Sociais e Culturais", a CADH determina o seguinte:

> Art. 26. **Desenvolvimento Progressivo.** Os Estados-Partes comprometem-se a adotar medidas, tanto ao nível interno como através da cooperação internacional, especialmente a cooperação econômica e técnica, para alcançar progressivamente a plena realização dos direitos decorrentes dos padrões econômicos, sociais e educacionais, ciência e cultura, contidos na Carta da Organização dos Estados Americanos, conforme alterada pelo Protocolo de Buenos Aires, na medida dos recursos disponíveis, por meios legislativos ou outros meios adequados.

O Pacto Internacional sobre Direitos Civis e Políticos/PIDCP também define, em seu art. 2º:

> (...). 2. Cada Estado-Parte compromete-se a tomar, de acordo com seus procedimentos constitucionais e as disposições do presente Pacto, medidas apropriadas para adotar as medidas legislativas ou outras que sejam necessárias para dar cumprimento aos direitos reconhecidos no presente Pacto e que já não estavam garantidas por disposições legislativas ou de outra natureza.

Finalmente, o Pacto Internacional sobre os Direitos Econômicos, Sociais e Culturais/PIDESC também regula o assunto na Parte II:

> Artigo 2
> 1. Cada Estado-Parte no presente Pacto compromete-se a tomar medidas, separadamente e através da assistência e cooperação internacional, especialmente econômica e técnica, na máxima extensão dos recursos disponíveis, a fim de alcançar progressivamente, por todos os meios adequados, incluindo, em particular, a adoção de medidas legislativas, a plena eficácia dos direitos aqui reconhecidos.

VIII.6.1 Medidas imediatas

São medidas indispensáveis para a eficácia do direito fundamental. Entre estas está, em primeiro lugar, a eliminação de práticas discriminatórias que afetam ou perturbam os direitos fundamentais. Não é menos importante a tarefa do censo; de fato, na área de habitação, educação, saúde, cultura etc. a identificação dos problemas enfrentados pela população, especialmente os grupos mais vulneráveis, é uma obrigação deste tipo de medidas. É empiricamente impossível referir-se ao conteúdo e à eficácia desta categoria de direitos se o nível de gozo por definição não for conhecido com certeza suficiente.

VIII.6.2 Expectativas de não regressão

Neste campo, a noção geral é de que os Estados são obrigados – diria "definitivamente obrigados" – a adotar medidas que, no contexto, deem como equilíbrio a satisfação ou a manutenção dos níveis mínimos exigidos.

VIII.6.3 Expectativa de desenvolvimento progressivo

A obrigação de avançar na área de direitos econômicos, sociais e culturais é talvez o exemplo mais indelével das propriedades definidoras dessa categoria de direitos. A expressão "eficácia progressiva" é frequentemente usada para descrever a intenção desta frase. O conceito de eficácia progressiva constitui um reconhecimento do fato de que a plena realização de todos os direitos econômicos, sociais e culturais em geral não pode ser alcançada em curto período de tempo.

No entanto, o fato de que a eficácia ao longo do tempo, ou, em outras palavras, progressivamente, está prevista em relação ao alcance do escopo dos pactos não deve ser interpretado como obstáculo à obrigação de todo o conteúdo significativo. Pelo contrário, a frase deve ser interpretada tendo em vista o objetivo geral dos instrumentos do DIDH, que é estabelecer obrigações claras para os Estados-Partes no que diz respeito à plena realização dos direitos em questão. O DIDH impõe, assim, a obrigação de prosseguir de forma rápida e eficaz com vistas a atingir esse objetivo. Além disso, todas as medidas deliberadamente retroativas a este respeito exigirão análise mais cuidadosa e devem ser plenamente justificadas por referência a toda a gama de direitos previstos no Pacto e no contexto da plena utilização dos recursos máximos disponíveis.

VIII.6.4 Consciência jurídica

As ideias mencionadas, adotadas como detalhadas acima no século XX por instrumentos do DIDH, já podem ser vistas em um sentido eminente nas preocupações de Immanuel Kant, que em 1784 publicou *Respuesta a la Pregunta: ¿que es la Ilustración?*:

Um tempo não pode aliar-se e conjurar-se para deixar o próximo em um estado onde não será possível expandir seu conhecimento (especialmente o mais urgente), corrigir seus erros e, geralmente, continuar avançando em direção à iluminação. Tal coisa seria um crime contra a natureza humana, cujo destino primordial consiste precisamente nesse progresso; e a posteridade seria, portanto, perfeitamente legitimada para rejeitar o acordo adotado de um mundo tão incompetente quanto ultrajante. A pedra de toque de tudo o que pode ser lembrado como lei para um povo está codificada nessa questão: um povo poderia impor uma lei sobre si mesmo?[89]

A inversão da ciência não é imaginável. Nem isso poderia ser suposto para a tecnologia social – em construção – constituída pela construção e pelo desenvolvimento de direitos fundamentais. A verdadeira realidade mostra que, no caso dos direitos econômicos, sociais e culturais, seu verdadeiro campo de ação evolui com um esforço constante, não sem tensões que tentam amarrá-los a situações do passado. No entanto, o conhecimento já acumulado significa que a comunidade de indivíduos não deve abandonar o nível de consciência legal que, após a luta, já obteve.

VIII.7 Novo interlúdio: a jurisprudência da Corte Interamericana de Direitos Humanos/CIDH de acordo com a Corte Suprema de Justiça da Nação Argentina/CSJN

Este parágrafo trata da citação da jurisprudência da CIDH de acordo com os critérios da CSJN. Para isso, relaciona-se uma série de decisões judiciais que, embora não tenham pretensões de esgotar o problema, sugerem um panorama eloquente. Optou-se por apresentá-las seguindo um critério cronológico, sem inferir diretamente uma evolução ou uma involução no pre-conceito do critério judicial argentino.

VIII.7.1 A casuística

Primeiro. No Considerando 11 do caso "Giroldi" sustentou-se o seguinte:[90]

---

89. Immanuel Kant, *Respuesta a la Pregunta: ¿que es la Ilustración?*, Madri, Taurus, 2012, p. 13.
90. CSJN, *Fallos*: 318:514 (1995).

(...) a referida jurisprudência deve servir de guia para a interpretação dos preceitos convencionais na medida em que o Estado Argentino reconheceu a jurisdição da Corte Interamericana em todos os casos referentes à interpretação e aplicação da Convenção Americana (art. 75 da Constituição Nacional, arts. 62 e 64 da Convenção Americana e art. 2º da Lei 23.054).

Segundo. Anos mais tarde, no caso "Felicetti",[91] o Considerando 6 declarou:

(...) este Tribunal reconheceu que a jurisprudência dos Tribunais Internacionais competentes para a interpretação e aplicação das convenções incorporadas na Constituição pelo art. 75, inciso 22, segundo parágrafo, "deve servir de guia para a interpretação dos preceitos convencionais (Considerando 10)".

Embora mais tarde foi adicionado:

No entanto, em relação a (...) "a jurisprudência internacional, por mais nova e relevante que seja, não poderia constituir um fundamento para a revisão de decisões judiciais – equiparando-se a recursos de revisão", pois isso afetaria a estabilidade das decisões que, na medida em que constitui um pressuposto inevitável para a segurança jurídica, é uma questão de ordem pública e tem hierarquia constitucional (Considerando 13).

Terceiro. Posteriormente, no caso "Espósito",[92] no Considerando 6, os juízes sustentaram o seguinte:

(...) a decisão mencionada [*julgamento da Corte Interamericana de Direitos Humanos no caso "Bulacio c. Argentina"*] é um requisito obrigatório para o Estado Argentino (art. 68.1, ACHR) [*American Convention on Human Rights*], e é por isso que este Tribunal, em princípio, deve subordinar o conteúdo das suas decisões àqueles desse Tribunal Internacional.

No entanto, no § 12, abaixo, declararam que: "(...) sem prejuízo do exposto, é apropriado estabelecer que este Tribunal não compartilha a

---

91. CSJN, *Fallos*: 323:413, "Felicetti, Roberto *et al.*, sob revisão", Causa n. 2.813 (2000).

92. CSJN, *Fallos*: 327:5568, "Espósito, Miguel A." (2004), subscritas por Enrique Santiago Petracchi e E. Raúl Zaffaroni.

visão restritiva do direito à defesa que se extrai da decisão do Tribunal Internacional mencionada".

Quarto. No caso "Videla"[93] a linha de compulsão é aprofundada. Isto foi indicado no Considerando 8:

> (...) este Tribunal especificou que, para salvaguardar as obrigações assumidas pelo Estado Argentino no sistema interamericano de proteção dos direitos humanos, a jurisprudência da Corte Interamericana é um padrão inevitável de interpretação para os Poderes argentinos constituídos no âmbito de sua competência, e que dito Tribunal Internacional considerou que o Poder Judiciário deveria exercer uma espécie de "controle de convencionalidade" entre as normas legais internas que se aplicam em casos específicos e a Convenção Americana sobre Direitos Humanos, tarefa em que deve levar em conta não só o Tratado, mas também a interpretação feita pela Corte Interamericana, o último intérprete da Convenção Americana (*Fallos*: 330:3248, Considerandos 20 e 21).

Além disso, no Considerando 10 refere e antecipa o seguinte:

> (...) a sentença proferida pela Corte Interamericana de Direitos Humanos no caso "Trabalhadores Exonerados do Congresso (Aguado Alfaro *et al.*) *vs.* Peru", de 30.11.2007, enfatizou que os órgãos do Poder Judiciário devem exercer não apenas uma revisão da constitucionalidade, mas também uma convencionalidade *ex officio* entre as normas domésticas e a Convenção Americana, evidentemente no âmbito de suas competências e de seus regulamentos processuais. Também esclareceu que esta função não deve ser limitada exclusivamente pelas declarações ou atos dos demandantes em cada caso específico, nem implicou que esse controle sempre deve ser exercido, sem considerar outros pressupostos processuais formais de admissibilidade e proveniência materiais desse tipo de ações.

Quinto. No Considerando 12 do caso "Rodríguez Pereyra"[94] ficou claro:

> (...) os órgãos judiciais dos Países que ratificaram a Convenção Americana sobre Direitos Humanos são obrigados a exercer, de

---

93. Decisão assinada por R. Lorenzetti, E. Highton de Nolasco, J. C. Maqueda e E. Raúl Zaffaroni, 2010.
94. "Rodríguez Pereyra, Jorge Luis, e outro c/ Ejército Argentino/Danos e preconceitos", julgamento de 27.11.2012, R.401.XLIII, com os votos de R. Lorenzetti, E. Highton de Nolasco, J. C. Maqueda e E. R. Zaffaroni, voto concorrente de C. S. Fayt e dissidência de E. S. Petracchi.

ofício, o controle de convencionalidade, desqualificando as normas internas que se opõem a esse Tratado. Seria, portanto, uma contradição aceitar que a Constituição Nacional, que, por um lado, confere estatuto constitucional à referida Convenção (art. 75, inciso 22), incorpora as suas disposições no Direito interno e, portanto, habilita a aplicação de uma regra interpretativa – formulada pelo seu autêntico intérprete, ou seja, a Corte Interamericana de Direitos Humanos – que obriga os tribunais nacionais à convenção de controle *ex officio*, por outro lado, impeça tribunais similares de exercer um exame semelhante para o efeito de salvaguardar sua supremacia contra as normas locais de menor porte.

Sexto. No caso "Arce",[95] no que diz respeito ao alcance dos precedentes da Corte Interamericana, sustentou-se o seguinte:

(...) no exercício do "controle da convencionalidade", os Tribunais argentinos aderem aos termos expressos do julgamento da Corte Interamericana, que, além do caso específico em que foi proferida, obrigou o Estado a adotar várias disposições de Direito interno, em conformidade com o art. 2º desse instrumento internacional.

VIII.7.2 Ponto de vista

Primeiro. A Argentina comprometeu-se a cumprir a decisão da CIDH em todo caso em que seja parte. Assim está disposto no art. 68, § 1º, da CADH, que goza de hierarquia constitucional (art. 75, inciso 22).

Segundo. A jurisprudência elaborada pela CIDH sobre as regras da CADH constitui uma linha-mestra ou orientação geral. No entanto, uma vez que não há nenhum absolutismo no Estado Constitucional, tudo isso é redutível para a seguinte fórmula primitiva: "potencial vinculativo",[96] mas sujeito a uma racionalidade que pode ser exigida para todos os atos do governo constitucional republicano.

Terceiro. Em outro escrito foram manifestadas algumas objeções quanto ao controle judicial da constitucionalidade de ofício;[97] essa proposta, sem nenhum resultado útil às partes no processo, não guarda

---

95. "Arce Diego Daniel s/homicídio agravado", datado de 5.8.2014, CSJN A.1008. XLVII, decisão assinada por Lorenzetti, Highton de Nolasco, Fayt, Maqueda e Zaffaroni, por referência ao parecer das Procuradorias-Gerais (Ponto VI) , A. Gils Carbó.

96. Horacio Daniel Rosatti *et al.*, *Derechos Humanos en la Jurisprudencia de la Corte Suprema de Justicia de la Nación (2003-2013)*, cit., p. 98.

97. Raúl Gustavo Ferreyra, *Notas sobre Derecho Constitucional y Garantías*, cit., pp. 264-271.

conformidade com as regras constitucionais. Também nesta peça se expressam novas objeções sobre a aberta discricionariedade judicial em matéria de controle de constitucionalidade (v. Subseção V.3). Todas estas palavras devem ser estendidas ao controle da convencionalidade – exercido judicialmente – de ofício, que, sem ouvir as partes, não deve prosperar, por não ter conformidade com o art. 18 do CF e com o art. 8º, § 1º, da CADH.

VIII.8 Sobre a objetividade dos direitos fundamentais

Um objeto mundano complexo é aquele que tem dois ou mais componentes.[98] Os direitos fundamentais são uma entidade incorporada no estado mundano das coisas.[99] Todos os direitos fundamentais são estruturados com um núcleo e uma periferia; logo, são objetos complexos. No entanto, objetos complexos não são suscetíveis de receber qualquer alteração. Existem variações estruturais, compositivas, no meio ambiente ou em seus mecanismos que perdem a ideia de complexidade e, portanto, o objeto observado ou compreendido. É um conceito elementar, mas tem forte dimensão didática.

A existência pura de um núcleo apresenta a ideia de uma parte intangível e indisponível. Dada a complexidade no nível de organização ou ordenação do direito fundamental, nenhuma tarefa deve ser configurada. Em outras palavras, na dialética do Estado Constitucional há mudanças que podem provocar sua desfiguração anatômica e, consequentemente, sua pulverização imediata. Pense-se, por exemplo, no corpo humano: poderia existir sem o coração? Não me refiro apenas à "(...) memória do coração [que] remove memórias ruins e amplifica as boas, e graças a esse artifício conseguimos lidar com o passado".[100] Embora desejemos permanecer no prazer da "memória", quero dizer, também, o coração da organização, da fisiologia e da morfologia do ser humano. Sem esse órgão, então, não haveria vida. Da mesma forma, os direitos fundamentais devem ser constitucionalmente reconhecidos em um coração que não deve ser prejudicado. Um manto de intangibilidade do núcleo essencial dos direitos fundamentais.

98. Mario A. Bunge, *Diccionario de Filosofia*, ob. cit., pp. 196-198.

99. Ricardo Rabinovich-Berkman, *¿Cómo se Hicieron los Derechos Humanos? Un Viaje por la Historia de los Principales Derechos de las Personas*, vol. 1 ("Los Derechos Existenciales"), Buenos Aires, Didot, 2014.

100. Gabriel García Márquez, *El Amor en los Tiempos del Cólera*, Buenos Aires, Sudamericana, 1985, pp. 141-142.

Como já mencionado, a CF confere reconhecimento a um "noneto" de Direitos. Não tenho dúvidas de que sem direitos civis, ambientais e políticos não haveria comunidade estatal, nem tenho qualquer respeito pelo fato de que sem direitos econômicos, sociais e culturais, ou, melhor, sem um nível mínimo de realização, não haveria possibilidade de alguma igualdade no gozo de bens e riqueza na comunidade organizada de indivíduos. A CF recebeu, desde 1853, uma magnífica regra sobre o assunto; filha, em grande parte, da caneta de Alberdi. É previsto no art. 28: "Os princípios, garantias e direitos reconhecidos nos artigos anteriores, não poderão ser alterados pelas leis que regulam seu exercício". A partir desta regra, uma série de questões é discutida abaixo.

Primeiro. Os direitos fundamentais, em princípio, devem ter realização automática[101] e integral. No sentido da declaração, "não poderão" indica que não serão necessariamente regulamentados. A redação não diz "deve ser regulamentado". O mandado é direcionado ao pressuposto de que a autoridade estatal o regula; existe o limite.

Segundo. Todos, indivíduos e autoridades, objetivamente, são obrigados a respeitar "os princípios, garantias e direitos" e, se necessário, encorajá-los e promovê-los. Não há espaço para uma comunidade organizada que enuncie direitos fundamentais e ao mesmo tempo não se cumpram.

Terceiro. As Constituições conferem *status* aos direitos fundamentais; no entanto, os ideais textuais não podem depender de eventual "mau caráter" das autoridades públicas – para não dizer, corrupção –, que muitas vezes os desvirtuam com seus comportamentos baseados em anomia patológica. Assim, os direitos fundamentais permanecem em um triste plano secundário.

Quarto. Vale ressaltar que o dever de obediência é cristalizado na esfera da competência dos servidores públicos e também de cada indivíduo da comunidade.

Quinto. A mesma regra – art. 28 DA CF – abre a porta para regular os direitos fundamentais. Diz-se, nesta inteligência, que são relativos

---

101. Em 1897 Joaquín V. González disse, em uma das declarações dogmáticas mais divulgadas na história do conhecimento jurídico constitucional na Argentina, que: "(...). Não são, como se pode acreditar, declarações, direitos e garantias fórmulas teóricas simples: cada um dos artigos e cláusulas que os contêm tem força obrigatória para os indivíduos, para as autoridades e para toda a Nação. Os juízes devem aplicá-los à plenitude do seu significado, sem alterar ou enfraquecer com interpretações ou ambiguidades vagas o significado expresso de seu texto. Porque eles são defesa pessoal, a herança inalterável que faz de cada homem, cidadão ou não, um ser livre e independente dentro da Nação Argentina" (Joaquin V. González, *Manual de la Constitución Argentina*, cit., 13ª ed., pp. 86-87).

ou se propõe sua definição como tais. Relativos, então, porque eles se referem e se relacionam com o sistema que lhes dá reconhecimento, o da CF. Por enquanto, a cotização jurídica dos direitos fundamentais, em virtude do art. 28, é relativa: só pode ser justificada no quadro de referência validado positivamente pela Lei Básica.

Sexto. A relatividade dos direitos fundamentais é uma propriedade secundária; o primário está em autorrealização segura. Ou seja, eles podem ser regulados, às vezes é necessário que isso ocorra, embora a ausência de regulação não crie óbice à sua aplicação, que é automática, sem intermediação da palavra do Poder Público, e é, como se diz, sua propriedade primária.

Sétimo. No que diz respeito às leis que regulam seu exercício, deve-se entender que alteram o direito fundamental quando, por exemplo: (a) danificam sua estrutura; (b) decompõem seus mecanismos; (c) mudam sua organização ou ordenação básica; ou (d) perturbam seu ambiente. Qualquer uma dessas alterações, em termos constitucionais, ocasiona grave violação ao coração do direito fundamental.

Oitavo. Em outro momento se definiu o padrão de racionalidade para a função constitucional no governo republicano.[102] O exercício racionalmente justificável que lá se detalhou, em uma chave normativa, para garantir a Constituição em seu entendimento interno, é projetado para o Estado.

Nono. Páginas atrás (subparágrafo V.4.2, "Configuração e gradação normativa") se referenciou a "exigência de racionalidade" no âmbito apropriado da compreensão externa da CF e seu vínculo com o Estado. Para a regulação dos direitos fundamentais no Estado Constitucional essa racionalidade deve ser adotada como no âmbito da "regra da subordinação".[103]

Décimo. Na Lei Constitucional em vigor nos Estados soberanos da América do Sul a Constituição da República Federativa do Brasil de 1988 também possui um exemplo citado de formulação normativa:

Art. 60. A Constituição pode ser emendada mediante proposta:
(...).
§ 4º. Não será objeto de deliberação a proposta de emenda tendente a abolir: (...);
IV – os direitos e garantias individuais.

---

102. V.: Raúl Gustavo Ferreyra, *Fundamentos Constitucionales*, Buenos Aires, Ediar, 2013, pp. 247-248.

103. V.: Mario A. Bunge, *Diccionario de Filosofia*, cit., p. 178.

VIII.9 Resumo

Toda justificativa deve consistir em gerar ou fornecer razões para ações humanas. A noção de justificação é sempre relacional; por exemplo: *DF justifica a CF* – campo no qual "DF" são nossos direitos fundamentais bem conhecidos e "CF" as partes restantes de uma Constituição mais vinculadas a consertar ou determinar formas ou processos constantes.

Os textos constitucionais impõem aos Poderes constituídos uma infinidade de "obrigações de fazer" ou "prestações" em matéria de direitos fundamentais; por enquanto é uma questão pouco desenvolvida. Os fundos públicos disponíveis no Tesouro Público constituem o parâmetro mais previsível para desenvolver os direitos fundamentais; em particular os direitos econômicos, sociais e culturais. Nesse sentido, a dívida pública ou dívida soberana do Estado conspira rigidamente contra as possibilidades de desenvolvimento de direitos fundamentais.

Todo o conteúdo desenvolvido nos parágrafos anteriores persegue a realização e a satisfação dos direitos fundamentais, porque são – sem dúvida – a justificativa da coexistência pacífica em uma comunidade de cidadãos. No entanto, essa justificativa, embora demonstre que os cursos de ação são desejáveis, porque aspiram à igualdade entre os cidadãos, não é suficiente para ser uma estratégia inteiramente eficiente. A realidade mostra que as ordens estatais são caracterizadas pela incorporação de uma legalidade prevalecente, ao invés de se envolver na crescente justificação dos direitos fundamentais de seus cidadãos. Os direitos fundamentais justificam o Estado Constitucional. Em suma, embora eles não alcancem plenamente o propósito de seus fins, eles são seu "fundamento-razão".

§ IX. OBSERVAÇÕES FINAIS

Um. Os animais são encontrados no mundo; eles são capazes de alcançar a felicidade contanto que "tenham saúde e comida suficiente".[104] O homem, de uma maneira bem diferenciada e distinta, busca a compreensão segura da observação mundana. O homem, com a orientação de sua razão sempre imperfeita e o suporte em sua experiência sempre capaz de verificação, tenta exercitar e desenvolver um tipo de

---

104. Bertrand Russell, *La Conquista de la Felicidad*, trad. de Juan Manuel Ibeas, Barcelona, Debolsillo, 2003, p. 21.

domínio sobre o mundo para que talvez seja mais acolhedor e também objeto de transformação. A natureza, em suma, molda um mundo dado ou é apresentada ao homem; o último, com suas invenções científicas ou tecnológicas, tenta em geral melhorar as condições iniciais construindo outros "mundos artificiais".[105] O Estado, a lei e a Constituição são seres artificiais; também, é claro, a associação que dá origem à comunidade: "Estado Constitucional".

A ordem natural, como tal, não requer processos de controle, mas certamente pode produzir situações de encantamento para o espectador ou para aqueles que a fazem ou tentam compreendê-la. Pelo contrário, a ordem social, inventada pelo homem, exige processos de controle. No entanto, as ordenações fundamentais desenvolvidas para o controle social não devem produzir encantamento acrítico, porque, como não são objetos naturais, elas sempre refletem uma série de relações de força em constante mudança. Identificar a desigualdade dos homens é tarefa prioritária na análise da origem e do desenvolvimento do Estado Constitucional.

Dois. A natureza da determinação fundamental sobre a construção e a arquitetura de um Estado Constitucional responde à política e às relações de força engendradas, e, portanto, é exercida com suficiente hegemonia. A definição da arquitetura do Estado tem caráter preliminar. Essa determinação fundamental consiste em uma resolução que a comunidade de cidadãos adota entre a pluralidade de alternativas que são realmente oferecidas. A determinação fundamental acima mencionada, construída pelos cidadãos, na medida em que o pluralismo é a propriedade incontestável e marcada dessa associação cidadã, levanta os objetivos, traça o programa, gera o plano e os processos. No entanto, a construção jurídica do Estado Constitucional mantém com a determinação política iniciadora um relacionamento que rege toda construção e, após sua conclusão, aguarda, com expectativas firmes, seu domínio.

Adequadamente, portanto, cada Estado tem uma história por trás e cada história do Estado é única. Para a vida dos homens uma forma de ordenação é absolutamente necessária para o controle responsável da paz, mesmo que essa forma não imponha necessariamente um Estado. Embora tenha sido assumido que o termo "Estado" foi introduzido na literatura por Maquiavel no século XVI e que Cícero, no primeiro século a.c., já anunciou que "o público é o que pertence ao povo",[106] as linhas

---

105. Mario A. Bunge, *La Ciencia. Su Método y su Filosofia*, Buenos Aires, Siglo Veinte, 1977, p. 9.
106. Cícero, "Sobre la República", in *Obras Políticas*, Madri, Gredos, 2009, p. 47.

que precedem a comunidade de indivíduos cuja descrição é objeto de estudo correspondem ao encontro contemporâneo constituído e expresso no pleno desenvolvimento do século XXI e sua correspondente gestão ou desempenho público.

Três. Nas estruturas de argumento anteriores – em particular, no § III – descreve-se a posição do Estado e seus elementos, privilegiando seu exame estrutural. A função "cênica" do território está claramente indicada. Ao mesmo tempo, adquire-se um compromisso seguro com a cidadania real, e não meramente formal. Finalmente, em relação ao poder, suas duas apresentações são descritas no Estado Constitucional, tanto como poderes constituintes quanto como poderes constituídos.

O artifício constitucional constitui o quarto elemento do Estado. Uma abordagem original é apresentada: a conexão da Constituição com a entidade fundamental, o Estado. As construções dogmáticas, em geral, param na avaliação interna do objeto. Aqui, sem negligenciar esta perspectiva da Constituição, ela se vincula em suas tarefas de justificação, seja como raiz da ordem jurídica estatal ou como justificativa da mesma ordem.

Quatro. Significativamente, o Direito que emana da Constituição ou cuja validação ela, como a norma de mais elevada hierarquia, promove e protege compreende o quarto elemento, definido ou caracterizado como fundamental, do Direito do Estado. Porque o poder, a energia para comando e ordem, devem ser canalizados. O poder canalizado com a participação dos indivíduos sujeitos à ordem resulta da Constituição. A dogmática sobre o Direito Constitucional resultante não pode configurar outro estado de coisas que uma teoria do Estado Constitucional.

O Estado Argentino é constitucionalmente fundado pela suma regra mais antiga dos Estados sul-americanos que está em vigor: a CF da Argentina (1853-1860). Como todos os Estados sul-americanos, a Argentina "ordena" sua vida "estatal" através de uma Constituição. No caso da Argentina o artifício foi inventado em 1853 e imposto desde então. A Constituição nasceu em meados do século XIX, no âmbito de um fraco, fragmentado e quase inexistente contratualismo comunitário. No entanto, após mais de 160 anos, suas determinações abstratas, abertas e concisas, além de suas reformas, tornaram-na um bem comunitário indispensável (ou seja, "um bem jurídico de natureza coletiva"[107]) para que cada indivíduo possa projetar o plano da vida que lhe agrada e desenvolvê-lo,

---

107. Germán J. Bidart Campos, *La Constitución que Dura 1853-2003-1994-2004*, Buenos Aires, Ediar, 2004, p. 22.

reformá-lo, com total liberdade, sem interferência. Em princípio, não existe outro "Estado" que não seja "constituído" pela respectiva "Constituição". Não deve haver vida estatal fora da "Constituição", mas existe! Como se argumentou, todo Estado é constituído pela Constituição, porque canaliza, antes, a embalagem e contém as determinações políticas fundamentais estabelecidas pelos indivíduos que compõem a comunidade estadual. Todo o Direito do Estado deve ser Direito autorizado pela Constituição, com exceção de alguns casos de emergência política, econômica e financeira, que muitas vezes são irracionalmente excluídos da Constituição.

Apesar de todas as ilusões sobre igualdade e solidariedade, no Estado Constitucional, fundamentalmente, a liberdade é compreendida e experimentada. O mundo do Estado Constitucional é o mundo dos indivíduos que são ou estão buscando ser igualmente livres, porque, afinal, "a história do mundo é a história da liberdade".[108]

Cinco. Que o Estado tenha uma Constituição para ordenar ou se dê uma Constituição para se organizar condensa a afirmação básica desta "lição", isto é, determinar a relação entre a entidade comunitária e um dos seus constituintes que traça e desenvolve suas "fundações"; em outras palavras, a Constituição ou os fundamentos constitucionais do Estado.

Uma Constituição que "ordena" não compromete a ideia de sua realização completa e perfeita. A falta de completude ou redução é um defeito no processo de realização do Direito Constitucional no Estado. Ao mesmo tempo, seu progresso é proporcional ao desempenho real da díade "liberdade de cidadão" e "Poder Público", sempre alargada, geralmente, em detrimento patético do primeiro.

No Estado ordenado ou organizado com base em uma Constituição sua constitucionalização nunca é cabal nem totalizadora. As regras constitucionais subjacentes ao referido Estado prescrevem com bastante suficiência a correta subordinação de sua ordem jurídica, a autorização detalhada para sua mudança formalizada, a distinção das funções controladas de seus poderes governamentais e uma notável literatura sobre a ação de seus direitos fundamentais. Basta observar, no presente, que a descrição é o resultado de uma compreensão analítica anterior que contém, para cada regra, uma característica básica ou manifestação preferencial de sua própria entidade.

---

108. Albert Camus, *Cuadernos. 1942-1951*, trad. de M. Lencera, Buenos Aires, Losada, 1966, p. 111.

Nos parágrafos precedentes não é perseguido um tipo de Estado Constitucional ideal. A expectativa é que a descrição do "modelo normativo determinado" possa ser objeto de maior expansão e tipificação, por exemplo, na América do Sul. Nessa toada: se os princípios e as regras em questão analisados criticamente para o Estado Argentino e desde o sistema de sua CF são verdadeiramente objetos que dão origem a exemplos de um tipo e todos eles possuem, em uma análise a ser realizada em outro momento, um certo "ar familiar".

Seis. Uma das definições estabelecidas pelo *DRAE* de "subordinação" – "Sujeição a ordem, comando ou controle de alguém" – deixa um registro semântico preciso do que é discutido. Na verdade, no Estado Constitucional a subordinação da entidade à ordem fundamental determinada pela Constituição liga com uma decisão intransigente o próprio conceito de Estado.

A regra sobre a subordinação legal do Estado através de cada uma das implementações que a Constituição possui (supremacia normativa, relação com o DIDH, controle de constitucionalidade e jurisdição rigorosa) procura estabelecer certeza, isto é, "conhecimento seguro", por parte da cidadania e servidores públicos do campo dominado pela lei e outro campo livre, um mundo sem regras legais.

Sete. A Constituição é uma entidade mundana; não deve ser um ídolo de ilustração, nem ser julgada como o produto inalcançável de pessoas sábias ou não, que em sua maioria já morreram. No entanto, qualquer variação deve seguir em detalhes o protocolo estabelecido na própria Carta Constitucional. Fora da canalização prevista na Constituição não há alteração autorizada. A autoridade criada pela Constituição não deve fazer mudanças fora do processo político e legal prescrito na suma regra. A mudança é uma grande possibilidade na vida dos homens. Enraizar, então, a mudança constitucional para um processo-chave indisponível, de forma autorreferencial, também confere certeza nas relações humanas.

Oito. Deve-se a *Empédocles* a explicação mais concreta da chamada doutrina dos quatro princípios duráveis[109] – água, terra, fogo e ar –, embora a palavra "elemento" não fosse usada por ele, mas por Aristóteles.[110] A mistura dos elementos fundadores, em diferentes proporções, permitiu distinguir tudo o que existe no mundo natural. Na área reserva-

---

109. José Ferrater Mora, Diccionario de Filosofía, cit., pp. 987 e 997.
110. Bertrand Russell, *Historia de la Filosofía Occidental*, t. I, Barcelona, Austral, 2013, p. 108.

da para a cosmologia jurídica, a explicação do "Estado Constitucional" do Universo baseia-se na reunião dos seus quatro elementos.

Ao mesmo tempo, uma das regras constitucionais, que se baseia na distinção, com cada uma de suas áreas peculiares, autoriza a justificação da seguinte opinião: toda autoridade seria baseada em um contrato. Através da regra de distinção pode-se observar e compreender, por um lado, a arquitetura vertical do poder constitucional na criação e identificação do Direito (democracia política) e descentralização política (federalismo) e, por outro, a casa comum, que chamamos de "República", na inteligência do único sistema conhecido por estas terras, o presidencialismo. Distinguir, então, é tarefa comprometida com a justificação pela qual alguns homens vão mandar em outros e estes terão que obedecer. A estrada é desigual, mas tem que ser transitada sem frivolidades, porque este modelo funciona se a todos se assegura a participação e que, se necessário, também possam ser governantes. A distinção entre governantes e governados é fundamental, mas não deve ser vitalícia para todos os que exercem autoridade pública, porque a democracia política, os processos de descentralização, "a casa republicana" e o sistema de governo são justificados na condição de que seus enunciados são compatíveis com a natureza indeterminada da vida humana e sua finitude certa.

Nove. Os direitos fundamentais, portanto, constituem regras ou linhas significativas para a ação estatal e a cidadania. No corpo da CF da Argentina estão regulamentados: o direito à vida, o direito à liberdade, o direito à igualdade, os direitos políticos, os direitos de propriedade e as funções sociais, os direitos sociais, os direitos coletivos e o contrato geracional ambiental. A esta composição semântica juntam-se os "direitos não enumerados"; com a mesma hierarquia constitucional ao "noneto" de direitos descritos, é claro, são os direitos cuja nomenclatura reside nos 14 instrumentos que gozam da maior estatura jurídica na Argentina.

Alguns (o "noneto" descrito na CF) e os outros (descritos nos instrumentos internacionais de direitos humanos que gozam de hierarquia constitucional, nas condições de sua validade) estão em conflito com um novo sistema, o sistema da CF da Argentina. Como um todo, eles tentam justificar as ações do Estado e a dos cidadãos entre si.

Dez. O poder do Estado é um poder sobre os homens. O papel do Estado é proteger (e promover) a "riqueza total"[111] (bens mais serviços) dos indivíduos que compõem uma comunidade. De outro ângulo, pode

---

111. V.: Mario A. Bunge, *Filosofía Política. Solidaridad, Cooperación y Democracia Integral*, cit., p. 333.

ser fornecida outra ideia muito simplificada do Estado Constitucional. Na verdade, talvez possa ser entendido como um enigma enorme e gigantesco, cujos objetivos podem ser resumidos na proteção ou encorajamento das seguintes questões: (i) educação e cultura; (ii) saúde; (iii) economia e finanças; e (iv) política, de acordo com o meio ambiente em que seus membros desenvolvem suas vidas e as futuras gerações.[112] Muitos dos arquitetos ou construtores do "quebra-cabeça" morreram. O *design* original contém algumas linhas que hoje provocam rejeição, desdém ou anomia, ou empregam "uma linguagem diferente do que falamos agora";[113] outras, a maioria, exercem atração porque sua contribuição garante certo espaço de liberdade, certa igualdade e solidariedade frágil e inesquecível. Ao mesmo tempo, o "quebra-cabeça" quebra, danifica, perturba ou altera o próprio conceito de "quebra-cabeça" original, porque não possui uma única ordem para os milhões de peças genuínas, valiosas e originais; não é necessário dizer que estas não são numeradas, embora, em geral, os arquitetos que as projetaram atribuíam "uma desigualdade original". Note-se que é justiça fundamental pregar que esta desigualdade original sempre carece de fundamentos racionais ou evidências em seu apoio. Desigualdade entre os indivíduos, geralmente atribuível ao desenvolvimento e gozo de todos os bens, exceto eminentemente direitos políticos, que gozam de certa equidade.

Todas as peças, por definição original, são politicamente iguais entre si e todas desejam, perseguem persistentemente, um lugar no mundo ou no território do "quebra-cabeça", porque existem outras desigualda-

---

112. Mario Bunge sugere que todos os adultos responsáveis têm interesses de cinco classes, embora em proporções diferentes, como pode ser verificado a partir do esforço, dos recursos ou do tempo que as pessoas diversas empregam na busca dos meios para satisfazê-los. Propõe a seguinte tabela: (1) Ambiente – um ambiente rico, diversificado e seguro; (2) Biológico – segurança, boa saúde e comida; (3) Econômico – eficiência, recompensa, segurança no emprego; (4) Político – poder, bom governo, liberdade; e (5) Cultural – conhecimento, beleza, educação (v.: Mario A Bunge, *Filosofia Política. Solidaridad, Cooperación y Democracia Integral*, cit., p. 138).

113. Jorge Luis Borges, "La Biblioteca de Babel – Ficciones", in *Obras Completas*, Buenos Aires, Emecé, 1974, p. 467. Sobre a linguagem constitutiva, articulada pelos arquitetos do passado, Ricardo Rabinovich-Berkman apontou: "(...). É uma Constituição *[Federal]* com a qual se deve tomar cuidado em dar a amigos estrangeiros. Por exemplo, se você a entregar a um amigo sueco, provavelmente você ficará surpreso ao encontrar frases como 'Na Nação Argentina não há escravos: os poucos que existem hoje são livres desde a interpretação desta Constituição; e uma lei especial regulará as indenizações que dão origem a esta declaração'. Teremos de esclarecê-lo rapidamente, diante de seu horror, que não houve escravos em 1994, mas que, por um pacto, se concordou em manter parte intacta da Constituição de 1853, quando havia escravos" (versão abreviada provisória de *20 Anos da Constituição*, organizado pelo Escritório do *Ombudsman* da Cidade de Buenos Aires, 25.8.2014).

des – apontadas acima – no gozo de outros bens: cultura, economia e biologia. Neste quadro territorial, o poder constitucionalmente concertado na Lei Suprema deve harmonizar as peças, todos os dias, a cada hora, todos os anos, buscando conservar o meio ambiente, aprofundar a equidade política e incentivar a eliminação da desigualdade ou alcançar a efetiva socialização de bens coletivos. Desta forma, sinceramente, imaginar ou pensar que as regras examinadas nesta peça – cuja metáfora, parcial ou totalmente, possa ser direcionada ao Estado Constitucional – solucionam o assunto exigiria não só servidores públicos efetivos, mas também "decifradores itinerantes"[114] em tempo integral, que só existem na prosa da ficção. Com mais modéstia, permanece para a prosa do Direito Constitucional estabelecer marcos para colaborar com ilusões sobre a esperança da convivência pacífica, em que todos os cidadãos desfrutam ou podem desfrutar do "bem-estar geral" quase inatingível em uma sociedade de cidadãos iguais não só em liberdade; porque, se a antecipação do poeta – "para todos pão [e] para todos rosas",[115] [*da liberdade*] isso significaria que, se alguns não tiverem pão, usarão a liberdade para recuperá-lo, e se eles só têm o pão, eles exigirão sua liberdade inerente para controlar aqueles que o produzem e o distribuem, e certamente permanecerão com a maior parte; talvez, tudo.[116]

O Estado Constitucional, talvez, significa uma idealização infinitamente mais poderosa do que sua concretização própria na realidade política comunitária. Foi dito anos atrás que uma "constituição não faz um Estado, exceto no sentido literal mais estrito, um verdadeiro Estado Constitucional".[117]

Em nenhuma das linhas anteriores apelei para o jogo em palavras, porque julgo relevante a descrição, sem a complacente veneração de certos intérpretes que acreditam possível um culto oficial inexistente da Constituição, esquecendo a possibilidade mais genuína dada pela sociedade aberta: ou todos nós realizamos o Direito Constitucional, ou o Direito Constitucional é simplesmente uma nova forma de dominação arbitrária e irracional. Não jogarei com palavras, agora. Basta, portanto, concluir uma afirmação, com a mesma pureza teórica que se seguiu no § I: sem Constituição não há um Estado Constitucional, porque as quatro

---

114. Jorge Luis Borges, "La Biblioteca de Babel – Ficciones", cit., in *Obras Completas*, p. 467.
115. Paul Éluard, *Obras Escogidas (1948-1952)*, cit., t. 3, p. 80.
116. V.: E. Raúl Zaffaroni, "Ciudadanía y jurisdicción en América Latina", cit., *Contextos* 4/27.
117. Karl Loewenstein, *Teoría de la Constitución*, cit., p. 161.

regras relatadas aqui promovem a ilusão de que os cidadãos são efetivamente iguais em liberdade e o poder constituído constitui uma área de poderes limitados sujeita a controle racional.

Bibliografia

AA.VV. *El Lenguaje del Derecho. Homenaje a Genaro R. Carrió.* Buenos Aires, Abeledo-Perrot, 1983.
_____. *La Aplicación de los Tratados sobre Derechos Humanos por los Tribunales Locales.* Buenos Aires, CELS-Editores del Puerto, 1997.
_____. *Presidencialismo vs. Parlamentarismo. Materiales para el Estudio de la Reforma Constitucional.* Consejo para la Consolidación de la Democracia. Buenos Aires, Eudeba, 1988.
_____. *Reforma de la Constitución.* Santa Fe, Rubinzal-Culzoni, 1994.
_____. *Vistas Presidenciais. Parlamentarismo. Materiais para o Estudo da Reforma Constitucional.* Consejo para la Consolidación de la Democracia. Buenos Aires, Eudeba, 1988.
ABBAGNANO, Nicola. *Diccionario de Filosofia.* México/D.F., Fondo de Cultura Económica, 1996.
ALÁEZ CORRAL, Benito. "Nacionalidad, ciudadanía y democracia en la configuración Nación/pueblo". *Fundamentos* 7. Cuadernos Monográficos de Teoría del Estado, Derecho Público e Historia Constitucional, Junta General del Principado de Asturias, Oviedo. 2012
_____. "Nacionalidad y ciudadanía ante las exigencias del Estado Constitucional". *Revista de Estudios Políticos* 127. *Nueva Época.* Madri, janeiro março/2005.
ALBERDI, Juan Bautista. *Del Gobierno en Sud-América según las Miras de su Revolución Fundamental.* Buenos Aires, Imprenta Europea, 1897.
ALCHOURRÓN, Carlos. "Conflictos de normas y revisión de sistemas normativos". In: ALCHOURRÓN, Carlos, e BULYGIN, Eugenio. *Análisis Lógico y Derecho.* Madri, Centro de Estudios Constitucionales, 1991.
ALCHOURRÓN, Carlos, e BULYGIN, Eugenio. *Análisis Lógico y Derecho.* Madri, Centro de Estudios Constitucionales, 1991.
_____. "Sobre el concepto de orden jurídico". *Crítica* VIII, n. 23. 1976.
AMAYA, Jorge Alejandro. *Democracia y Minoría Política.* Buenos Aires, Astrea, 2014.

BAILYN, Bernard. *Los Orígenes Ideológicos de la Revolución Norteamericana.* Madri, Tecnos, 2012.

BARCESAT, Eduardo. "Deber de obediencia a la supremacía de la Constitución". In: "A veinte años de la reforma constitucional. Examen y perspectiva" (pp. 36-38). *Revista de Derecho Público* 9. Buenos Aires, Ministerio de Justicia y Derechos Humanos, Presidencia de la Nación, 2015.

BARROSO, Luís Roberto. *Curso de Direito Constitucional Contemporâneo. Os Conceitos Fundamentais e a Construção do Novo Modelo*. São Paulo, Saraiva, 2012.

BASTERRA, Marcela. "La publicidad de los actos de gobierno". In: *Constitución de la Nación Argentina y Normas Complementarias. Análisis Doctrinario y Jurisprudencial*. t. 1. Buenos Aires, Hammurabi, 2009.

BAZÁN, Víctor. *Control de las Omisiones Inconstitucionales e Inconvencionales: Recorrido por el Derecho y la Jurisprudencia Americanos y Europeos*. Bogotá, Fundación Konrad Adenauer, 2014.

_____. "De ciertos desafíos temáticos que se ciernen sobre la justicia constitucional en Latinoamérica". *Jurisprudencia Argentina*. Número Especial de "Derecho Procesal Constitucional". Buenos Aires, 9.10.2013, pp. 20-47.

BERCHOLC, Jorge O. *Temas de Teoría del Estado*. Buenos Aires, La Ley, 2014.

BERLIN, Isaiah. "Dos conceptos de libertad". In: *Sobre la Libertad*. Madri, Alianza, 2009.

BIANCHI, Alberto. *Discurso de Incorporación a la Academia Nacional de Ciencias de Buenos Aires* (gentilmente cedido pelo Autor). 2014.

BIDART CAMPOS, Germán J. *Derecho Constitucional. Realidad, Normatividad y Justicia*. t. 1. Buenos Aires, Ediar, 1964.

_____. *El Derecho de la Constitución y su Fuerza Normativa*. Buenos Aires, Ediar, 1995.

_____. *La Constitución que Dura 1853-2003-1994-2004*. Buenos Aires, Ediar. 2004.

_____. *Manual de la Constitución Reformada*. Buenos Aires, Ediar, 1996; t. III. Buenos Aires, Ediar, 1997.

_____. *Tratado Elemental de Derecho Constitucional Argentino*. ts. I, I.A e I.B. Buenos Aires, Ediar, 1995, 1999-2000 e 2001.

BIELSA, Rafael. *Compendio de Derecho Administrativo*. Buenos Aires, Depalma, 1960

_____. *Derecho Constitucional*. Buenos Aires, Depalma, 1959.

BILBAO, Francisco. "Iniciativa de la América. Idea de un Congreso Federal de las Repúblicas. *Post-dictum*". In: *Cuadernos de Cultura Latinoamericana* 3. México/D.F., Facultad de Filosofía y Letras, Unión de Universidades de América Latina, UNAM, 1978 (1856).

BISCARETTI DI RUFFIA, Paolo. *Introducción al Derecho Constitucional Comparado*. Trad. de Héctor Fix-Zamudio. México/D.F., Fondo de Cultura Económica, 1996.

BOBBIO, Norberto. "Sobre el Fundamento de los Derchos del Hombre". In: *El Tiempo de los Derchos*. Trad. de R. de Assís Roig. Madri, Sistema, 1991.

_____. *El Futuro de la Democracia*. Buenos Aires, Planeta-Agostini, 1985 e 1994.

_____. *El Problema de la Guerra y las Vías de la Paz*. Barcelona, Gedisa, 2008.

_____. *Estado, Gobierno y Sociedad. Por una Teoría General de la Política*. Trad. de J. F. Fernández Santillán. Buenos Aires, Fondo de Cultura Económica, 2001.

_____. *Igualdad y Libertad*. Barcelona, Paidós, 1993.

_____. "Normas primarias y normas secundarias". In: *Contribución a la Teoría del Derecho*. Trad. de A. Ruiz Miguel. Madri, Debate, 1990.

_____. *Teoría General del Derecho*. Bogotá, Temis, 1998.

BÖCKENFÖRDE, Ernst W. *Estudios sobre el Estado de Derecho y la Democracia*. Trad. de R. Agapito Serrano. Madri, Trotta, 2000.

BOGDANDY, Armin von. "El Derecho Público y la formación del ciudadano: la cuestión de la identidad nacional". In: *Hacia un Nuevo Derecho Público. Estudios de Derecho Público Comparado, Supranacional e Internacional*. Trad. de M. Morales-Antoniazzi. México/D.F., UNAM, Instituto de Investigaciones Jurídicas/IIJ, Serie Doctrina Jurídica n. 606, 2011 (pp. 309-335).

_____. "*Ius constitutionale commune latinoamericanum*. Una aclaración conceptual desde una perspectiva europea". In: GONZÁLEZ PÉREZ, Luis Raúl, e VALADÉS, Diego (coords.). *El Constitucionalismo Contemporáneo. Homenaje a Jorge Carpizo*. México/D.F., IIJ, UNAM, 2013.

BOLÍVAR, Simón. *Obra Política y Constitucional*. Madri, Tecnos, 2007.

BONAVIDES, Paulo. *Del Estado Liberal al Estado Social*. Trad. de M. Méndez Rocasolano e supervisão acadêmica de R. Rabinovich-Berkman. Buenos Aires, Astrea, 2014.

BORGES, Jorge Luis. *Borges para Millones*. Buenos Aires, Corregidor, 1997.

_____. "Nova refutação do tempo. Outras inquirições". In: *Obras Completas*. Buenos Aires, Emecé, 1974.

BOURDIEU, Pierre. *Sobre el Estado. Cursos en el Collège de France (1989/1992)*. Trad. de P. González Rodríguez. Barcelona, Anagrama, 2014.

BRAGE CAMAZANO, Joaquín. *Ensayos de Teoría General, Sustantiva y Procesal, de los Derechos Fundamentales en el Derecho Comparado y en el Convenio Europeo de Derechos Humanos*. Arequipa, Adrus, 2013.

BULYGIN, Eugenio, e ALCHOURRÓN, Carlos. *Análisis Lógico y Derecho*. Madri, Centro de Estudios Constitucionales, 1991.

_____. "Sobre el concepto de orden jurídico". *Crítica* VIII, n. 23. 1976.

BUNGE, Mario A. *Diccionario de Filosofía*. México/D.F., Siglo Veintiuno Editores, 2001.

_____. *Emergencia y Convergencia. Novedad Cualitativa y Unidad del Conocimiento*. Barcelona, Gedisa, 2004.

_____. *Filosofía Política. Solidaridad, Cooperación y Democracia Integral*. Trad. de R. González del Solar. Barcelona, Gedisa, 2009.

_____. *La Ciencia. Su Método y su Filosofía*. Buenos Aires, Siglo Veinte, 1977.

_____. *Las Ciencias Sociales en Discusión*. Buenos Aires, Sudamericana, 1999.

CALAMANDREI, Piero. *La Constitución Inactuada*. Trad. de P. A. Ibáñez. Madri, Tecnos, 2013.

CAMUS, Albert. *Cuadernos. 1942-1951*. Trad. de M. Lencera. Buenos Aires, Losada, 1966.

_____. *Los Justos* (peça teatral). Trad. de A. Bernárdez. Buenos Aires, Losada, 1962.

CANE, P., e KRITZER H. (eds.). *The Oxford Handbook of Empirical Legal Research*. Estados Unidos, Oxford University Press, 2010.

CARNAP, Rudolf. *La Construcción Lógica del Mundo*. Trad. de L. Mues de Schrenk. México/D.F., UNAM, 1998.

CARPIZO, Jorge. "Derecho Constitucional latinoamericano y Comparado". *Boletín Mexicano de Derecho Comparado* 114/949-989. *Nueva Serie*, Ano XXXVIII. México, UNAM, setembro-dezembro/2005.

_____. *El Presidencialismo Mexicano*. México, Siglo Veintiuno, 2013.

CARRÉ DE MALBERG, Raymond. *Teoría General del Estado*. Trad. de J. L. Depetre. México/D.F., Fondo de Cultura Económica, 1998.

CELOTTO, Alfonso. *Dodici Lezioni di Diritto Costituzionale*. Nápoles, Editoriale Scientifica, 2013.

CÍCERO. "Sobre la República". In: *Obras Políticas*. Trad. de Álvaro D'Ors. Madri, Gredos, 2009.

COOLEY, Thomas M. *Principios Generales de Derecho Constitucional en los Estados Unidos de América*. Trad. de J. Carrié. Buenos Aires, Peuser, 1898.

COPI, Irving. *Introducción a la Lógica*. Buenos Aires, Eudeba, 1999.

CORREA, Rafael. *Ecuador: de Banana Republic a la No República*. Colômbia, Debolsillo, 2014.

CORWIN, Edward S. *El Poder Ejecutivo, Función y Poderes 1787-1957. Atribuciones y Funciones de los EE.UU. a través de la Historia y el Análisis de la Práctica Constitucional*. Buenos Aires, Bibliográfica Argentina, 1959.

_____. *La Constitución Norteamericana y su Actual Significado*. Trad. de R. Demaría. Buenos Aires, Editorial Guillermo Kraft, 1942.

_____. "The Constitution as instrument and as symbol". *The American Political Science Review* 30/1.071-1.085. N. 6. American Political Science Association, 1936.

DALLA VÍA, Alberto R. *Instituciones de Derecho Político y Constitucional. Teoría del Estado y de la Constitución*. t. I. Buenos Aires, La Ley, 2013.

DE VERGOTTINI, Giuseppe. *Derecho Constitucional Comparado*. Trad. de C. Herrera. Buenos Aires, Universidad, 2005.

DENNINGER, Erhard. "Derecho y procedimiento jurídico como engranaje en una sociedad multicultural". In: *Derecho Constitucional para la Sociedad Multicultural*. Trad. de I. Gutiérrez Gutiérrez. Madri, Trotta, 2007.

DIAMOND, Jared. *Armas, Gérmenes y Acero. Breve Historia de la Humanidad en los Últimos 13.000 Años*. 7ª ed., trad. de F. Chueca. Barcelona, Debolsillo, 2011.

DICEY, A. V. *Introduction to the Study of the Law of the Constitution*. Londres, MacMillan and Co., 1939.

DOLABJIAN, Diego A. "Constitución y derechos humanos. 75.22. Modelo para armar". *Contextos* 5/89-123. Buenos Aires, publicação do Seminario sobre Derecho Público de la Defensoría del Pueblo de la Ciudad de Buenos Aires, 2013.

_____. "Privacidad y legalidad. Acerca del art. 19 de la Constitución Federal de la Argentina". *Revista Superior de Justiça* 1/360-377. São Pablo, Livraria e Editora Universitária de Direito, 2011.

DUGUIT, Léon. *La Transformación del Estado. La Nueva Orientación del Derecho Político*. Trad. de A. Posada. Madri, F. Beltrán, 1923.

ECK, Laurent. *L'Abus de Droit en Droit Constitutionnel*. París, L'Harmattan, 2010.

EDDINGTON, Arthur S. *La Naturaleza del Mundo Físico*. 2ª ed., trad. de Carlos María Reyles. Buenos Aires, Sudamericana, 1952.

EKMEKDJIAN, Miguel Á. *Tratado de Derecho Constitucional*. t. I. Buenos Aires, Depalma, 1993.

ÉLUARD, Paul. *Obras Escogidas (1948-1952)*. t. 3 ("Física de la Poesía"), trad. de M. Ravoni. Buenos Aires, Editorial Platina, 1962.

ENGELs, Federico. *El Origen de la Familia, la Propiedad Privada y el Estado*. Buenos Aires, Nuestra América, 2011.

ESCOBAR-GARCÍA, Claudia. "¿Constitucionalismo global? Vicisitudes y contingencias del proceso a partir de algunas experiencias en América Latina". *Díkaion* 21/79-118. N. 1. Chia, Colômbia, Universidad de La Sabana, junho/2012.

FERRAJOLI, Luigi. "Constitucionalismo garantista y constitucionalismo principialista". In: *Un Debate sobre el Constitucionalismo*. Trad. de N. Guzmán. Madri, Marcial Pons. 2012 (pp. 11-50).

_____. *Derecho y Razón. Teoría del Garantismo Penal*. Trad. de P. A. Ibañez, A. Ruiz Miguel, J. Bayón, J. Terradillos Basoca e R. Cantarero Bandrés. Madri, Trotta, 1997.

_____. *Derechos y Garantías. La Ley del Más Débil*. Trad. de P. Ibañez e A. Greppi. Madri, Trotta, 1999.

_____. *La Democracia a través de los Derechos. El Constitucionalismo Garantista como Modelo Teórico y como Proyecto Político*. Trad. de P. A. Ibañez. Madri, Trotta, 2014.

_____. ***Principia Iuris***. *Teoría del Derecho y de la Democracia*. t. I ("Teoría del Derecho"), trad. de P. Ibañez *et al*. Madri, Trotta, 2011.

FERRATER MORA, José. *Diccionario de Filosofía*. Barcelona, Ariel, 2009.

FERREIRA, Ramón. *Manual de Derecho Natural (Escrito en 1852 para el Colegio de Tacna en el Perú)*. Paraná, Imprenta Nacional, 1861.

FERREYRA, Leandro Eduardo. "Responsabilidad del Estado: entre el Derecho común y el Derecho local". *Revista Derecho Público* 8/177-245. Ano 3. Buenos Aires, Infojus, 2014.

FERREYRA, Raúl Gustavo. "Concepto y cualidad de la Constitución Federal. Su rol procesal". *Revista de Derecho Público* 6. Buenos Aires, Ministerio de Justicia y Derechos Humanos, Presidencia de la Nación, 2013.

_____. "Derecho Constitucional del ciudadano y Derecho Constitucional del poder del Estado". *Academia. Revista sobre Enseñanza del Derecho* 15/83-122. Ano 8. Buenos Aires, Universidad de Buenos Aires/Facultad de Derecho/Departamento de Publicaciones, 2010.

_____. "Discurso sobre el Derecho Constitucional. Colores primarios". *Revista de Derecho Público* 4. Buenos Aires, Ministerio de Justicia y Derechos Humanos, Presidencia de la Nación, 2013.

_____. "Enfoque sobre el mundo del Derecho. Constitución y derechos fundamentales". *Academia Revista sobre Enseñanza del Derecho* 21. Ano 11. Buenos Aires, Universidad de Buenos Aires/Facultad de Derecho/Departamento de Publicaciones, 2013.

_____. *Fundamentos Constitucionales*. Buenos Aires, Ediar, 2013.

_____. *La Constitución de la Ciudad Autónoma de Buenos Aires (Estudio de la Ley Fundamental Porteña)*. "Prólogo" de Germán J. Bidart Campos. Buenos Aires, Depalma, 1997.

_____. *La Constitución Vulnerable. Crisis Argentina y Tensión Interpretativa*. Buenos Aires, Hammurabi, 2003.

_____. "1852. Orígenes. Sobre las bases de Juan Bautista Alberdi y la Constitución Federal en el tiempo". *Academia. Revista sobre Enseñanza del Derecho* 19. Ano 10. Buenos Aires, Universidad de Buenos Aires/Facultad de Derecho/Departamento de Publicaciones, 2012.

_____. *Notas sobre Derecho Constitucional y Garantías*. Buenos Aires, Ediar, 2001.

_____. *Reforma Constitucional y Control de Constitucionalidad. Límites a la Judiciabilidad de la Enmienda*. Buenos Aires, Ediar, 2007.

_____. "Sobre la Constitución. Concepto, composición y mecanismos". *Revista de Derecho Político* 86. Madri, UNED, janeiro-abril/2013.

_____. "Sobre la Constitución porteña: estudio de la Ley Fundamental de la Ciudad Autónoma de Buenos Aires". Ed. definitiva (*www.infojus.gov.ar* – Id Infojus: DACF140125). Buenos Aires, 2014.

_____. "Tensión entre principios constitucionales. A propósito de los piquetes en la vía pública: ¿abuso o ejercicio regular de los derechos cons-

titucionales que parecen antagonizar?". *www.infojus.gov.ar* – Id Infojus: DACF140218. 22.4.2014.
_____. "¿Tiempo constitucional? La constitución vulnerable". *www.infojus.gov.ar* 29.4.2014. Id Infojus: DACF140220.
FRONDIZI, Silvio. *El Estado Moderno. Ensayo de Crítica Constructiva.* Buenos Aires, Losada, 1945.

GALEANO, Eduardo. "El coro". In: *Ser como Ellos y Otros Artículos.* Buenos Aires, Siglo Veintiuno, 2010.
_____. *Las Venas Abiertas de América Latina.* Buenos Aires, Siglo Veinteuno, 1971.
GARCÍA MÁRQUEZ, Gabriel. *El Amor en los Tiempos del Cólera.* Buenos Aires, Sudamericana, 1985.
GARCÍA PELAYO, Manuel. *Derecho Constitucional Comparado.* Madri, Alianza, 1987.
GARCÍA-HERREROS, Orlando. *Apuntes de Derecho Constitucional Colombiano.* Bogotá, Universidad Sergio Arboleda, 2011.
GARGARELLA, Roberto. *200 Años de Constitucionalismo en América Latina 1810-2010* (cópia do manuscrito original gentilmente cedida por seu autor e existente em meu arquivo pessoal). Buenos Aires, 2012.
_____. *La Sala de Máquinas de la Constitución. Dos Siglos de Constitucionalismo en América Latina 1810-2010.* Buenos Aires, Katz, 2014.
GARZÓN VALDÉS, Ernesto. "Las limitaciones jurídicas del soberano". In: *Derecho, Ética y Política.* Madri, Centro de Estudios Políticos y Constitucionales, 1993 (pp. 181-200).
GELLI, María A. *Constitución de la Nación Argentina, Comentada y Concordada.* 2ª ed. Buenos Aires, La Ley, 2003.
GIL DOMÍNGUEZ, Andrés F. *Derechos, Racionalidad y Última Palabra.* Buenos Aires, Ediar, 2014.
GOETHE, J. W. *Fausto. Primera Parte, Acto Único.* Barcelona, Iberia, 1976.
GONZÁLEZ, Joaquín V. *Manual de la Constitución Argentina.* 13ª ed. Buenos Aires, Estrada, 1900.
GORDILLO PÉREZ, Luis Ignacio. *Constitución y Ordenamientos Supranacionales. "Las Constituciones de Entonces ya no Son las Mismas.* Madri, Centro de Estudios Políticos y Constitucionales, 2012.
GONZÁLEZ PÉREZ, Luis Raúl, e VALADÉS, Diego (coords.). *El Constitucionalismo Contemporáneo. Homenaje a Jorge Carpizo.* México/D.F., IIJ, UNAM, 2013.
GRAMSCI, Antonio. *Antología.* Buenos Aires, Siglo Veinteuno, 2011.
GRIMM, Dieter. "Multiculturalismo y derechos fundamentales". In: *Derecho Constitucional para la Sociedad Multicultural.* Trad. de I. Gutiérrez Gutiérrez. Madri, Trotta, 2007.
GRIMM, Dieter, e MOHNHAUPT, Heinz. *Constituição: História do Conceito desde a Antiguidade Até Nossos Dias.* Trad. de P. Naumann. Belo Horizonte, Tempus, 2012.

GUASTINI, Riccardo. *Estudios de Teoría Constitucional*. México/D.F., Fontamara, 2001.

_____. *Interpretación, Estado y Constitución*. Lima, ARA Editores, 2010.

GUIBOURG, Ricardo. "La autorreferencia normativa y la continuidad constitucional". In: AA.VV. *El Lenguaje del Derecho. Homenaje a Genaro R. Carrió*. Buenos Aires, Abeledo-Perrot, 1983.

GUSIS, Gabriela. *Soberanía Jurisdiccional. Sobre el Deber de los Estados de Perseguir los Delitos de Desaparición Forzada de Personas*. Buenos Aires, Ediar, 2014.

HÄBERLE, Peter. "Desarrollo constitucional y reforma constitucional en Alemania". In: *Pensamiento Constitucional*. Ano VII. Perú, Pontificia Universidad Católica del Perú/Fondo Editorial, 2000.

_____. *El Estado Constitucional*. Trad. de H. Fix-Fierro ("Estudio Introductorio" de Diego Valadés). México/D.F., IIJ, 2003.

_____. "El Estado Constitucional europeo". In: *Nueve Ensayos Constitucionales y una Lección Jubilar*. Trad. de F. Balaguer Callejón. Lima, Palestra, 2004 (pp. 156-171).

_____. "La Constitución en el contexto". *Anuario Iberoamericano de Justicia Constitucional/AIJC* 7/223-245. Madri, Centro de Estudios Políticos y Constitucionales, 2003.

HAMILTON, Alexander, JAY, John, e MADISON, James. *El Federalista*. México/D.F., Fondo de Cultura Económica, 1994.

HART, H. L. A. *El Concepto de Ley*. Buenos Aires, Abeledo-Perrot, 1992.

_____. "Self-referring laws". In: *Essays in Jurisprudence and Philosophy*. Oxford, Clarendon Press (reimpr. da 1ª ed. de 1983), 1985.

HAURIOU, Maurice. *Principios de Derecho Público y Constitucional*. Trad. De C. Ruiz del Castillo. Madri, Reus, 1927.

HAWKING, Stephen. *Historia del Tiempo*. Trad. de M. Ortuño. Barcelona, Crítica, 2013.

HOBBES, Thomas. *Leviathan. Or the Matter, Forme & Power of a Common--Wealth Ecclesiastical and Civil*. Nova York, Barnes & Noble, 2004.

HOBSBAWM, Eric. *Historia del Siglo XX*. Barcelona, Crítica, 1995.

_____. *La Era de la Revolución, 1789-1848*. Madri, Crítica, 1997.

_____. *Un Tiempo de Rupturas. Sociedad y Cultura en el Siglo XX*. Trad. de C. Balza e G. García. Barcelona, Crítica, 2013.

HUMBOLDT, Alexander von. *Cosmos. Ensayo de una Descripción Física del Mundo*. Trad. de B. Giner *et al.* Madri, Consejo Superior de Investigaciones Científicas, 2011.

HUMBOLDT, Guillermo de. *Escritos Políticos*. Versão española de W. Roces. México/D.F., Fondo de Cultura Económica, 1943.

HUME, David. "De los primeros principios del gobierno". In: *Ensayos Morales y Políticos*. Trad. de J. A. Vázquez. Buenos Aires, Losada, 2010.

IHERING, Rudolf von. *¿Es el Derecho una Ciencia?*. Trad. de F. Fernández Crehuet López. Granada, Comares, 2002.

JEFFERSON, Thomas. *The Writings of Thomas Jefferson*, Maryland ("To The Republican Citizens of Washington County, Assembled at Hagerstown on the 6th Instant" [Monticello, March 31, 1809]). vol. VIII. Washington/D.C., Taylor y Maury, 1854.

JELLINEK, Georg. *Teoría General del Estado*. Trad. de F. de los Ríos. Buenos Aires, Albatros, 1954.

JAY, John, HAMILTON, Alexander, e MADISON, James. *El Federalista*. México/D.F., Fondo de Cultura Económica, 1994.

KANT, Immanuel. *La Paz Perpetua*. Trad. de B. Espinosa. Buenos Aires, Taurus, 2013.

_____. *Respuesta a la Pregunta: ¿que es la Ilustración?*. Madri, Taurus, 2012.

KELSEN, Hans. *Esencia y Valor de la Democracia*. Trad. de Rafael Luengo Tapia e Luis Legaz y Lacambra. Barcelona, Labor, 1934.

_____. *Teoría General del Derecho y del Estado*. México/D.F., Imprenta Universitaria, 1958.

_____. *Teoría General del Estado*. Trad. de Luis Legaz y Lacambra. México/D.F., Nacional, 1950.

_____. *Teoría Pura del Derecho*. 2ª ed., trad. de R. Vernengo. México/D.F., Porrúa, 1998.

KRAUSS, Lawrence M. *Miedo a la Física. Una Guía para Perplejos*. Trad. de P. Matta. Santiago do Chile, Andrés Bello, 1995.

KRIELE, Martín. *Introducción a la Teoría del Estado. Fundamentos Históricos de la Legitimidad del Estado Constitucional Democrático*. Trad. de E. Bulygin. Buenos Aires, Depalma, 1980.

KRITZER H., e CANE, P. (eds.). *The Oxford Handbook of Empirical Legal Research*. Estados Unidos, Oxford University Press, 2010.

LAPORTA, Francisco. "*Gobernanza* y *soft law*: nuevos perfiles jurídicos de la sociedad internacional". In: RUÍZ MIGUEL, Alfonso (ed.). *Entre Estado y Cosmópolis. Derecho y Justicia en un Mundo Global*. Madri, Trotta, 2014.

LAW, David S. "Constitutions". In: CANE, P., e KRITZER H. (eds.). *The Oxford Handbook of Empirical Legal Research*. Estados Unidos, Oxford University Press, 2010.

LEGARRE, Santiago. "Delimitación de las acciones privadas de los hombres". In: *Ensayos de Derecho Constitucional*. Buenos Aires, Abaco, 2014.

LINARES QUINTANA, Segundo V. *La Constitución Interpretada. Texto Completo y Anotado de las Sentencias Fundamentales Pronunciadas por la Corte Suprema Desde su Creación Hasta la Fecha*. Buenos Aires, Depalma, 1960.

LOCKE, John. *The Second Treatise of Government*. Nova York, Barnes & Noble, 2004.

LOEWENSTEIN, Karl. *Teoría de la Constitución*. Trad. de A. Gallego Anabitarte. Barcelona, Ariel, 1979.

MADISON, James, HAMILTON, Alexander, e JAY, John. *El Federalista*. México/D.F., Fondo de Cultura Económica, 1994.

MAIER, Julio. *Derecho Procesal Penal, Fundamentos*. t. I. Buenos Aires, Editores del Puerto, 2004.

―――――. "La independencia judicial". *Página 12*. 18.2.2015. Buenos Aires, 2015.

―――――. "¿Será justicia?". *Página 12*. 3.10.2014. Buenos Aires, 2014.

MAINWARING, Scott, e SOBERG SHUGART, Matthew (eds.). *Presidencialismo y Democracia en América Latina*. Barcelona, Paidós, 2002.

MANILI, Pablo L. *Teoría Constitucional*. Buenos Aires, Hammurabi, 2014.

MAQUIAVELO, Nicolás. *Breviario de un Hombre de Estado. Instrucciones a un Embajador y Algunas Obras Inéditas Hasta el Día*. Trad. de E. Barriobero y Herrán. Madri, Reus, 2010.

―――――. *El Príncipe*. Trad. de A. Hermosa Andújar. Madri, Gredos, 2010.

MARIANETTI, Benito. *Nosotros y la Constitución*. Mendoza, D'Acurssio, 1950.

MARQUARDT, Bernd. *Historia Mundial del Estado*. ts. I, II e III. Bogotá, Temis, 2013.

MAYER, Max E. *Filosofía del Derecho*. Trad. de L. Legaz y Lacambra. Barcelona, Labor, 1937.

MELVILLE, Herman. *Bartleby el Escribiente: a Story of Wall Street*. Trad. de Jorge Luis Borges. Buenos Aires, Edicom, 1969.

MENDES, Gilmar Ferreira. "La construcción de un Derecho común iberoamericano. Consideraciones en homenaje a la doctrina de Peter Häberle y su influencia en Brasil". *Revista de Derecho Constitucional Europeo* 11/65-86. Trad. de M. Rodrigues Canotilho. Granada, Departamento de Derecho Constitucional/Universidad de Granada, 2009.

MÉNDEZ MADDALENO, Jary Leticia. *La Constitución como Proceso Político*. Madri, Dykinson, 2012.

MERKEL, Adolf. *Enciclopedia Jurídica*. Trad. de W. Roces. Madri, Reus, 2009.

MIRKINE-GUETZÉVITCH, Boris. *Modernas Tendencias en el Derecho Constitucional*. Trad. de S. Álvarez-Gendin. Madri, Reus, 2011.

MOHNHAUPT, Heinz, e GRIMM, Dieter. *Constituição: História do Conceito desde a Antiguidade até Nossos Dias*. Trad. de P. Naumann. Belo Horizonte, Tempus, 2012.

MONTESQUIEU. *Del Espíritu de las Leyes*. Barcelona, Altaya, 1993.

MORESO, José J. *La Indeterminación del Derecho y la Interpretación de la Constitución*. Madri, Centro de Estudios Políticos y Constitucionales, 1998.

NAIM, Moisés. *El Fin del Poder*. Trad. de M. L. Rodríguez Tapia. Barcelona, Debate, 2013.

NINO, Carlos. *Fundamentos de Derecho Constitucional. Análisis Filosófico, Jurídico y Politológico de la Práctica Constitucional*. Buenos Aires, Astrea, 1992.

_____. *Introducción al Análisis del Derecho*. 2ª ed., ampliada e revisada, 4ª reimpr. Buenos Aires, Astrea, 1988

_____. *La Constitución de la Democracia Deliberativa*. Barcelona, Gedisa, 1997.

NOHLEN, Dieter. "El presidencialismo. Análisis y diseños institucionales en su contexto". *Revista de Derecho Público* 74/87-111. Santiago de Chile, Facultad de Derecho/Universidad de Chile, 2011.

O'DONNELL, Guillermo. *Contrapuntos. Ensayos Escogidos sobre Autoritarismo y Democratización*. Buenos Aires, Paidós, 1997.

_____. *El Estado Burocrático Autoritario 1966-1973. Triunfos, Derrotas y Crisis*. Buenos Aires, Prometeo, 2009.

ORUNESU, Claudina. *Positivismo Jurídico y Sistemas Constitucionales*. Barcelona, Marcial Pons, 2012.

OYHANARTE, Julio C. "Sobre la división de Poderes". In: *Recopilación de sus Obras*. Alfonso Santiago (recop.). Buenos Aires, La Ley, 2001 (pp. 806-809).

PACE, Alessandro, e VARELA, Joaquín. *La Rigidez de las Constituciones Escritas*. Trad. de P. Biglino Campos. Madri, Centro de Estudios Políticos y Constitucionales, 1995.

PASSERIN D'ENTRÈVES, Alessandro. *La Noción de Estado. Una Introducción a la Teoría Política*. Trad. de A. Fernández-Galiano. Barcelona, Ariel, 2001.

PÉREZ ESCOBAR, Jacobo. *Derecho Constitucional Colombiano*. Bogotá, Temis, 1997.

PIKETTY, Thomas. *El Capital en el Siglo XXI*. Trad. de E. Cazenave-Tapie Isoard. Buenos Aires, Fondo de Cultura Económica, 2014.

PINTO, Mónica. "El principio *pro homine*. Criterios de hermenéutica y pautas para la regulación de los derechos humanos". In: AA.VV. *La Aplicación de los Tratados sobre Derechos Humanos por los Tribunales Locales*. Buenos Aires, CELS-Editores del Puerto, 1997.

POPPER, Karl R. "A propósito del tema de la libertad". In: *La Responsabilidad de Vivir. Escritos sobre Política, Historia y Conocimiento*. Barcelona, Paidós, 1995.

_____. *Escritos Selectos*. Trad. de S. Madero Báez. México/D.F., Fondo de Cultura Económica, 1995.

_____. *La Lógica de la Investigación Científica*. Madri, Tecnos, 1962.

_____. *La Sociedad Abierta y sus Enemigos*. Buenos Aires, Paidós, 1992.

_____. "Sobre la teoría de la democracia". In: *La Responsabilidad de Vivir. Escritos sobre Política, Historia y Conocimiento*. Trad. de C. Roldán. Barcelona, Paidós, 1995 (pp. 175-182).

POUND, Roscoe. "A comparison of ideals of Law". *Harvard Law Review* 47. Issue 1. Novembro/1933.

RABINOVICH-BERKMAN, Ricardo. *¿Cómo se Hicieron los Derechos Humanos? Un Viaje por la Historia de los Principales Derechos de las Personas*. vol. 1 ("Los Derechos Existenciales"). Buenos Aires, Didot, 2014.

_____. "Discurso". In: *Encuentro a 20 Años de la Constitución Reformada*". Organizado por la Defensoría del Pueblo de la Ciudad de Buenos Aires, 25.8.2014. Buenos Aires, versão taquigráfica provisional. 2014.

RADBRUCH, Gustav. *Filosofia del Derecho*. Trad. de J. Medina Echevarría. Madri, Editorial Revista de Derecho Privado, 1944.

RAVIGNANI, Emilio. *Asambleas Constituyentes Argentinas*. t. sexto, 2ª parte. Buenos Aires, Peuser, 1939.

RAWLS, John. *El Derecho de Gentes y "Una Revisión de la Idea de Razón Pública"*. Trad. de H. Valencia Villa. Barcelona, Paidós, 2001.

RAZ, Joseph. *La Autoridad del Derecho. Ensayos sobre Derecho y Moral*. Trad. de R. Tamayo y Salmorán. México/D.F., IIJ, UNAM, 1982.

REED AMAR, Akhil. *America's Constitution. A Biography*. Nova York, Random House, 2006.

REQUEJO PAGÉS, Juan Luis. "Defensa de la Constitución Nacional y constitucionalización de Eurcpa. Inflación de derechos y deslegalización del ordenamiento". In: *Fundamentos. Cuadernos Monográficos de Teoría del Estado, Derecho Público e Historia Constitucional* 4/441-453 ("La Rebelión de las Leyes. *Demos* y *Nomos*: la agonía de la justicia constitucional"). Oviedo, Área de Derecho Constitucional de la Universidad de Oviedo, 2006.

_____. "El triunfo del constitucionalismo y la crisis de la normatividad". In: *Fundamentos. Cuadernos Monográficos de Teoría del Estado, Derecho Público e Historia Constitucional* 6/179-200 ("Conceptos de Constitución en la Historia"). Oviedo, Área de Derecho Constitucional de la Universidad de Oviedo, 2010.

ROCHA, Maria Elizabeth Guimarães Teixeira. *Limitação dos Mandatos Legislativos. Uma Nova Visão do Contrato Social*. Porto Alegre, Fabris, 2002.

ROSANVALLON, Pierre. *El Modelo Político Francés. La Sociedad Civil Contra el Jacobinismo de 1789 Hasta Nuestros Días*. Buenos Aires, Siglo Veinteuno, 2007.

_____. *La Contrademocracia. La Política en la Era de la Desconfianza*. Trad. de G. Zadunaisky. Buenos Aires, Manantial, 2011.

ROSATTI, Horacio Daniel. "Defensa del orden constitucional". In: AA.VV. *Reforma de la Constitución*. Santa Fe, Rubinzal-Culzoni, 1994.

_____. *El Presidencialismo Atenuado*. Buenos Aires, Rubinzal-Culzoni, 2001.

_____. *Tratado de Derecho Constitucional*. ts. I e II. Buenos Aires, Rubinzal-Culzoni, 2010 e 2011.

ROSATTI, Horacio Daniel, et al. *Derechos Humanos en la Jurisprudencia de la Corte Suprema de Justicia de la Nación (2003-2013)*. Buenos Aires, Rubinzal-Culzoni, 2013.

ROSENKRANTZ, Carlos. "En contra de los 'préstamos' y de otros usos 'no autoritativos' del Derecho extranjero". *Revista Jurídica de la Universidad de Palermo* 1. Ano 6, 1. 2005.

ROSS, Alf. "On self reference and puzzle in Constitutional Law". *Mind* 78/1-24. Issue 309. Oxford University Press, janeiro/1969.

_____. *Sobre el Derecho y la Justicia*. Buenos Aires, Eudeba, 1994.

RUBIO LLORENTE, Francisco. *La Forma del Poder. Estudios sobre la Constitución*. Madri, Centro de Estudios Políticos y Constitucionales, 2012.

RUÍZ MIGUEL, Alfonso. "La función del Derecho en un mundo global". In: *Entre Estado y Cosmópolis. Derecho y Justicia en un Mundo Global*. Madri, Trotta, 2014.

RUÍZ MIGUEL, A. (ed.). *Entre Estado y Cosmópolis. Derecho y Justicia en un Mundo Global*. Madri, Trotta, 2014.

RUSSELL, Bertrand. *El Poder en los Hombres y en los Pueblos*. Trad. de L. Echávarri. Buenos Aires, Losada, 1960.

_____. *Historia de la Filosofía Occidental*. t. I. Barcelona, Austral, 2013.

_____. *La Conquista de la Felicidad*. Trad. de Juan Manuel Ibeas. Barcelona, Debolsillo, 2003.

_____. *Libertad y Organización 1814-1914*. Trad. de León Felipe. Madri, Espasa-Calpe, 1936.

_____. "Lo que creo". In: *Por qué No Soy Cristiano*. Barcelona, Edhasa, 2004.

SÁBATO, Ernesto. *Uno y el Universo*. Buenos Aires, Seix Barral, 2011.

SAGÜÉS, Néstor. *Elementos de Derecho Constitucional*. 3ª ed., t. I. Buenos Aires, Astrea, 2002.

_____. *Manual de Derecho Constitucional*. Buenos Aires, Astrea, 2012.

_____. *Teoría de la Constitución*. Buenos Aires, Astrea, 2004.

SALAZAR UGARTE, Pedro. "El nuevo constitucionalismo latinoamericano (una perspectiva crítica)". In: GONZÁLEZ PÉREZ, Luis Raúl, e VALADÉS, Diego (coords.). *El Constitucionalismo Contemporáneo. Homenaje a Jorge Carpizo*. México/D.F., IIJ, UNAM, 2013.

SAMPAY, Arturo E. "La filosofía jurídica del artículo 19 de la Constitución nacional". *Contextos* 3/6-30. Buenos Aires, Publicación del Seminario de Derecho Público de la Defensoría del Pueblo de la Ciudad de Buenos Aires, 2013.

SANTOS, Boaventura de Sousa (2010): *Refundación del Estado en América Latina. Perspectivas desde una Epistemología del Sur*. Buenos Aires, Antropofagia, 2010.

SARTORI, Giovanni. *Ingeniería Constitucional Comparada*. México/D.F., Fondo de Cultura Económica, 1996.

SCHMITT, Carl. *El valor del Estado y el Significado del Indivíduo*. Trad. de C. Pardo. Madri, Centro de Estudios Políticos y Constitucionales, 2014.

_____. *La Revolución Legal Mundial*. Trad. de S. Abad. Buenos Aires, Hydra, 2012.

_____. *Teoría de la Constitución*. Trad. de Francisco Ayala. Madri, Alianza, 1992.

SERVICE, Elman R. *Cultural Evolutionism. Theory in Practice*. Nova York, Holt, Rinehart & Winston, 1971.

_____. *Los Orígenes del Estado y de la Civilización. El Proceso de la Evolución Cultural*. Trad. de M.-Carmen Ruiz de Elvira Hidalgo, Madri, Alianza Editorial, 1984.

SILVA, Carolina Machado Cyrillo da. "La posición jerárquica del Derecho Internacional de los Derechos Humanos en las Constituciones sudamericanas". *Contextos* 5/124-135. Buenos Aires, publicação do Seminario sobre Derecho Público de la Defensoría del Pueblo de la Ciudad de Buenos Aires, 2013.

SMITH, Juan Carlos. "Estado". In: *Enciclopedia Jurídica Omeba*. t. X. Buenos Aires, Driskill, 1989 (pp. 816-874).

SOBERG SHUGART, Matthew, e MAINWARING, Scott (eds.). *Presidencialismo y Democracia en América Latina*. Barcelona, Paidós, 2002.

TOLSTOI, León. *Resurrección*. Trad. de M. Orta Manzano. Barcelona, Juventud, 2010.

TUSHNET, Mark. *Red, White and Blue. A Critical Analysis of Constitutional Law*. Cambridge e Londres, Harvard University Press, 1988.

_____. *Taking the Constitution Away From the Courts*. Nova Jersey Princeton University Press, 1999.

_____. "The inevitable globalization of Constitutional Law". *Virginia Journal of International Law* 50/985-1.006. *Issue* 1. 2009.

VALADÉS, Diego. *El Control del Poder*. México/D.F., Porrúa, 2000.

_____. *Problemas Constitucionales del Estado de Derecho*. Buenos Aires, Astrea, 2011.

_____. "Visión panorámica del constitucionalismo del siglo XX". *Revista Latinoamericana de Estudos Constitucionais* 12. Fortaleza, Demócrito Rocha, 2011.

VALADÉS, Diego, e GONZÁLEZ PÉREZ, Luis Raúl (coords.). *El Constitucionalismo Contemporáneo. Homenaje a Jorge Carpizo*. México/D.F., IIJ, UNAM, 2013.

VARELA, Felipe. *Manifiesto del General Felipe Varela a los Pueblos Americanos, sobre los Acontecimientos Políticos de la República Argentina, en los Años 1866 y 67*. Potosí, Tipografía del Progreso, 1868.

VARELA, Joaquín, e PACE, Alessandro. *La Rigidez de las Constituciones Escritas*. Trad. de P. Biglino Campos. Madri, Centro de Estudios Políticos y Constitucionales, 1995.

VENTURA, Deisy. *Las Asimetrías entre el MERCOSUR y la Unión Europea. Los Desafíos de una Asociación Interregional*. Montevidéu, Fundación Konrad Adenauer, 2005.

WALDRON, Jeremy. *Derecho y Desacuerdos*. Trad. de J. L. Martí *et al.* Madri, Marcial Pons, 2005.

WRÓBLEWSKI, Jerzy. *Sentido y Hecho en el Derecho*. Trad. de F. J. Ezquiaga Ganuzas *et al.* México/D.F., Fontamara, 2008.

ZAFFARONI, E. Rául. "Ciudadanía y jurisdicción en América Latina". *Contextos* 4. Buenos Aires, Seminario de Derecho Público de la Defensoría del Pueblo de la Ciudad de Buenos Aires, 2012.

_____. *El Derecho Latinoamericano en la Fase Superior del Colonialismo*. No prelo (original gentilmente cedido pelo autor).

ZAFFARONI, E. Rául, *et al. Derecho Penal*. Buenos Aires, Ediar, 2000.

ZAVALÍA, Clodomiro. *Jurisprudencia de la Constitución Argentina*. ts. I e II. Buenos Aires, Restoy & Doeste, 1924.

ZINN, Howard. *A People's History of the United States*. Nova York, HarperCollins, 2003.

* * *

00362

GRÁFICA PAYM
Tel. [11] 4392-3344
paym@graficapaym.com.br